GAZETTES ET GAZETIERS

DEUXIÈME ANNÉE

1860

.RIS. — IMP. SIMON RAÇON ET COMP., RUE D'ERFURTH. 1.

GAZETTES
ET
GAZETIERS

HISTOIRE
CRITIQUE ET ANECDOTIQUE
DE LA
PRESSE PARISIENNE

PAR

J. F. VAUDIN

DEUXIÈME ANNÉE

PARIS
E. DENTU, ÉDITEUR
LIBRAIRE DE LA SOCIÉTÉ DES GENS DE LETTRES
PALAIS-ROYAL, 15 ET 17, GALERIE D'ORLÉANS

1865

Tous droits réservés.

QUI VIVE? — LIBERTÉ.

> Alliance de votre dynastie et de la liberté.
>
> Derniers mots de l'*Adresse* du Corps-Législatif en 1863.

I

Le monde politique et religieux cultive avec frénésie l'art de l'invocation. Les évêques dans leurs lettres pastorales, les curés dans leurs prônes, les invalides de Castelfidardo dans des romans vengeurs, les porte-glaives de Déodat dans les alexandrins de M. de Laprade ou dans la prose écumante de M. Barbey d'Aurevilly, les jésuites de la démocratie dans *le Siècle* et *l'Opinion nationale,* tous les Plassiarts possibles ou impossibles sous l'écharpe, les petits princes allemands et italiens sous le poids de leurs épaulettes, les rois et les empereurs avant et après la bataille, les agents de change avant, pendant et après la Bourse, les avocats, les diplomates, les vaudevillistes, les turfistes, les Monténégrins, les Polonais, se vouent spécialement à cette fleur de réthorique. Sous toutes les latitudes et les longitudes, en haut et en bas, à droite et à gauche, à Paris, à Rome, à Vienne, à Berlin, à Pékin, à Ben-Hoa, à Stamboul, à Athènes, sur la Vistule et sur le Potomac, sur le Pô et à l'Académie française, dans le sacré collége et sur *l'Alabama*, on interpelle la Providence, on apostrophe la Divinité.

L'ultramontanisme en goguette épuise en l'honneur de l'émission du Denier de saint Pierre, le vocabulaire de la Courtille !

Le parti clérical, harcelé dans les derniers refuges de ses priviléges et de ses trahisons par le flot montant de l'égalité et par le grand jour de l'histoire, appelle à son secours toutes les puissances terroristes de la terre et du ciel!

Le gouvernement romain, acculé par les réalistes du Piémont sur un lopin de territoire, sans finances et sans armée, se retourne avec des colères suppliantes vers tous les saints du calendrier et vers tous les vieux despotismes!

Les badauds de la République invoquent toujours la *sociale!*

Les oies du grand parti de l'ordre invoquent toujours l'argument du *Spectre rouge!*

L'Autriche, la Russie, l'Espagne, la Bavière, devenues les derniers reliquaires de l'absolutisme, se roidissent contre l'Europe constitutionnelle et révolutionnaire, de toute la force de leurs collections de gendarmes, de pandours, de suisses et de capucins, en invoquant les traités de 1815 annotés par le joyeux Guichardet!

La noble Angleterre invoque au fond de son cœur Hudson-Lowe et sanctifie Waterloo!

La Prusse constitutionnelle et son roi gothique se montrent les dents sur la scène parlementaire, mais s'embrassent avec beaucoup de *la la itou* sur les ossements de nos braves tombés à Leipsick!

La Société des gens de lettres réclame tous les ans, mais en vain, par la grande voix de Nadar son *self-government!*

M. Pavy, évêque d'Alger, ne voit dans les Arabes que des Sarrazins et implore auprès de Napoléon III l'écrasement de la propriété et de la vie musulmane, au nom des droits imprescriptibles de la religion et du Dieu des armées!

Le cardinal de Bonald, à propos du timbre des mandements épiscopaux, implore le martyre. L'archevêque de Toulouse fête saint Saturnin en invoquant le glorieux souvenir d'un holocauste de 4,000 protestants. Le clergé français implore une augmentation de traitement. La société de Saint-Vincent-de-Paul implore le libre usage de sa caisse. L'ex-roi de

Naples implore l'ange du brigandage. Antonelli implore la restitution de l'Ombrie et des Marches. Les fumistes du Piémont implorent le Capitole. L'Autriche implore la fin de la Prusse qui lui souhaite la pareille. Guillaume Ier invoque l'âme de son frère, qui repose, assure-t-il, dans le sein de Dieu. Alexandre II invoque l'intelligence et l'énergie du marquis Wielopolski. L'archevêque polonais Felinski invoque la générosité du czar. Le grand-duc implore les grenadiers de la garde. Les Grecs finissent par s'insurger contre eux-mêmes, furieux de n'avoir rien pu faire, malgré leurs invocations, du trône d'Agamemnon. Les deux présidents Abraham Lincoln et Jefferson Davis invoquent l'appui du Très-Haut, en pataugeant dans le sang de leurs concitoyens. Abd-ul-Aziz-Khan prie le sérail de faire des économies, et ces petites dames lui répondent : Des navets !

Partout des invocations et des prières. Partout des adresses à la Providence. Jamais on n'a si souvent requis qu'aujourd'hui l'intervention du ciel dans les affaires politiques. Jamais on n'a si obstinément mêlé Dieu aux affaires du monde que depuis les dogmatiques apothéoses de la matière. Jusque dans les plus petites choses on retrouve ce bruyant appel à la Divinité. Un commissaire extraordinaire va-t-il rétablir l'ordre le plus élémentaire dans quelque ville troublée par des élections municipales, il croit devoir s'y faire précéder par la Providence, dont il cliche le nom dans toutes ses proclamations. Malheureusement ce déploiement de signes de foi extérieure, n'accuse que de la peur et du trouble dans les regards et dans les consciences de nos hommes politiques, car il coïncide avec un fatal et progressif rétrécissement de l'idée divine au sein du monde moderne. Plus les religions s'épuisent dans leurs principes et dans leurs symboles, plus l'athéisme s'infiltre dans les mœurs et dans les idées, moins cet appel au génie de la Providence se légitime, mais plus il s'universalise. On dirait vraiment que toutes les doctrines politiques, ayant perdu leur mot d'ordre et leur crédit, cherchent à se duper sous le couvert de la Divinité. Républicains, libéraux, royalistes, socialistes se rencontrent dans les mêmes formules de suppliques à l'Esprit d'en haut. Le despotisme invoque la liberté. L'iniquité invoque la justice. Le vice invoque la morale. Le socialisme invoque la société. Le diable invoque Dieu. C'est l'anarchie de la prière.

II

Pourquoi ne ferais-je pas aussi mon invocation? Pourquoi n'évoquerais-je pas ton esprit, ô Révolution française? Comment! le monde s'inquiète d'un premier-d'Orléans de M. Dupanloup, ou d'un vieux mandement de M. Arthur de la Guéronnière! Des po-

a.

pulations entières d'abonnés restent suspendues aux lèvres fatidiques de MM. Limayrac, Vitu, Dréolle, Tiengou, Plichon, Keller, Boniface! Des masses de Français règlent leur vie, leur âme et leur bourse sur les éphémères infaillibilités de *la Patrie* et du *Constitutionnel!* La démocratie se torture à l'estaminet la langue et la tête pour deviner les proses de MM. Havin et Janicot! Et l'on n'aurait pas le droit de rechercher ce que tu deviens au milieu de ces perturbations du langage et des intelligences, de ces trucs de la tribune et de la chaire, de ces luxations de la droiture politique, dans cette mêlée des esclavagistes de la presse conservatrice et libérale! Il ne serait pas permis de s'adresser directement à toi pour avoir de tes nouvelles! En vérité, je voudrais bien voir si tu n'as plus, comme tes ennemis le disent, ni voix, ni crédit, ni autorité, et si tu as subi toutes les castrations de leur philosophie et de leur politique obèses. Je voudrais bien savoir si c'est un crime de t'adresser une simple et franche prière, et de se dire ton loyal sujet.

Car je ne suis ni un gazetier qui travaille au cachet dans les divers journaux de l'époque, ni un politique de profession. Je n'ai jamais eu l'idée de me poser en sauveur des États, en raccommodeur de situations critiques, en oracle des cabinets. Je suis un très-humble citoyen de l'Empire français et de la république des lettres. Étranger au langage des cours, libre de tout pacte secret avec les ambassades et *l'Indépendance belge*, n'ayant pas l'ombre d'intérêts à la Banque, croyant peu à la reconstitution des anciens partis, pur de tout commerce avec les vainqueurs et les vaincus, je cherche tout bonnement la vérité. En ce moment j'arrive du fin fond des abîmes de la librairie, harassé de la prose politique, philosophique, économique et socialiste d'une foire de brochuriers. De tous côtés j'ai interrogé les augures, sur la direction de tes mouvements en Europe. J'ai questionné les congrès, les académies, les églises, les synagogues, la presse, la garde nationale, les orléanistes, les henriquinquistes, les démocrates sans retouche, les députés, les sénateurs, les volontaires de Garibaldi, les soldats du Pape, les étudiants et les étudiantes, Cayla, Castille, Alexandre Dumas, j'ai même élevé mon âme altérée de lumière jusqu'au trône de M. Havin.

III

Les gardes nationaux m'ont répondu : Tir à la cible! — Les volontaires de Garibaldi : Rome ou la mort! — Les bons curés de village : Goliath et Sennachérib! — Les évêques, comme au temps d'Arnaud de Brescia : Où est l'écu? — Les argentiers du Pape : Pour le denier de saint Pierre, s'il vous plaît! — Les synagogues : Saint Renan, travaillez pour nous. — Les libéraux : Couronnement de l'édifice. — Les satisfaits : Silence à l'opposition ! — Les oppositions de toutes couleurs : A bas les masques ! — Les orléanistes : Réforme parlementaire ! — Les henriquinquistes et les soldats du Pape : Montjoie et Castelfidardo ! — Les socialistes : Buvons, enfants de la patrie. — Les Académies : Tarte à la crème ! — Les étudiants : J'ai un pied qui r'mue. — Les étudiantes : Eh ! allez donc, Turlurette. — Les vieilles douairières : Où allons-nous ? — Les ultramontains : Vertu de Charroux ! guerre à Giboyer ! — Mais personne n'a pu exactement me donner de tes nouvelles. Les journaux rabâchent ce que tout le monde sait, les congrès ne disent pas grand'chose, et depuis longtemps *le Siècle* ne dit rien qui vaille.

IV

C'est donc vers toi qu'il faut élever la voix au milieu de cette confusion de la science politique, c'est à ton esprit vivant, à ton impérissable idée, à ta morale élevée, à tes dogmes positifs, que je viens directement demander un rayon de certitude, une réponse définitive aux inquiétudes et aux espérances de la société moderne. Depuis trop longtemps on s'adresse, pour constituer l'ordre européen, à une politique frileuse, viagère, mixte, à une politique d'accommodements ruineux avec la race pétrifiée qui ne croit ni au peuple ni à César, ni à la dictature de l'intelligence, ni à la souveraineté de la gloire. On s'est beaucoup trop adonné à la culture des concordats, qui ont tous moisi sur leur tige. On a mis à sec toutes les sources du sophisme honnête et modéré, on a essayé les conciliations les plus saugrenues, on a demandé aux doctrines blanches, bleues, rouges, tricolores, des accords et des fusions chimériques, tous les vieux dépôts de sagesse et d'expérience ont été fouillés, toutes les fortes têtes du parti de l'espérance en Dieu ont été sondées. Il n'y a que toi qu'on n'ait pas consultée loyalement, il n'y a que toi qui n'aies pas dit ton dernier mot. Mais c'est en vain qu'on a voulu éviter de se trouver face à face avec ton inexorable génie, on n'a fait que tourner autour du véritable état de la question politique et sociale et ajourner ta justice.

Il est temps de recourir franchement à ton principe et de l'appliquer dans son intègre et intégrale vérité. A certaines époques il faut savoir t'invoquer bien haut, rappeler ce que tu es et ce que tu seras. Les peuples aussi bien que les gouvernements ont besoin qu'on leur burine dans la mémoire tes états de service, qu'on leur rappelle souvent à quelles conditions ils ont triomphé et en vertu de quelles lois ils garderont la victoire.

Oui, Majesté! Si tu n'es pas une majesté, où seront-elles les majestés? Si tu n'es pas une souveraine, qu'est-ce donc que la souveraineté? Es-tu moins auguste et moins indivisible que la fortune de Rothschild? Es-tu moins infaillible qu'une oraison funèbre de Mgr. de Poitiers ou qu'un miracle de Lourdes? As-tu moins de titres à la confiance et aux respects des nations, qu'un emprunt turc ou romain? La Providence, cette autre force révolutionnaire, t'a-t-elle dépassée en autorité et en bonnes œuvres? N'as-tu pas autant de droits que l'opinion à la royauté du monde? l'opinion n'est-elle pas ton verbe? n'est-ce pas toi qui l'as créée et qui l'armes? Oui Majesté! en dépit des négations du parti légitimiste, des oppositions pudibondes des libéraux et de tous les *shoking* de M. Paulin Limayrac! quel est donc le tribunal d'historiens qui oserait te disputer ce titre glorieux? N'as-tu pas été sacrée dans nos larmes et dans notre sang, couronnée dans toutes les batailles livrées au despotisme par la plume et par l'épée, courtisée par l'Église, encensée par tous les sacerdoces, tour à tour épousée et répudiée par tous les gouvernements?

Il est vrai que la Papauté t'appelle : hydre nouvelle! que M. Prudhomme se signe au seul bruit de ton nom, que les majorités sous tous les régimes te renient à l'unisson. Il est vrai qu'on a voulu t'encaisser, t'escamoter, t'accaparer, te mutiler, après t'avoir compromise à tous les services. Mais on ne t'a pas encore trouvé de maître! Et il faut de plus en plus compter avec toi. Tu n'es qu'un fantôme, disent des optimistes assez mal rassurés; mais ce fantôme trouble et paralyse tous les congrès, mais avec ce spectre, cette ombre, ce souvenir, plus d'un prince serait charmé de s'entendre sur le pied d'égalité. Ah! sans doute ta couronne a roulé souvent dans le ruisseau. Mais quelles sont les couronnes qui ont échappé à ces décrets de la Providence? Certainement tu nous as fait de tristes cadeaux. Nous te devons de funestes émancipations, nous te devons l'insupportable race des boutiquiers voltairiens, la grossière excellence des multitudes, la grotesque parité de droits sociaux d'un homme de lettres et d'un cocher de fiacre. Que sais-je encore? nous te devons *le Constitutionnel, le Siècle* et *l'Opinion nationale.* Qui sait si, sans ta grâce miraculeuse, M. Léonor Havin n'aurait pas été un simple limonadier de Torigny-sur-Vire et M. Paulin Limayrac un infortuné sonneur de cloches de son village? Mais tout ce monde-là passe. Toutes les folles troupes de tes blasphémateurs et de tes parodistes s'évanouissent, et ton principe est le seul qui reste debout en Europe. Partout tu apparais vivante et indomptable, rayonnante et narquoise. Tu gardes avec tes baïonnettes le Pape à Rome. Tu corriges M. de Mérode par le soufflet moral d'un général français. Le prêtre ou le journaliste qui te calomnie tient de toi la liberté de l'attaque. Les gouvernements qui naissent et les peuples qui s'insurgent font tous appel à ta souveraineté. Tu es le commencement et la fin des pouvoirs modernes.

Je ne sais pas au juste où te parviendra cette adresse d'un journaliste qui ne va pas en représentation, comme plusieurs de ses confrères, sur tous les tréteaux de la presse. Tu as l'humeur cosmopolite et tu n'as pas l'habitude de prendre tes passe-ports auprès de la diplomatie. Sous tous les déguisements tu poursuis ton œuvre d'analyse et de rénovation, jusque dans les États de l'Église, jusqu'en Chine, en Cochinchine et au Mexique. Car c'est encore toi qui donnes de violents coups de crosse de fusil à ce vieil Orient qui dit, lui aussi : *Non possumus !* à ce Juarès qui s'écrie : *Le jour n'est pas plus pur que le fond de mon gouvernement !* Mais qu'importe où ce tribut d'hommage t'arrive ? je suis sûr qu'il te trouvera en train de travailler pour la justice et pour l'honneur de la France.

Des gens qui n'ont que leur mouchoir pour drapeau m'ont demandé quel était le mien. Dans mon dernier volume, on a cherché la couleur de mes opinions ; je me garderai bien de m'empanacher d'une profession de foi. Je suis Français, voilà tout ce que je sais. Et en cette qualité je déteste la politique d'exhumation et d'aventure. Je ris beaucoup en politique, j'offre ce renseignement aux esprits que j'intéresse. La politique qui sait rire, la politique spirituelle et gaie, comme celle de Napoléon III à la distribution des récompenses aux exposants français, m'a toujours paru la plus sérieuse. Il n'est pas nécessaire d'être doctoral et grave pour être dans la vérité. Tout en riant donc, je vais calculer mathématiquement la hausse et la baisse, et toutes les probabilités du jeu de la révolution en Europe. Je vais débrouiller sa logique impérieuse et inévitable, au milieu de la cohue des dépêches télégraphiques, des prophéties fabriquées dans les agences Havas, des avalanches de brochures, des rogatons parlementaires de MM. Kolb-Bernard et Plichon. Nous voici à la veille des élections; on se passionne déjà autour de certains noms. Mais qu'est-ce que cela nous fait et qu'est-ce que cela peut faire à la France, à l'avenir, la candidature de M. le comte Migeon, de M. de Montalembert, de M. Havin, et l'agitation moldave de M. Ganesco, et la mise sous cloche d'une plate-bande de Spartacus du quartier Latin? Les oppositions qui se nourrissent de pareilles espérances de succès sont ou bien naïves ou bien malades; j'aime à voir en politique plus haut et loin. Il est donc bien évident que je ne place mon observation ni du côté de M. Limayrac, ni du côté de M. Havin, ni sur le calvaire de M. Victor de Laprade.

V

Aujourd'hui, il n'y a plus à se dissimuler l'existence et l'organisation de nombreuses armées de la réaction. Elles ont pris audacieusement position devant la Révolution française et devant l'Empire. Les camps ennemis se touchent, se heurtent, se provoquent sans cesse par leurs sentinelles et par leurs généraux, en attendant la bataille sur toute la ligne. Si le parti de l'attente et de la modération se flattait encore de conserver les chances d'un raccommodement durable et satisfaisant pour tous, les derniers débats du Sénat et du Corps législatif suffiraient pleinement à le détromper; dans ces confessions parlementaires les âmes se sont mises à nu, les déclarations de guerre ont été affirmées de part et d'autre avec solennité. C'en est donc fait de toute reprise de voile en politique ! La réaction n'a plus de masque et je crois qu'elle n'a ni le pouvoir ni la volonté d'en emprunter. On sait où elle va et ce qu'elle veut.

Elle rêve d'abord l'abolition de l'Empire, car c'est seulement aujourd'hui que l'idée révolutionnaire se dessine et s'affirme, et c'est l'Empire qui en est le plus solide exécuteur testamentaire dans la question des évêques, par le ministère de M. de Persigny; c'est à l'Empire, malgré l'étroit régime d'expression auquel il soumet la pensée, que les doctrines de 89 sont redevables depuis douze ans de leur plus vigoureux progrès en France et en Europe. Quant au programme de restauration rêvé par la coalition monarchico-cléricale, c'est simple comme bonjour! En France, rétrogradation vers les beaux temps de la calotte et de la culotte-courte; en Italie, revanche de Castelfidardo et agrandissement de la tirelire des indulgences ; dans le reste du continent ultramontain, alliance offensive et défensive avec tous les jeunes et vieux satyres de la cause du passé. Comme on le voit, cet idéal n'a rien de bien original, mais il séduit le patriotisme ambulant de plusieurs petits prétendants qu'on met couver à l'étranger, et il allume toutes les imaginations de l'armée réactionnaire.

VI

Que faire? vaincre la réaction. Ce n'est pas assez! l'anéantir. Comment? nous le verrons tout à l'heure. Mais il faut sans rémission et bientôt étouffer la coalition. Chaque heure de répit que nous lui accordons est pour elle un bastion. Chaque procès que nous lui épargnons est pour elle matière à triomphe. Nos dédains oratoires! elle s'en fait des gorges chaudes. Nous lui avons donné dix mille francs pour l'aider à béatifier M. Benoît-Joseph Labre. Elle nous en sait bien gré ! Elle préconise Chiavone ! Nous avons déménagé de Gaëte son héroïque François II. Elle nous en fait un morceau de résistance et de taquinerie à Rome. Mais avant d'indiquer en dehors des lignes politiques de MM. Limayrac, Dréolle, Vitu, Delamarre, Havin, Guéroult, ce qu'il y aurait à faire conformément à la nouvelle stratégie de l'esprit de liberté, pour vaincre et étouffer la réaction, il est nécessaire de se rendre compte de l'état des forces belligérantes.

VII

J'entends dire par des politiques sereins que la réaction est incapable de s'emparer de l'avenir et que la France ne la laissera jamais forcer les défenses de sa raison publique et gouvernementale.

Sans doute la réaction a beau battre la France de son squelette, elle ne parviendra pas à l'assouplir à l'ancien régime. Sans doute l'absolutisme européen est vicié dans ses formes, chancelant sous ses armures, éreinté sous ses budgets, endetté jusqu'à la mendicité et la banqueroute. Sans doute le vieil édifice de la Sainte-Alliance branle terriblement sur des colonnes de plusieurs milliards de passif. Sans doute la foi est morte au cœur des défenseurs de la foi. Sans doute les invalides de la royauté absolue sont nombreux, et ce n'est pas avec de nouvelles constitutions qu'ils remonteront le courant historique qui les emporte. Sans doute les légitimistes sont pauvres comme Job avec leurs fameuses traditions ; ils ont perdu, quoi qu'ils en disent, le dépôt spécial de la bravoure, de l'honneur, de l'esprit, des croyances. L'armée française recrute ses meilleures énergies dans le paysan. Dans le journalisme, ce sont généralement des écrivains d'extraction plébéienne, comme M. Veuillot, qui soutiennent vaillamment le drapeau du passé.

Mais la réaction possède une puissante et habile organisation. Elle a sur la révolution l'avantage considérable du mensonge et de l'unité. Elle a remplacé sa foi, son orgueil, sa valeur antique, par de l'entêtement, de la bile, du cynisme, du pamphlet en gros et en détail. Qu'a-t-on à lui opposer? le fait accompli? elle le nie; des discours? elle en fait aussi; l'appel au peuple? elle a une gazette centenaire sous cette devise; du mépris? elle en a à notre service. Écoutez ses journaux et ses prédicateurs! Elle a des postes, des mots d'ordre, des budgets et des intrus partout. Depuis le dernier congrès de Varsovie, où on n'a pu renouer immédiatement les vieux fils de la Sainte-Alliance, la réaction n'a pas perdu tout son temps ni tous ses protocoles. Toutes ses hypocrisies ont

b.

fusionné. Elle a augmenté ses cadres dans les confréries, dans les parlements, dans les cabinets, dans les beaux-arts et à l'Académie française. On nous insulte à Rome, on se défie de nous à Saint-Pétersbourg, on nous a en horreur à Vienne et à Berlin, on nous siffle sous la coupole de l'Institut.

Où sont nos forces de résistance et d'agression? L'état moral et financier de la démocratie ne vaut guère mieux que celui de la contre-révolution. Le délabrement des croyances monarchiques ne guérit pas le parti libéral de ses défaillances. Est-ce avec l'opinion publique abâtardie, avec l'oligarchie de la presse, avec les noblesses équivoques de la boutique, avec des gardes nationaux de conserve, qu'on repoussera l'invasion réactionnaire? Non. Avec quoi donc? Car s'il nous reste le doux plaisir de penser que la révolution ne sera jamais vaincue par des Romains de Castelfidardo, il nous est défendu d'espérer qu'elle puisse triompher avec une milice composée de croyants tels que MM. Limayrac, Vitu, de Césena, Delamarre, Guéroult, Havin et Cie. Ni la liberté, ni l'autorité, ni l'opposition, ni le parti conservateur n'ont rien à gagner à se servir de pareils champions. Avec eux la révolution est trahie ou désarmée.

VIII

Après cette sommaire et impartiale revue des forces actuelles de la démocratie et de la contre-révolution, il n'y a donc plus à songer à la reculade devant une guerre dont le dernier mot doit être et sera: Malheur aux vaincus ! La lutte entre le principe monarchique et le principe démocratique est irrémédiable et ne laisse plus place qu'à des conciliations hypocrites. Le parti qui se placera entre les deux principes sera broyé. Il n'y a plus à s'endormir sur les réserves de courage et d'intelligence du parti libéral de nos jours. Il faut nécessairement épurer et réorganiser ces réserves insuffisantes ou gâtées. Il faut remonter l'esprit de liberté et d'autorité au-dessus du *Siècle* et du *Constitutionnel*, au-dessus des patriotismes amphibies, des politiques parlées qui ne savent que nous conseiller les moyens extrêmes de la faiblesse ou de la violence, de la patience aveugle ou du radicalisme atroce.

Si nous ne possédons pas encore les véritables armes de combat contre la réaction, nous savons au moins que la politique expectante est aussi usée et aussi fausse que la politique d'aventures. C'est une vérité acquise à l'histoire : on la connaît définitivement pour ce qu'elle vaut, cette science de temporisation qui s'en remet à la Providence pour le dernier mot des solutions. Les nations ne se laissent plus éblouir par de pareilles figures. On la connaît aussi, cette école de révolutionnaires hirsutes qui ne trouve rien de mieux pour fonder la paix et la liberté que de crier aux gouvernements : Supprimez le budget des cultes, mariez les prêtres, retirez vos troupes de Rome, transplantez le Pape à Jérusalem avec une pension viagère et une garde d'honneur catholique !

Eh bien, après? quand on enverrait le Pape chez les Turcs avec un rempart de bachi-bozouks aux quatre points cardinaux, en serait-il moins pape? Quand on couperait les vivres réguliers au clergé, en serions-nous plus riches et plus justes? Quand on marierait à de belles et bonnes filles les prêtres petits et grands, la morale s'en porterait-elle mieux, et aurions-nous moins de crétins sur le trottoir? Laissons donc de côté au répertoire des hommes d'État d'estaminet toutes ces burlesques théories de salut public, et occupons-nous d'étouffer la réaction avec d'autres armes que celles de la Terreur ou de l'espoir en Dieu.

La question ainsi débarrassée de ces procédures inhumaines se simplifie pour tout le monde. En définitive, qui est-ce qui triomphera? — La Force.

Que doivent faire les défenseurs du Pouvoir et de la Liberté? — Organiser la Force.

IX

L'empire du monde appartient à la Force. Le progrès sous toutes ses faces est un perpétuel hommage rendu à la Force, qui n'est le plus souvent et qui ne doit être que l'esprit matérialisé. La science qui tend à remplacer le vieil empirisme diplomatique et religieux au gouvernement des États et des âmes, n'a pas de plus intime alliée dans ses expériences et dans ses conquêtes. La Force a été fatalement divinisée dans tous les temps, chez tous les peuples, et le monde moderne comme l'antiquité a mis son génie à la recherche de ses métamorphoses. Rome païenne, républicaine et impériale, emprunteuse ou voleuse de dieux et de déesses, n'a légiféré, vaincu, dominé, grandi que par la Force. Rome papale avec toute la propriété foncière de ses symboles, et de ses miracles, ne prolonge son existence politique que grâce à la Force. Mythologiquement la Force vient du ciel, et les derniers représentants du principe monarchique et sacerdotal voudraient bien l'y reconduire enchaînée à leurs caprices. Mais elle cesse d'être aux arrêts de la superstition, elle ne se prostitue plus dans les Olympes, elle entrera définitivement au service de l'humanité.

De quelque côté que l'on contemple l'histoire, la

Force l'investit de son bon ou de son mauvais génie. Prométhée a été cloué sur le Caucase, Napoléon a été immolé à Sainte-Hélène, la Chine a été ouverte, le jeune Mortara a été retenu au catéchisme, par la force. *L'Alabama* coule les navires des États-Unis avec une certaine force. Saint-Pierre de Rome a été bâti avec l'or des indulgences, une autre force. La fleur des soldats du Pape a été moissonnée à Castelfidardo par une irruption de berzaglieri, qui ne représentaient pas précisément le génie de la persuasion. Ne devrons-nous pas le percement complet de l'isthme de Suez aux forces combinées de la persévérance, de la science et des capitaux? A l'heure qu'il est la plus grande préoccupation des esprits et des consciences, n'est-ce pas la découverte de nouvelles forces de destruction?

Cette tourmente règne dans les usines, dans les laboratoires, dans les ateliers, dans les cornues du monde industriel et savant. Partout on épie les secrets de la matière, on étudie passionnément de nouveaux problèmes de dévastation. Il s'agit bien moins pour la civilisation de multiplier les écoles, les bibliothèques, les arts pacifiques de la vie, que de transformer les matériels d'armements. Les instituteurs, les littérateurs, les artistes sont loin d'avoir la vogue et le crédit des inventeurs de tortues sous-marines, de bombes incendiaires ou de canons inexplosibles.

Elle triomphe, la religion du fer et du feu. Elle a ses martyrs et ses idolâtres, ses croisés et ses argonautes. C'est à ses vertus physiques que la civilisation demande protection et salut. Elle renaît universellement la guerre des géants. Voyez-la niveler les vallées, raser les montagnes, sillonner les continents avec ses locomotives, couvrir l'Océan de ses flottes cuirassées, envelopper le monde de son électricité. Vulcain ne travaille plus sous terre pour le compte de Jupiter. Vulcain forge ses foudres au grand soleil, sur les commandes et les dessins de l'Homme. Hercule a renoncé aux artistiques peaux de lion. Il choisit des blindages de six pouces, il se promène orgueilleusement avec des manteaux de fonte et d'acier. Samson préfère le fulminate aux mâchoires d'âne. Partout l'étude et l'application du dogme de la force, dans les Indes anglaises, en Sibérie, en Pologne, dans le cabinet de M. de Bismark et jusque sur le prie-Dieu de M. de Mérode! *Ultima ratio.*

Les grandes puissances européennes ne sont-elles pas classées d'après leur force en population et en soldats? Est-ce que à Azincourt, à Leipsick, à Waterloo, nous n'avons pas été écrasés par le nombre? Cependant nous étions en fonds de courage, d'honneur, de patriotisme. Mais nos ennemis avaient des forces mieux organisées. Allons! nous aurons toujours assez de principes. Organisons la force.

X

Comment l'organiser? A l'intérieur, en constituant le grand parti de la liberté ; à l'extérieur, en nous créant une alliance inviolable, indissoluble, placée au-dessus des remaniements de frontières et de dynasties, qui nous permette de commander toujours en Europe, d'économiser notre or et notre sang, et de reporter toutes nos énergies et toutes nos initiatives sur le terrain de l'industrie et des beaux arts. Quelle est cette alliance? Voyons d'abord ce que peut être le grand parti de la liberté.

Le grand parti de la liberté doit succéder à tous les autres. En lui doivent se fondre les diverses nuances du libéralisme. J'ajoute qu'il se composera de l'élite des intelligences du monde politique, quelle que soit la couleur des cocardes. La dissolution des politiques formalistes en précipite l'avénement. Il fermente dans le fond de la conscience nationale. En face de la mobilité des arrêts de la Providence, de l'épuisement des doctrines constitutionnelles, de la variation des boussoles philosophiques et religieuses, des soudaines comédies du sort, on sent généralement le besoin de se rattacher à un parti qui soit aussi honnête et aussi raisonnable le lendemain que la veille; on est fatigué de violents et ridicules réveils qui transforment subitement l'honnêteté en friponnerie, ou le cynisme en noblesse. Désormais on veut être d'un parti dont la morale, la religion, la langue, l'esprit ne suivent plus les vicissitudes de la doublure et du galon, etc. Le grand parti de la liberté est le seul qui puisse dans nos climats politiques réaliser cette unité de langage et de sentiments, et conserver à notre France un fonds de morale et de certitude. C'est dans ce parti supérieur à tous les changements de la forme, étranger aux déménagements ou aux emménagements de la bureaucratie, que doivent se retrancher et se concentrer sans distinction d'origine toutes les forces vives de notre esprit national, et qu'un gouvernement de progrès, issu du suffrage universel, trouvera les meilleurs apports de science et de fidélité. C'est dans ce camp éclectique que doivent revenir sans récrimination les enfants perdus de la révolution, et que les corps isolés et abattus de l'armée libérale pourront déposer avec honneur leurs drapeaux mutilés. Lorsqu'un Français sera sommé de répondre à ce vieux questionnaire politique : Es-tu royaliste, impérialiste, socialiste, républicain, ultramontain? Il faut qu'il puisse bientôt dire : Je suis du grand parti de la liberté.

Est-il besoin pour l'établir en France d'autres armes que celles de la presse, de la tribune, de la loi? Non. Il suffit de mettre en pratique les droits et les devoirs de la révolution, de remplir ses engagements. Nous connaissons tous les plans de la Réaction, nous savons qu'elle ne peut triompher que par une nouvelle pression sur les âmes indécises et superstitieuses. Elle veut être martyrisée, emprisonnée, affamée, exilée, afin de brandir contre nous aux yeux de l'univers le vieux sabre de la vengeance céleste. Soyons avares de persécution! N'alarmons pas inutilement des superstitions monarchiques qui s'en vont tous les jours. Rassurons les cléricaux sur leur compte. La France est assez riche pour payer ses cultes et sa gloire.

Mais plaçons la loi au-dessus des communions, le citoyen au-dessus du prêtre, l'autorité de l'État au-dessus de l'autorité de l'Église. Les presbytères et les palais épiscopaux sont affranchis de la corvée, les séminaires sont exempts de la conscription, de nombreuses confréries boivent gratis l'air et la lumière, foulent nos chemins vicinaux et nos routes impériales sans contribuer à leur entretien. Ne perdons pas notre temps à chicaner ce monde-là pour quelques liards. Mais quand il conspire et trahit, ramenons-le sous la loi. Point de pitié, point de juridiction de faveur, pas plus d'impunité pour les délits du clérical que pour ceux du voltairien. La loi pour tous et au-dessus de tout! Les corporations religieuses poursuivent leurs empiétements? renforçons notre régime civil. Les chaires ultramontaines se multiplient? relevons les tribunes. Les petits journaux politiques de sacristie foisonnent? rendons à toute la presse la liberté de discussion. Tribune contre tribune, chaire contre chaire, liberté contre liberté.

La réaction acculée dans son impuissance nous traitera de sacriléges et d'athées. Rions de ses apostrophes. Le plus grand dissolvant des sociétés modernes c'est incontestablement l'esprit clérical. Si l'ancienne noblesse n'a plus le privilége des sentiments chevaleresques, le parti clérical a aussi perdu toute part à la direction spirituelle des sociétés. Cette haute direction appartient désormais à l'autorité civile. Dans le pouvoir laïque réside aujourd'hui le vrai sentiment religieux. Le don de la puissance surnaturelle semble même avoir passé tout entier de ce côté-là. En vérité le gouvernement ne fait-il pas des miracles, en envoyant nos armées combattre pour la justice et la religion en Syrie, en Chine, en Cochinchine, au Mexique? Nos soldats ne sont-ils pas des missionnaires apostoliques? La France née de 89 n'a-t-elle pas relevé la croix et les temples du christianisme dans l'extrême Orient? Que faisait Rome pendant les massacres du Liban? Rome jouait à la bataille de Castelfidardo. Rome ne s'occupait qu'à équiper des zouaves postiches, à excommunier l'Italie, à pleurer sur sa motte de terre, à demander l'aumône à l'univers. Où était-il donc le sentiment religieux? Où était-elle la morale victorieuse? Où est-elle encore la force miraculeuse des temps modernes? Sous le drapeau de la France, dans les conquêtes civiles et militaires de la Révolution représentée par l'Empire.

XI

Et quelle sera la fidèle et immortelle alliée de la France? Ce n'est certainement pas l'Angleterre. Est-ce l'Italie? Allons donc! Pourtant, les Turinois nous doivent une jolie série d'annexions et une incalculable somme de reconnaissance. Raison de plus pour compter sur l'ingratitude de ces triomphateurs par tolérance. L'égoïsme et l'ambition dévorent les unitaires italiens. Mais la configuration géographique, l'histoire, la communauté d'origines, de poésies, d'aspirations artistiques et religieuses, ne plaident-elles pas en faveur de cette alliance? Quoi! encore cet argument de collége? Est-ce que l'Espagne, le Mexique et toutes les petites républiques idiotes du sud de l'Amérique, ne sont pas aussi de souche latine? En sont-elles plus respectueuses et plus dévouées envers la France? Mais avec une Italie libre des Alpes à l'Adriatique, du Tyrol à la pointe de la botte péninsulaire, monarchiquement constituée au Capitole, maîtresse à Rome et à Venise, appuyée sur une organisation politique et militaire comme la nôtre, faisant face à la Suisse et à l'Allemagne, ne serions-nous pas les arbitres de toute l'Europe?

Quelle patriotique trouvaille, ô mon Dieu! L'Empereur, en s'arrêtant à Solferino et en restant à Rome, a vu clair dans les inconvénients et les dangers qui résulteraient pour la prépondérance française d'une pareille unification, et vraiment il n'y a plus guère que *le Siècle*, *l'Opinion nationale* et d'autres rêveurs de restauration républicaine qui s'amourachent de l'ombre future d'une grande monarchie transalpine. L'Italie n'a jamais été une nation. Au nom de quel intérêt français et de quelle nécessité historique voudrait-on en faire une nation aujourd'hui?

La France n'a pas non plus à compter sur des alliances dynastiques. L'Empereur a déjà prouvé qu'il pouvait fort bien s'en passer. Elles ont fourni leur carrière tumultueuse, et l'heure n'est pas loin où toutes les alliances traditionnelles entre peuples seront bouleversées de fond en comble. Après le fait accompli, la vieille diplomatie s'en viendra crier comme Bridoison : La fo-or-me! la fo-or-me! Mais la science est dorénavant la seule souveraine qui ratifie les contrats internationaux. Non-seulement elle révolutionne toutes les lois mécaniques de la guerre, mais elle tend à effacer, sous le fédéralisme industriel et financier, la morgue poétique et tapageuse des nationalités. En attendant la confédération générale des États européens, vers laquelle nous nous acheminons inévitablement, par les traités de commerce, par les expositions universelles et permanentes, par les congrès de toutes sortes, par la suppression des passe-ports, par la soudure des rail-way et des lignes électriques, quelle est au dedans et au dehors l'alliée naturelle, rationnelle, invincible, providentielle de la France? — La Révolution.

XII

Oui! la Révolution par la liberté, sans le désordre. Qu'est-ce au fond que l'organisation de la force? L'armement complet de la Révolution française. Qu'a-t-on toujours à crier contre ce mot Révolution? Renoncera-t-on bientôt à en faire un épouvantail pour les étourneaux de la bourgeoisie et pour les corneilles du parti légitimiste? Le progrès matériel et moral existerait-il sans la Révolution? Tous ces criards et tous ces trembleurs du tiers-état qui abominent son souvenir seraient-ils quelque chose sans 89? Tous les hommes de quelque autorité et de quelque avenir qui exercent aujourd'hui un commandement, ne sont-ils pas sortis des écoles de la Révolution? Aurions-nous l'abolition des dîmes, de la corvée, du droit du seigneur, du droit d'aînesse, le suffrage universel, l'Empire, sans la Révolution? Ah! très-bien! dites que vous détestez l'anarchie, le communisme, l'avénement des mendiants et des mauvais drôles au pouvoir; nous sommes d'accord. Je méprise autant que vous les *voyous* sous tous les régimes. Mais la Révolution ne s'incarne pas dans ces scories. Les caricatures n'entament pas sa majesté et ne détruisent pas sa logique. La foire s'arrête, et elle marche. Elle marche comme l'esprit humain, comme la lumière. Qu'est-ce donc qui se passe en Prusse et en Pologne à cette heure, si ce n'est quelque chose de terrible et de grand, de juste et d'inévitable comme la Révolution? Les députés prussiens ont longtemps péroré, négocié, argumenté pour la sauvegarde de leur constitution. Il faudra que la Révolution réponde au vieux roi féodal. Les Polonais ont longtemps prié, chanté, fait des suppliques et des processions en faveur de leur résurrection nationale. Ils ont fini par comprendre que la Révolution pouvait seule armer leur vengeance et leur liberté.

La Révolution par le progrès, par le développement graduel de toutes nos libertés, par la France et pour la France, voilà notre féconde et invariable alliée en Europe. Avec elle nous sommes libres chez nous et maîtres au dehors. Le triomphe de l'unité italienne peut sourire à notre générosité, mais ne peut convenir à notre patriotisme. La création de royaumes ou de républiques compacts sur le continent et même au delà des mers ne sera jamais le but d'une politique vraiment française. Je renie en bon citoyen et en bon politique toute théorie d'égalité qui nous ferait passer sous la toise avec les autres peuples. Notre politique internationale n'a certainement aucun intérêt à maintenir des nationalités voisines dans la torture ou dans le marasme, mais elle en a encore moins à leur permettre de s'élever à notre niveau. Au nom de notre histoire, de notre mission providentielle dans le monde, de l'immuable loi de notre souveraineté, au nom du progrès général, dont nous ne pouvons abdiquer la direction, nous devons combattre tout ce qui ferait mine de nous égaler ou de nous dépasser; soyons généreux, chevaleresques, mais soyons toujours francs. Les peuples autant que les gouvernements avec lesquels nous concluons des traités industriels ou littéraires, ont peur ou souci de la France. Italiens, Prussiens, Suisses, Bavarois, Espagnols, Belges, Anglais surtout, jalousent et détestent la grande nation. Cela est, cela sera; c'est la fatalité de notre grandeur. Toutes ces races veulent monter à notre apogée, mais la Révolution française veillera à ce que cela ne soit jamais.

Guerre à l'unité! italienne, allemande, américaine! Nous n'avions qu'une unité à fonder en Europe, celle de la Pologne, qui eût été le contre-poids du panslavisme, la paralysie de l'Hégémonie germaine, un autre empire français au cœur des despotismes du Nord, et nous laissons écraser la seule nation qui nous soit invariablement fidèle en Europe! Guerre à toute autre unité, et à l'absurde principe de non-intervention. Encore une jolie fable de la diplomatie! Nous sommes à Rome, restons-y, et si nous en sortons, que ce ne soit pas sans gages équivalents et au bénéfice de l'unité italienne. La France à Rome n'est-ce pas la Révolution de 89, armée et vigilante, au sein de ce qu'il y a de plus immobile et antisocial? Nous avons en vérité de singuliers apôtres de la Révolution et de tristes soutiens de notre suprématie nationale, dans ces libéraux qui ne cessent de réclamer l'abandon de Rome. Voyez, nous disent-ils, à quoi a abouti notre occupation! à des dépenses énormes, à des mépris auxquels on ne peut pas répondre. Nous creusons l'abîme entre l'Italie et la Papauté, nous retardons la réconciliation de l'Église et de la liberté, nous poussons au schisme; avec nos vingt-cinq mille hommes nous n'avons même pu obtenir l'extradition du petit Mortara; cependant c'est la première délivrance à faire signer à la Papauté!

Que ce catholicisme ardent me plaît dans la bouche de ces libres penseurs! Que ces écrivains et ces orateurs révolutionnaires sont incroyables et magnifiques avec leurs projets de réconciliation entre l'esprit sacerdotal et l'esprit moderne! Ils en sont encore là, les malins, à vouloir mettre d'accord avec notre époque la Papauté, qui n'a jamais pu s'accorder avec les dix-huit siècles de son histoire. Mais, ô très-lucides oracles de la Révolution, croyez-vous sérieusement que l'évacuation de Rome par la France ferait les affaires de la liberté, qu'une fois nos troupes embarquées, les Piémontais s'embrasseraient avec les cardinaux, que la religion reprendrait une nouvelle splendeur, que l'Italie serait faite parce que les soldats de M. Cialdini mangeraient le macaroni au Capitole, et que de toutes façons, avec ou sans pape à Rome, l'abîme de séparation n'est pas incommensurable entre l'Église et la liberté? J'ai l'honneur de penser le contraire, comme libéral et comme autoritaire, de croire que l'ensemencement de la campagne romaine et la possession de quelques kilomètres de voies sacrées n'apporteraient aucune virilité à l'indépendance italienne, d'affirmer que la France catholique ou voltairienne, progressive ou rétrograde, a tout intérêt à laisser en paix le Pape à Rome.

XIII

On a vraiment tort de donner à cette question romaine des proportions colossales qu'elle ne peut avoir et de demander à la Papauté des réformes qu'elle ne peut accorder. On fait trop de bruit autour de la politique des cardinaux, et nous agitons trop nos consciences pour des hommes qui n'en ont guère. Rome n'est plus un problème redoutable. Elle ne commande plus aux esprits, et dans le mouvement des consciences son action est plus souvent politique que religieuse. Les excommunications ultramontaines lancées contre les démocraties qui ne croient pas aux indulgences et aux miracles, n'empêchent pas la prière des peuples de monter au ciel. Politiquement et intellectuellement, la royauté temporelle des Papes est morte depuis longtemps. C'est à tort qu'on s'acharne sur les derniers vestiges de sa puissance, et qu'on veut absolument forcer le Souverain-Pontife à des actes révolutionnaires. C'est lui demander qu'il se renie. Il n'existe et il ne règne que par l'absence et l'impossibilité de toute réforme. Je ne suis certainement pas assez irréligieux pour lui conseiller ce suicide, et je doute qu'avec des réformes de toute nature les Romains puissent jamais se régénérer. La Papauté ne peut se mettre à la mode du jour. Les fortes traditions de l'esprit catholique sont intolérantes. Il y a des pouvoirs qu'on ne transforme point et qui doivent finir comme ils ont commencé. On a l'air de s'étonner dans le monde voltairien de voir la Papauté défendre avec opiniâtreté son pouvoir temporel. Mais n'est-ce pas pour elle une fiche de consolation, et la meilleure, au milieu des spoliations du libre examen? Est-ce avec le pouvoir spirituel qui lui reste qu'elle pourra faire figure dans l'avenir? La Papauté sait fort bien qu'en renonçant à ses terres, elle se dessaisirait de ce qu'elle a de plus solide dans notre siècle. Plaisante invention que celle de la séparation platonique du spirituel et du temporel à Rome! C'est tout aussi ingénieux et aussi fort que le projet de suppression du budget des cultes en France ! Si les révolutionnaires n'ont fait que cette découverte depuis l'*Encyclopédie*, il n'y a pas lieu de glorifier le progrès de leurs lumières. Où veulent-ils donc envoyer la Papauté ? A quel peuple ont-ils l'idée de faire cadeau de cette cour romaine ? Pourquoi remuer par des voyages ce vieux dépôt d'intolérance et de corruption ? N'est-il pas plus prudent de le laisser s'épuiser et se tarir à sa source même ? La prétendue unité italienne n'est pas contente. Et qu'est-ce que cela nous fait, la plainte de ces Piémontais affublés en Romains ou de ces Romains déguisés en amoureux du Piémont ? Ne voilà-t-il pas quelque chose de bien grave que la réclamation de tous ces unitaires en éruption ! L'Italie a beau s'agiter sur les ossements de ses grands hommes, elle a dans les flancs un écoulement de hontes et de dépravations séculaires dont ne la guérira ni l'exercice en douze temps, ni le statut piémontais. Qu'elle nous donne des chanteurs, des compositeurs, de belles partitions et de belles voix, qu'elle s'affirme de nouveau dans les arts, qu'elle reprenne son sceptre poétique du seizième siècle, c'est tout ce qu'on peut exiger d'elle aujourd'hui, et c'est tout ce qu'elle peut glorieusement rêver. Mais la Papauté est très-bien à Rome. Elle y restera, de par le catholicisme et la révolution, de par le respect des croyances populaires et de l'inutilité d'un voyage du Sacré Collége à travers l'Europe.

Elle y restera, du droit de dix-huit siècles d'occupation. La Papauté a, il me semble, tenu une assez grande place dans l'histoire artistique et politique de l'Europe, pour que le génie industriel et centralisateur des races modernes ne lui conteste pas la propriété d'une ville morte et pour qu'elle ait le droit de s'isoler sur des tombeaux.

XIV

Voilà le devoir de la Révolution française à Rome. Ce devoir n'est donc pas aussi stérile que certains libéraux le pensent, puisque notre occupation, en même temps qu'elle porte un coup mortel à une unité qui conspire déjà contre nous, enlève le prestige de l'exil et de la persécution à la violente agonie de l'ultramontanisme. Nous sauvons l'ombre de la Papauté spirituelle et nous assistons l'arme au bras à son extinction temporelle. Nous fermons les yeux au despotisme clérical et nous épargnons la profanation de cette grande mort aux Auvergnats de la Péninsule. Nous sommes du même coup conservateurs et révolutionnaires.

Mais la question romaine et italienne n'est pas le seul malaise de ce temps. La Révolution française aura prochainement fort à faire. L'Europe bout d'une extrémité à l'autre. La Russie est en pleine dissolution.

L'Allemagne couve sa guerre américaine. Nous devenons de plus en plus seuls sur le continent. Nous sommes mal compris des peuples et de leurs gouvernements. C'est une grave erreur de penser que nous pourrions compter, à l'heure du danger, sur une alliance avec les nationalités non satisfaites et avec la démocratie européenne. Les peuples sont bien capricieux, bien vite calmés par une apparence de liberté, et plus encroûtés qu'on ne pense dans les habitudes séculaires de leur déchéance. Attendons-nous donc à avoir un jour ouvertement contre nous, et les peuples dont nous avons négligé ou déserté les aspirations plus ou moins libérales, et les gouvernements dont nous avons ménagé le despotisme ou blessé l'orgueil. A la Révolution le pouvoir d'aiguiser encore nos âmes et de retremper nos bras contre une nouvelle coalition. Nous faisons une trop grande exportation de liberté, de religion, de progrès, et nous n'en gardons pas assez pour notre propre usage. Je crois qu'il serait temps de concentrer nos forces, de compter et de discipliner à l'intérieur toutes nos milices intellectuelles et morales, de mettre partout en ordre et en état, à côté de notre esprit militaire qui ne manque pas de perfectionnement, notre esprit politique qui manque d'unité. Car demain, tôt ou tard, n'importe quand, en dépit de tous les congrès de la paix, de toutes les simagrées harmonieuses de l'école de Brigth et de Cobden, de tous les échanges commerciaux et orphéoniques, des risettes de nos ambassades respectives, nous aurons à liquider par la force une vieille dette de haine et d'honneur avec l'Angleterre! avec l'Angleterre qui fait ombre sur tous nos triomphes militaires, diplomatiques et commerciaux, et qui nous poursuit, de ses cancans et de ses calomnies, à travers le monde ; avec l'Angleterre la voleuse de détroits et de royaumes, l'empoisonneuse de la Chine, la charcutière de l'Inde, la tricoteuse des coalitions ; avec l'Angleterre qui nous tracasse en Égypte, à Athènes, à Constantinople, à Mexico, qui veut nous souffler le Pape, qui nous a harcelés par son cardinal Wisemann à Rome et par son docteur Partridge jusque dans le talon de Garibaldi ; avec l'Angleterre qui s'est fait représenter dans la guerre de l'indépendance italienne par des chasseurs d'hommes devant Gaëte ; avec l'Angleterre qui ne sera jamais un modèle de justice, d'honneur et de liberté, malgré tous les cantiques de nos républicains anglophiles. Qui nous donnera force et raison contre l'Angleterre? la Révolution.

XV

Éducation et organisation de la force par la liberté, ou, en d'autres termes, par la réalisation de tous les engagements de la Révolution, telle est l'œuvre qui s'impose inexorablement à un gouvernement national. C'est à l'Empire à voir s'il peut accepter et accélérer son accomplissement. L'Empereur dit oui, et la France pense à cet égard comme l'Empereur. Ni l'œuvre en elle-même, ni les moyens d'exécution ne sont au-dessus de la volonté, des facultés et de l'idéal du gouvernement napoléonien.

L'Empire ne peut songer à renier la Révolution. C'est son sang, c'est son âme. Il peut en tempérer les ardeurs, les impatiences, les ambitions hâtives, les ivresses aveugles, les éléments perturbateurs; c'est son droit, c'est son devoir; il a su souvent le prouver : mais il vit dans l'intimité de son principe. L'Empire est issu du suffrage universel, qui est issu de la liberté; et qui nous a amené à la liberté, mère du suffrage universel? la Révolution. Qu'a fait l'Empire en Italie? une guerre révolutionnaire. Les Autrichiens ne seraient-ils pas encore à Milan, les archiducs dans leurs États et les Bourbons à Naples, sans l'intervention de l'armée française et ses suites? Ce déplacement de petites cours et de gigantesques servitudes, n'est-ce pas une expéditive révolution? Qu'allons-nous faire au Mexique, si ce n'est de la justice, un changement à fond d'hommes et de choses, une épuration radicale de la sentine gouvernementale de M. Juarès, une inoculation hardie de notre morale et de notre droiture à ce vicieux peuple mexicain? N'est-ce pas là une héroïque révolution? Sommes-nous bien sûrs si le travail immense de liberté et d'égalité qui éclate en ce moment dans la société russe ne procède pas spécialement de l'esprit envahisseur de notre présence en Crimée et ne date pas de Sébastopol? Cette lettre, que l'Empereur vient d'adresser au maréchal Pélissier, et dans laquelle il proclame l'égalité sociale des vainqueurs et des vaincus, n'est-ce pas encore une révolution féconde? Non-seulement l'Empire ne peut pas faire un pas dans le monde sans que la Révolution le suive ou le précède, mais je crois qu'il lui appartient plus qu'à tout autre gouvernement de faire que révolution et liberté, force et progrès, droit et justice soient un jour synonymes. Je crois que c'est un pouvoir qui peut sans danger se servir des armes de la Révolution, s'inoculer la liberté, opérer la fusion des partis, anéantir le travail secret des conspirations et réunir en paix les forces errantes et tourmentées de l'esprit public.

Un grand fait est déjà acquis à la cause et aux espérances de la liberté. L'Empereur la désire et la veut. Mais il court par les régions politiques une doctrine qui, malgré sa vieillesse et ses fautes, est d'une impénitence sans égale dans l'endurcissement du système administratif. Cette doctrine consiste à répéter, depuis un temps immémorial, car elle a triomphé sous tous les gouvernements déchus, que nous ne sommes pas mûrs pour la liberté, que sa contemplation doit nous suffire, qu'il n'y a pas d'or-

dre et de prospérité possibles avec son avénement
absolu, que la presse est vraiment trop dégoûtée de
la condition qui lui est faite, que les journalistes
sont une race incorrigible et insatiable, et que leur
accorder la liberté en ce moment, ce serait désarmer
le gouvernement et trahir la France! Voici ma réponse à ces arguments, qui méritent d'être embau-
més dans la collection des vieilles figures de l'éloquence parlementaire.

Je suis journaliste et citoyen français; c'est du
moins ma conviction. Je n'ai pas le moindre appétit
pour les opinions avancées du *Siècle* et de *l'Opinion
nationale*, je ne plonge point dans leur idéal; j'ai des
hauts-de-cœur quand je vois la démocratie errer
dans leurs colonnes; je ne professe aucun enthousiasme pour les théories d'affranchissement intérieur
ou extérieur signées : Anatole de la Forge, ou Alexandre Bonneau. Je ne manque, m'a-t-on dit, ni de logique ni d'imagination, mais il m'est impossible de
m'imaginer que la France soit ingouvernable avec la
liberté, que la parole et l'écriture libres de MM. Guéroult, Havin, Janicot et compagnie, soient un péril
ou un échec pour l'ordre public, qu'un gouvernement qui est vraiment enraciné dans le peuple et
qui a sous la main des ressources formidables, ait
à redouter les coups de vent d'une opposition sans
avenir et sans crédit, sans bravoure et sans foi. Ou
votre force n'est qu'un simulacre, ou elle est une

réalité, permettez-moi ce dilemme. J'ai tout lieu de constater que c'est une réalité, quand je vois défiler les budgets, les emprunts, les personnels d'ambassades, les traités de commerce avec les peuples les plus hostiles et les plus éloignés, nos légions de soldats et d'ingénieurs vers tous les points de l'horizon. Quoi! nous avons toutes les gloires du cœur et de l'esprit, les forces accumulées de soixante années d'activité, des armées modèles, des chemins de fer, des canaux, des usines, des ports, des flottes qui font l'admiration du monde entier, et nous n'aurions pas la liberté! nous serions indéfiniment retenus à l'école des ignorantins de la politique de compression, condamnés à nous servir de la langue française, de l'idée française, du génie français moins librement que des Belges! Pourquoi? Parce que l'opposition républicaine au Corps législatif est vouée au bulletin bleu, parce que *le Siècle* ou *l'Opinion nationale* s'arrogent le droit de rendre des oracles au nom de la démocratie, parce que des spirites de la réaction se trémoussent à Londres et dans le faubourg Saint-Germain! Quoi! nous devrions payer sans escompte tant de puissance par tant de faiblesse, tant de progrès par tant de déchéances, tant de lauriers par tant d'entraves? Ces prospérités industrielles, diplomatiques, militaires, matérielles, nous coûteraient les plus précieuses immunités de la pensée et de la parole? Ces Catilinats des public-house ou ces Catons fleurdelisés nous vaudraient un tel abaissement et une pareille mise en suspicion devant l'Europe? Est-ce possible? est-ce rationnel? est-ce juste? L'Empereur règne sur des Français, et non sur des boucs émissaires. On ne va pas inventer, je l'espère, le péché originel en politique!

Non! nous ne voulons pas que la liberté désarme la France et son gouvernement, que la dynastie et la Constitution soient livrées à la vindicte des bandes faméliques de 1848. Nous comprenons que l'Empire ait eu besoin de vigilance, de rigueur, de lois d'exception même, pendant sa première gestation politique; c'est un droit de conservation personnelle qui appartient à la victoire et qui a été consacré sous tous les anciens régimes. Mais les conspirateurs, où sont-ils, et que valent-ils aujourd'hui? La France, qui ne conspire pas et qui ne demande pas mieux que de vivre en bonne harmonie avec le gouvernement, doit-elle expier par une séquestration illimitée de ses droits les plus naturels, les derniers feux follets des sociétés secrètes? Cette France, calme, laborieuse, positive, conservatrice, n'a-t-elle pas assez souffert pour son propre compte de l'état de siége qui pèse sur les anciens partis, et peut-il exister une solidarité entre elle et toute cette chevalerie ou cette mascarade, qui court éperdument vers le passé ou vers l'avenir?

XVI

Le gouvernement n'a pas à choisir entre deux moyens pour fonder sa puissance et sa popularité. S'il veut organiser la force et la durée, il n'a qu'à faire son alliance sincère et définitive avec le droit et la liberté ; il n'a qu'à s'armer régulièrement de la loi et de la justice pour désarmer des partis auxquels il sera bien difficile, pour ne pas dire impossible, d'enlever l'amour et la tradition du murmure ; il n'a qu'à se mettre corps et âme avec la France, qui est aussi fatiguée que lui du vieux tournoi des oppositions dynastiques. Les temps sont venus pour le gouvernement impérial de renvoyer de ses lignes de défense ou d'attaque un journalisme criblé d'apostasies ou rongé de lieux communs ; une troupe d'autoritaires et de fidèles qui ont traîné dans tous les camps, et qui se sont faufilés dans toutes les places ; tout un service de glorificateurs quand même et de terroristes à tout propos, qui ont peur que la liberté ne fasse voir la vanité de leurs coûteux dévouements, et qui se voilent la face devant le libéralisme du chef de l'État. L'esprit public est sans boussole, la jeunesse ne sait plus où elle va, les plus vaillantes intelligences tombent de lassitude, la démocratie se pâme encore une fois sous une atmosphère chargée de corruption, le peu de liberté qui nous a été concédée n'a servi jusqu'à ce jour qu'aux ennemis de l'Empire et de la liberté. Au gouvernement le devoir impérieux et sacré de refaire la constitution d'une opinion publique égarée ou abrutie, de rapatrier toutes les âmes qui flottent dans l'admiration des législations et des libertés étrangères, d'ouvrir les accès du pouvoir à la science et à la jeunesse. Car c'est pour n'avoir pas su conduire son parti, et n'avoir su se conduire ni l'un ni l'autre, que le gouvernement de Cavaignac et le parti républicain se sont laissé déborder et battre en pleine victoire. Car il est malheureusement prouvé par le recensement de nos aptitudes administratives et parlementaires que la jeunesse savante et croyante ne prend pas une assez large part aux affaires du pays, et que la France libérale, impériale, conservatrice et révolutionnaire, est trop souvent haranguée, morigénée, tenue en lisière par une France qui ne croit plus, ou qui a usé sa langue et son esprit au service de toutes les politiques. C'est d'une notoriété fulgurante.

La liberté donc! la liberté sans imitation, sans mélange, sans tolérance, sans restriction, sans carte de la police; la liberté, non pas comme en Angleterre, en Belgique, en Autriche, aux États-Unis; la liberté française, une et indivisible, forte et conservatrice au dedans, redoutable et révolutionnaire au dehors, telle que la France a le droit de l'exiger, telle que l'Empire a le devoir de la réaliser : voilà l'inéluctable question du jour ; voilà une conquête en perspective qui vaudrait bien celle de la Sonora ; voilà une force armée qui pourrait avantageusement remplacer les colonnes d'assaut du journalisme officieux. Le gouvernement hésite à proclamer la liberté absolue! Mais où est la justification d'une pareille crainte? Puisque le gouvernement ne peut songer à vaincre et à anéantir la Révolution, il faut de toute nécessité qu'il s'en assimile tous les dogmes et toutes les grandeurs. La liberté est, ce me semble, un des dogmes et une des grandeurs de la Révolution. Que pourrait être la liberté sous l'Empire? Le Jugement dernier des partis, la Purification de toutes les doctrines politiques et sociales, l'Ascension de tous les talents, la Restauration éclatante des vérités obscurcies, la Légitimité de la Force.

Paris, 4 mars.

GAZETTES ET GAZETIERS

L'ARLEQUIN
LITTÉRATURE — BEAUX-ARTS — THÉATRES — CRITIQUE — BIOGRAPHIES

N° 1. — 1ᵉʳ janvier 1860. — Paris, six mois, 3 fr.; départements, 5 fr. — Hebdomadaire. — 52, passage du Grand-Cerf.

Rédacteur en chef : Alfred Flavet. — *Collaborateurs :* Émile Chatelain, Charles Harmant, Louis Claudin, Maurice de Suez, Patinot, Julien, etc.

La rédaction de *l'Arlequin* était composée, en grande partie, d'un tas de petits ravageurs de la langue française et de courtiers en bouts de cigares.

Mort. Que ses dépenses d'imprimerie lui soient légères !

LE TOUR DU MONDE
NOUVEAU JOURNAL DES VOYAGES, ILLUSTRÉ PAR NOS PLUS CÉLÈBRES ARTISTES

N° 1. — Janvier 1860. — Un an, 26 fr., six mois, 14 fr. Prix du numéro, 50 cent. — Rue Pierre-Sarrazin, 14. Imprimé par Lahure et Cⁱᵉ.

Directeur : M. Édouard Charton, auteur des *Voyageurs anciens et modernes*, ouvrage couronné par l'Académie française, fondateur et rédacteur en chef du *Magasin pittoresque, directeur-rédacteur* d'une *Histoire de France* depuis les temps les plus anciens jusqu'à nos jours, d'après les documents originaux et les monuments de l'art de chaque époque. —Ancien représentant du peuple. — Ami de Carnot, Jacques Reynaud, Michelet et autres libéraux de vieille roche; — homme de 1830. Esprit laborieux et distingué, caractère indépendant et sympathique, cœur franc, âme vivante.

LA LÉGION D'HONNEUR

PARAISSANT LE 1ᵉʳ ET LE 15 DE CHAQUE MOIS

N° 1. — 1ᵉʳ janvier 1860. — Abonnement : Paris, 12 fr.; départements, 14 fr. — Imprimerie Allard. — Bureaux : 15, rue des Batignollaises.

Journal biographique de tous les décorés, depuis l'institution de l'ordre.

L'INITIATION

ANCIENNE ET MODERNE

CRITIQUE ORGANIQUE GÉNÉRALE, COMPLÉTÉE PAR LA **SCIENCE DES MÈRES**, OU SCIENCE DU DÉVELOPPEMENT HARMONIQUE DE L'HOMME. — SANCTION INDÉNIABLE DE LA MORALE PAR L'INITIATION A LA **RELIGION NATURELLE UNIVERSELLE ET POSITIVE**. — PRATIQUE DES DEVOIRS CORRÉLATIFS AUX DROITS PAR LES MOYENS EFFICACES DU **GOUVERNEMENT DE SOI-MÊME**.

SIXIÈME ANNÉE; SUITE DU JOURNAL **LA VIE HUMAINE**, JOURNAL MENSUEL NON POLITIQUE.

N° 1. — Janvier 1860. — France, un an, 7 fr. 50 c.; extérieur, 8 fr. 50 c.; un numéro, 60 centimes. — Bureaux : 5, rue de la Banque. (Oh! oui de la banque!)

Après cinq années d'existence, le journal *la Vie humaine* a pris pour titre : *l'Initiation ancienne et moderne*. L'initiation a des temples où l'on travaille à façon et aux pièces, pour la fête promise et toujours reculée de la fraternité universelle. Ce sont les *Temples des Cœur unis*, des *Amis de l'Honneur Français*, de la *Renaissance*, des *Amis de l'Ordre*, de la *Rose du parfait silence*, de la *Jérusalem des Vallées égyptiennes*, de la *Clémente Amitié*, de la *Renaissance par les Emules d'Hiram*, de *Saint Vincent de Paul*, de l'*Athénée français*, des *Bienfaiteurs réunis*, de *Mars et des Arts*, de la *Sincère Amitié*, de l'*Harmonie*, des *Tolérants*, de la *Ruche écossaise*, etc. Mais qu'est-ce que l'*Initiation*? Que donne-t-elle en prime? M. L. P. Riche-Gardon, répond : l'Initiation *pousse les êtres individuels et collectifs de tous genres à se développer et à s'épanouir harmoniquement dans la vie selon les puissances et le rhythme de leurs âmes!* Vous ne comprenez pas, lecteur? moi non plus. Ce *rhythme* de l'âme est au-dessus de tous mes entendements. *Rhythme* de l'âme, que chantes-tu? Mais en voici bien d'une autre : c'est toujours M. L. P. Riche-Gardon qui parle... *Il s'agit*, dit-il, *de l'initiation à la loi du bien-être, du bonheur ou de la vie morale d'après les trois grands Dogmes, fondement de toutes les Religions : Dieu, l'Immortalité de l'âme et l'Amour du prochain.* Tout cela est très-richement formulé. Je ne demande pas mieux que d'être plongé dans le bonheur, dorloté dans le bien-être, bercé par le rhythme de mon âme, enfoncé dans la matière charmante. Je me rallie volontiers à tous les spiritualismes et à tous les matérialismes adorables, mais je doute que cette réalisation puissante de la vie se fasse dans les Temples maçonniques.

L'Initiation n'a pas fait avancer d'un iota la science politique et sociale, et d'une lande défrichée la transfiguration du globe. *L'Initiation* n'a pas encore doté l'art de la cuisine d'une sauce nouvelle, l'agriculture, cette mère nourricière du genre humain, du plus petit semis de carottes. Or, j'estime que la cuisine et les primeurs contribuent à la réalisation de la vie, à la plénitude du bien-être.

Quelles sont donc les vertus nourrissantes que *l'Initiation* fait pousser? Où sont ses miracles de fécondité? A-t-elle renouvelé, nettoyé le système osseux et politique de la bourgeoisie? Voudrait-elle nous offrir comme des modèles d'art oratoire et de parfait savoir-vivre les dialectes mystico-religieux de la franc-maçonnerie et les baragouinages insensés de ses Vénérables? Oh! les langues idiotes! oh! les imitations sacriléges du sanctuaire antique!

Et cependant il y a encore des gens qui se frappent de ces rites burlesques, des gouvernements qui se formalisent de ces tempêtes de chambres noires. La franc-maçonnerie a vécu comme pouvoir révolutionnaire et comme institution philanthropique. Dernièrement on lui a soufflé sa constitution. Les Sociétés de secours mutuels l'ont dépassée dans l'œuvre de la bienfaisance universelle, et la politique vaillante et généreuse se fait désormais en plein jour. La franc-maçonnerie ne séduit plus que l'imagination des gardes nationaux mécontents, et n'épouvante plus guère que la partie ignorante et tremblante du clergé.

En résumé, à quoi sert donc *l'Initiation*, puisque nous avons toujours autant de gâcheux parmi les francs-maçons, de vilains pâtissiers parmi les démocrates, de lépreux dans la littérature, d'aveugles à l'Institut, de filous à la Bourse, d'inutilités au théâtre et dans la presse!

Ah! oui, je retourne aux grands spectacles du vieux monde, je remonte vers les splendeurs éteintes du génie catholique, mon esprit reprend les chemins déserts, mais sacrés, de la Rome des Papes et des Césars, quand j'ai ri de pitié et sué de dégoût à ces théâtres de la foire démocratique. Je vais vite au pied des croix, des calvaires, des cathédrales, des sanctuaires endormis de la foi, provoquer l'esprit chrétien à des éclats vengeurs. J'appelle ses fulgurantes résurrections, je frappe du pied et du poing sur ces tabernacles qui n'ont plus d'échos, sur ces livres qui n'ont plus d'éclairs. Où est donc le Christ? Est-ce que les temps ne sont pas mûrs pour qu'il ressuscite? Est-ce que l'arbre de vie n'a pas assez secoué toutes ses feuilles flétries aux larmes du ciel? Faut-il donc encore une nouvelle invasion d'apostats, de renégats, de vandales, de démoc-soc, pour que la mesure soit comble? Voyons! l'aperçoit-on dans l'avenir, cette justice implacable qui préservera ce qui nous reste de choses augustes des pieds-plats du socialisme, qui rasera ces temples de la bigoterie franc-maçonnique, qui bouchera le bec à tous ces orateurs et à tous ces écrivains qui se vautrent solennellement dans leur niaiserie, avec les plus grands mots de notre langue? Qu'on me la montre, cette justice austère et réparatrice! Que je la salue de toute l'ardeur du journaliste qui croit encore, que je lui indique les premières superstitions qu'il faut qu'elle écrase et les majestés tombées qu'il faut qu'elle relève! Personne ne la voit poindre à l'horizon?

Le Christ se tait sur nos détresses. Rome chancelle sur nos ruines. Le génie catholique se lamente sur l'épuisement des âmes. Mais qu'importe que la nuit descende de plus en plus sur les temples et les religions du passé! J'aime à étourdir mes dégoûts du présent dans l'histoire retentissante de ces chutes grandioses ; je vois mieux dans l'avenir, du fond des catacombes que du haut d'un article de M. Pelletan ou de M. Léonor Havin; je sens que sur ces croix et ces autorités renversées on peut encore mieux défier l'oppression qu'avec toutes les revendications du droit révolutionnaire. Oui, il m'est odieux, ce spectacle de docteurs qui donnent aux peuples et aux particuliers la liberté de décrocher, pour les besoins de leurs âmes rhythmées ou non rhythmées, les lambeaux de la première religion venue, d'aller à leur aise du Pape au Grand-Turc, de Cousin à Brahma, de Jéhovah à Enfantin.

Il m'est insupportable, ce lâche abandon de principes, cet élastique choix de religions et de politiques. Oui, je reviendrai frapper longtemps à la porte silencieuse des anciens tabernacles, à la base criblée des vieux temples du catholicisme, parce qu'il me semble que quelque chose éclatera un jour sous ces immobilités, et que de cette poussière des siècles s'élèvera la vengeance. Je traquerai, je secouerai ce vieux monde, dans toutes ses niches, dans tous ses calvaires, dans ses emblèmes, sur ses croix, sur ses autels, sous ses baldaquins, sous ses chapes, sous ses mitres, sous ses tiares, sous ses palliums, dans la sombre majesté de ses souvenirs, parce que je ne puis me figurer qu'il soit mort à tout jamais, qu'il soit vaincu et anéanti par une débile impiété, parce que je me refuse à croire que ce soit cette infirme et grotesque race de philosophes et de politiques modernes qui ensevelisse ce passé colossal et qui coupe la parole au Christ !

REVUE HORTICOLE DE L'ALGÉRIE

JOURNAL DE BOTANIQUE PRATIQUE

N° 1. — Janvier 1860. — In-8°, 20 pages. — Avec planches exécutées d'après nature. — Librairie Challamel.

Rédacteur en chef : M. Bourlier, professeur d'histoire naturelle à l'École de médecine d'Alger.

BULLETIN BIBLIOGRAPHIQUE

DE HECTOR BOSSANGE ET FILS

Janvier 1860. — Pour Paris et la France, 2 fr. 50. — Pour l'étranger, le port en sus. — 25, quai Voltaire.

COURRIER MUSICAL

CATALOGUE DE TOUTES LES PUBLICATIONS DES ÉDITEURS FRANÇAIS

Publié par Choudens, éditeur de musique, qui croit avoir créé Charles Gounod. — Mensuel. — N° 1. — Janvier 1860. — Mort.

« Faire connaître en France et à l'étranger les publications musicales nouvelles que Paris édite; rendre cette publicité assez fréquente pour qu'on puisse sans fatigue consulter la nomenclature complète des œuvres nées dans le mois précédent, » tel était le but de M. Choudens.

« Annoncer tout ce qui est relatif au commerce de musique et d'instruments, et calculer le prix minime de ces annonces de manière à couvrir les frais d'expédition; envoyer *gratis* à tous les éditeurs de la France et de l'étranger le *Courrier musical*, » tel était le moyen de M. Choudens.

L'art du chant a fait depuis dix ans de grands progrès dans notre France démocratique. Le peuple a l'air de se livrer tout entier à la musique. Dans notre troisième volume de *Gazettes et Gazetiers*, nous placerons la légende artistique, politique, philosophique et pittoresque de l'Orphéon, de ses écrivains et de ses apôtres, de ses réformateurs et de ses plaisantins.

Apprenons la musique, messieurs, apprenons la musique!... Il y a des libertés inviolables dans cette langue.

MONITEUR DE L'ÉLEVEUR

FRANCE HIPPIQUE

JOURNAL HEBDOMADAIRE, PARAISSANT TOUS LES SAMEDIS. — SCIENCE HIPPIQUE. — INDUSTRIE CHEVALINE. — CAVALERIE. — REMONTES. — HARAS. — INTÉRÊTS AGRICOLES. — MANÉGES. — ÉCOLES DE DRESSAGE. — COURSES. — STEEPLE-CHASES. — CHASSES. — FOIRES. — VENTES DE CHEVAUX. — VARIÉTÉS. — RENSEIGNEMENTS GRATUITS SUR LA VENTE ET L'ACHAT DES CHEVAUX.

N° 1. — Janvier 1860. — Paris et départements : 25 fr. — Étranger : 50 fr. — Prix du numéro : 50 cent. — 7, rue d'Aguesseau.

Directeur : Adrien Pascal. — *Gérant* : Thiboust. — *Collaborateurs* : B. Revoil, Théodore Batz, vicomte de Noé, etc., etc.

Le *Moniteur de l'Éleveur* marche fraternellement avec le *Journal des Haras*; les deux publications réunies ne coûtent à l'abonné que 40 fr. au lieu de 25 fr. par chaque publication. La *France hippique* donne le programme complet de toutes les courses de France et de l'étranger. L'amélioration des bêtes est son idéal. Mais, avec la méthode des tufirstes, on n'a encore obtenu que leur dégradation. Un homme compétent dans cette matière et dont les écrits spéciaux font autorité, M. Léon Gatayes accuse le turf d'attentat contre la race chevaline; j'ai bien envie d'ajouter : et contre l'élégance française. Ma foi ! je l'ajoute. Mais offrons tout de suite l'hommage de nos meilleurs souvenirs à M. Léon Gatayes.

Léon Gatayes est né à Paris. Ses premières études ont été fortement mélangées d'écoles buissonnières. Alphonse Karr, son compagnon, les décrit avec d'ineffables gaietés dans son *Dictionnaire du Pêcheur*. Mais la pêche aux épinoches et la chasse aux lézards n'empêchèrent pas Gatayes de se distinguer dans ses humanités.

Il fut admis aux dîners de la Saint-Charlemagne; donc il avait été au moins une fois le premier ou deux fois le deuxième dans la classe de l'année de ce festin solennel.

D'abord élève de son père, pour la harpe, il reçut ensuite des leçons de Cousineau, harpiste de la reine, professeur de Labarre, de Dizi, etc. Le maître dut bientôt se séparer de l'élève. Ce fut après avoir admirablement joué la *Marche funèbre* de Beethoven et l'allégro de la sonate en *la* bémol sur cet instrument, que Gatayes fut licencié en droit d'harpiste par son professeur enthousiasmé jusqu'aux larmes.

Il faut vous dire que le vieux Cousineau, n'avait pas cru, avant l'expérience enchanteresse, à la possibilité d'exécuter du Beethoven sur la harpe, et que Gatayes, pénétré d'une opinion contraire, s'était pendant plusieurs jours dérobé à ses devoirs de collégien, pour se familiariser, lui et sa harpe, avec Beethoven. Aussi quelle ne fut pas l'admiration de toute la maison Cousineau, quand Léon Gatayes vint affirmer devant la routine professorale la puissance de sa foi et de sa jeunesse ! On ne se servait alors que de la harpe à simple mouvement. Sébastien Érard avait créé la harpe à double mouvement. Mais elle avait été repoussée par tous les vieux professeurs, parmi lesquels Nadermann, professeur de la duchesse de Berry, harpiste à la mode.

Une des premières harpes à double mouvement fut offerte à Léon Gatayes par l'heureux inventeur, qui l'eut pour un de ses premiers et victorieux apologistes.

A cette époque, la vocation musicale de Léon Gatayes était clairement dessinée. A la sortie de l'enseignement Cousineau, il se mit deux ans à travailler la musique de Beethoven, de Crammer, de Weber. Lorsqu'on monta à l'Odéon des traductions d'opéras, Gatayes fit partie de l'orchestre formé au concours. Il y avait d'assez jolis noms et d'assez beaux germes de réputation dans cet orchestre.

Là se trouvaient Tilmant, Tolbecque, Seghers, Galay, le célèbre professeur de cor. Moker y blousait les timbales. Dans ce groupe débutait aussi un ténorino, Duprez! Gatayes avait conquis tous les salons. Il ne savait vraiment plus où donner de la harpe. Les leçons lui arrivaient de tous côtés. Madame Récamier, sous prétexte d'étudier sous sa direction magistrale, mais plutôt dans le but de faire de la musique libre, le réclamait sans cesse pour des duos qui n'avaient pour auditoire que Chateaubriand. Ce génie blasé, ennuyé, taciturne, se réveillait alors avec des soupirs de poétique admiration devant les deux virtuoses. La duchesse de Berry, ayant entendu Gatayes dans les concerts, le fit appeler aux Tuileries. Mais 1850 décommanda la royale audience. Les leçons furent données par le peuple souverain !

Cette révolution dynastique ne se contenta pas de renverser un trône séculaire au profit d'une balançoire de monarchie constitutionnelle, elle intervertit profondément d'autres légitimités d'existence. 1850 ruina plus d'un prince ! Les artistes furent éclipsés par les pâles voyous.

C'est pendant le premier délire des libertés de Juillet que Gatayes inaugura sa carrière accidentée. En ce temps-là il demeurait avec Alphonse Karr, rue Vivienne, au quatorzième étage, au-dessus du niveau de la vie opulente. Ils étaient souvent sans le sou, mais ils avaient de la gaieté, de la violence et de la richesse dans le sang. On était en pleine curée politique. Loin de tous les Galimafrés de la Chambre constitutionnelle, ces deux superbes amis inventaient la plus poétique sauvagerie des temps modernes. Ils avaient planté leur grande case dans un bateau de l'île Saint-Ouen. Je me garderai bien de raconter après Alphonse Karr les péripéties de cette vie sur l'eau et sur les épines.

Il y a là un trente-troisième chapitre inédit du roman *Sous les Tilleuls*. Donc, tandis que l'on montait partout à l'assaut des préfectures, des ministères, de la députation, des charges diplomatiques et parlementaires, pendant que la politique du juste milieu, du modérantisme monarchique ou républicain, confectionnait ses méthodes d'abâtardissement et de castration, Karr et Gatayes, devinant l'avenir, prenaient de très-violents exercices de corps.

Cette école de joyeux mépris et d'activité féconde prospéra deux ans, entre la verdure et les flots. Gatayes ayant fait un voyage en Angleterre, s'y maria. Adieu l'enseignement musical, une autre vie se lève. Avant d'en dire un mot, il faut que j'en cite un d'Alphonse Karr ayant trait à son existence nomade et misanthropique entre Paris et Saint-Ouen. Un soir que lui et Gatayes se trouvaient par hasard échoués dans un salon, une dame, le voyant sourire, se mit à dire : « Voyez donc, comme M. Alphonse Karr a le sourire jeune ! — Parbleu ! dit tout bas Karr à Gatayes, elle trouve que j'ai le sourire jeune ! Je crois bien, il est tout neuf. Je ne m'en suis jamais servi. »

La seconde période de la vie artistique de Léon Gatayes se partage entre l'équitation et la littérature. La science hippique n'a pas de plus infaillible dogmatiste. Il est consulté et écouté par les personnages les plus distingués. La science du cheval a été approfondie et fixée par ses nombreux écrits. Praticien, théoricien, écuyer au manége, cavalier dehors, Gatayes a fait une guerre acharnée aux doctrines du Jockey-Club. Il fréquentait beaucoup le manége Pellier et Baucher, alors associés. Aux fêtes équestres de Tivoli, organisées par ces professeurs, il dansait et valsait à cheval. Ces fêtes avaient le privilége de passionner le Paris à la mode ; la troupe entière était composée d'amateurs, à l'exception des écuyères et de trois ou quatre instructeurs de cavalerie.

On y rencontrait les frères Giraud et quantité de peintres. Les costumes moyen âge étaient d'une grande richesse. Les amateurs avaient fait la vogue de Tivoli. Leur retraite tua ses fêtes. Pellier et Baucher furent engagés par M. Dejean. Mais Gatayes n'en continua pas moins de monter chaque jour une multitude de chevaux. Une chute qu'il fit dans sa chambre coupa court à ces exercices. Il négligea cet accident, et aujourd'hui il lui est à peu près survenu une jambe de moins. Dès lors comment satisfaire à ses besoins d'activité ? Gatayes se lança dans la littérature : il n'y fit jamais de chutes.

Du reste, Gatayes avait reçu en dot de la nature les aptitudes les plus heureuses. Gall, à qui il fut présenté presque enfant, l'avait pris en amitié et lui trouvait l'organe de la musique très-développé, mais, ajoutait le célèbre phrénologiste, il devait réussir à toute chose.

Léon Gatayes n'est pas en cour au Jockey-Club : s'il ne parle qu'avec la plus grande estime du petit nombre d'hippologues qui s'y trouvent, il se soucie peu des disgracieux petits novateurs qui s'y consument entre le cigare et l'argot d'écurie. Continuellement il a été opposé aux doctrines de ceux des turfistes qui ne reconnaissent qu'une seule qualité chez le cheval : la vitesse excessive ;

et qu'une allure : le galop. Depuis huit ans il fait la guerre, dans *le Siècle*, aux doctrines des poids légers, des courtes distances, du jeu sur l'Hippodrome, des jockeys de 55 kilog.; à l'abus des handicaps, aux courses pour chevaux de deux ans qu'on détruit ainsi avant même qu'ils n'aient acquis leur entière conformation. Il demande encore que l'on organise des courses pour éprouver les qualités des reproducteurs, au lieu de faire naître et d'élever des chevaux artificiels pour remporter des prix. Un fait acquis à la science hippique, dit-il, c'est que les qualités nécessaires à l'extrême vitesse sont en raison inverse des qualités nécessaires à la durée et à la résistance. Enfin, si le Jockey-Club s'est relâché de ses doctrines antichevalines, c'est grâce à Gatayes.

Les poids et les distances sont augmentés. La nouvelle administration des haras exige précisément ce que Léon Gatayes n'a cessé de réclamer pendant huit ans.

Mais que de palinodies et que de désastres amenés dans le règne animal par le règne absolu du Jockey-Club ! Est-ce que les turfistes n'ont pas eu le toupet de dire et d'écrire que les paris contribuaient profondément à l'amélioration de la race chevaline? Est-ce que ces jolis progressistes, avec les vieilles ou jeunes carcasses reproductives qu'on exhumait des handicaps pour les renvoyer aux haras, n'ont pas ruiné et fait disparaître nos meilleures races légères? Est-ce que, en cas de longue guerre, notre cavalerie ne serait pas obligée de courir à pied, grâce à leur manufacture de coursiers diaphanes?

On dirait vraiment que certains gandins ont fait leurs chevaux à leur image. Mais il faut lire *le Sport*, pour avoir une idée du colossal aplomb des turfistes, des handicapistes et de tous les derbistes petits et grands.

Le Sport est rédigé par M. Eugène Chapus, un bourgeois devenu sans doute gentilhomme depuis qu'il coudoie MM. les turfistes. M. Chapus, qui par parenthèse ne parle qu'avec dédain du bourgeois et qu'avec emphase de la grrrrande vie de château, est d'une prestesse sans pareille dans ses évolutions d'opinion. En 1855, dans *le Sport*, M. Eugène Chapus s'était posé en panégyriste convaincu du handicap. A ses yeux le handicap était indispensable, sacré, et constituait l'essence même des courses. Quiconque critiquait le handicap était solennellement traité d'ignorant par M. Chapus. Aujourd'hui, en 1862, le même *Sport*, qui prêchait jadis les bienfaits du handicap et tout ce qui s'ensuit, poids légers, courtes distances, courses de deux ans, regarde ce système comme dévastateur. Pourquoi cette volte-face? parce que les doctrines exclusives du turf, sont condamnées par l'expérience et par l'administration des haras. La fermeté des principes hippiques de M. Chapus égale son savoir de spécialiste. Seul, M. L. Dillon, — qui a été dernièrement tué en duel par un gentilhomme du turf, — possédait, dans le journal *le Sport*, de de la science et l'autorité, du moins en ce qui concerne spécialement les courses.

Le cheval est un agent dans les desseins de la Providence. Léon Gatayes prouve que sa grandeur et décadence ont toujours été un signe de celles des peuples et des dynasties. Le cheval emporte, dit-il, les destinées humaines. Le cheval sauvage qui entraînait Mazeppa, au lieu de lui casser le cou, le fit hetman des Cosaques et prince de l'Ukraine. Le cheval exécuteur des hautes-œuvres n'est pas rare dans l'histoire. Dans les grandes guerres de l'humanité, ce sont les peuplades les plus cavalières qui remplacent les peuples vaincus. Les pères des Cimbres, des Teutons, des Francs, des Normands, des Germains, qui descendaient des plateaux de l'Asie, avaient pour étendard un cheval blanc au galop. La Grèce avait ses jeux Olympiques. Homère chantait le cheval. Phidias le sculptait. Xénophon s'en faisait l'historien. Rome a brillé par ses luttes équestres.

Virgile, mieux que M. Chapus dans *le Sport*, a donné dans ses *Géorgiques* les vrais préceptes de la science hippique. Les rois fainéants ont péri pour avoir substitué à la selle du vigoureux cheval de bataille, de vils chariots traînés par les bœufs. La brillante dynastie des Carlovingiens s'est inaugurée par l'amour du cheval. Charlemagne surveillait et dirigeait ses haras, dressait lui-même ses chevaux de chasse et de guerre. Et la *chevalerie!* Elle a pris son nom? Du cheval, le symbole et l'instrument de ses actions héroïques.

Mahomet, qui se connaissait en fatalisme, attachait le bonheur à la crinière des chevaux. Il est vrai que les Turcs, qui ont adopté cette crinière pour étendard, feraient bien aujourd'hui d'en changer, ne serait-ce qu'en vue d'améliorer leurs finances. La grandeur romaine a disparu avec la vigoureuse cavale gauloise. La nationalité juive a succombé sous les armes de l'empereur Adrien, après avoir mangé son dernier cheval dans le siège précédent de Titus. Partout, en tout temps, le cheval est associé au génie des peuples. Telle est la savante conviction de M. Gatayes, qui me paraît avoir à revendre des connaissances historiques, hippiques et littéraires au rédacteur du *Sport*.

M. Léon Gatayes a donné des feuilletons hebdomadaires de critique musicale à l'ancien *Corsaire*, en 1850 ; il a collaboré au *Journal de Paris*, à la *Chronique de France*, au *Mousquetaire*, au *Ménestrel*, à *la Gazette de Paris*, au *Journal des Haras*, à *la Vigie*, au *Paris à Dieppe*, au *Journal des Baigneurs de Dieppe*, dans lequel il a constaté que si les courses de chevaux et nos steeple-chases sont de récente importation anglaise, c'est cependant de la

Normandie que furent portées en Angleterre ces habitudes équestres. *Le Siècle* le compte parmi ses plus anciens et ses plus distingués collaborateurs. On a de Léon Gatayes des études et des fantaisies pour harpe seule et avec accompagnement de quatuors, des duos, romances, etc.

Quand madame Lauters a débuté dans *Robin des bois* au Théâtre-Lyrique, Gatayes a été le premier à lui prédire, dans *la Gazette de Paris*, la place qu'elle occupe en ce moment dans l'élite du monde artiste.

Nous savons que notre excellent confrère s'occupe d'un grand ouvrage hippique. Ce serait le code et le coran de l'éleveur, en même temps que le jugement correctionnel du turf.

A propos, j'ai découvert un moyen de dompter et d'abattre au besoin les chevaux ; je le soumets à Léon Gatayes : c'est de leur attacher au cou un roman de M. le vicomte Ponson du Terrail.

LA MAISON DE CAMPAGNE

JOURNAL ILLUSTRÉ DES CHATEAUX, DES VILLAS, DES PETITES ET GRANDES PROPRIÉTÉS RURALES. — HORTICULTURE, ARBORICULTURE, BASSE-COUR, APICULTURE, PLANS DE JARDINS, MODÈLES D'HABITATIONS RURALES, INVENTIONS NOUVELLES.

N° 1. — Janvier 1860. — Paris, un an : 10 fr. — Province : 12 fr. ou 50 cent. le numéro. — Bureaux, 20, rue Saint-Lazare.

Directeur : J. C. Demerville. — *Rédacteurs :* Belhomme, directeur du jardin botanique de Metz ; M. J. Vincent, Alibert, professeur de zootechnie à Grignon ; Herincq, Philibert Pitel, etc.

Très-joli petit journal sans le moindre Tranchant ni le plus infime Mahias, bien fait, bien pensant, d'une nature et d'une littérature qui ont de la vraisemblance. On y disserte savamment et agréablement de la vie des arbres fruitiers, de l'architecture des treilles, du durcissement des échalas, de la propagation de la julienne, de la culture des artichauts, de l'assainissement des étables, de la création des boutures, du semis des petits pois, de l'engraissement des coqs vierges, de la basse-cour, de la gelée, de la canicule, des deux cent soixante-dix-neuf variétés de haricots, de l'origine asiatique de ce légume, toujours à l'abri des révolutions.

On n'est pas fier dans cette rédaction.

On fait aux abonnés des distributions gratuites de graines et de plantes. Et les abonnés ne songent pas du tout à réclamer les œuvres complètes de M. Ponson du Terrail. Quel bon petit journal qui se fait à l'ombre des cerisiers, des rosiers, des tilleuls, des lilas, et qui n'a à redouter que les avertissements de la lune rousse!

La Maison de Campagne paraît tous les quinze jours par livraison de 16 pages, grand jésus vélin satiné, à deux colonnes, avec dix gravures sur bois dans le texte. Guide indispensable du propriétaire.

LE ROMAN ET LE THÉATRE

MUSIQUE — TRIBUNAUX — ROMANCES — VOYAGES — BIOGRAPHIES

N° 1. — Janvier 1860. — Paris : 3 fr. — Départements : 4 fr. — 5 cent. le numéro. — A la librairie moderne, boulevard Sébastopol (rive gauche).

Directeur : Gustave Havard.

LES CONFÉRENCES ECCLÉSIASTIQUES

N° 1 et 2. — Janvier 1860. — In-8°, prix : 18 fr.

Revue mensuelle traitant toutes les questions qui se rattachent aux diverses branches de la science théologique, proposées aux conférences de chaque diocèse de France, rédigée par une société de prêtres sous la direction de M. l'abbé Vidal. — Elles devraient plutôt porter le titre de : *Conférences industrielles*. — Voir *l'Auxiliaire du Clergé*.

LA PROVINCE A PARIS ET PARIS EN PROVINCE

GUIDE UNIVERSEL DES VOYAGEURS EN FRANCE

N° 1. — 7 janvier 1860. — In-4° à deux colonnes, 16 pages, journal illustré et hebdomadaire. — 50, rue Jacob. — 8 fr. par an.

Rédacteur en chef : Hippolyte Lucas.

Cette publication éphémère due à l'initiative du Comptoir de la librairie de province, avait pour but d'offrir aux écrivains de province le moyen de se faire plus rapidement connaître et d'entrer en lutte avec les écrivains célèbres de Paris, sous l'égide nasale d'Hippolyte.

LES VEILLÉES PARISIENNES

JOURNAL ILLUSTRÉ PARAISSANT LE MERCREDI ET LE SAMEDI

N° 1. — 11 janvier 1860. — Paris, un an : 6 fr. — Départements : 8 fr. — 5 cent. le numéro. — Publié par C. A. Huillery, 10, rue Git-le-Cœur. — Paul de Kock, Eugène Sue, Emmanuel Gonzalès, Paul Féval, de la Landelle, etc., sont les génies familiers de ces veillées.

LA VÉRITÉ ISRAÉLITE

N° 1. — 19 janvier 1860. — Hebdomadaire, in-8° de 54 pages. — 10 fr. par an. — 80, rue Taitbout.

Recueil d'instructions religieuses par une société de rabbins et d'hommes de lettres. — Enterré.

Rédacteur en chef : J. Cohen, ex-rédacteur du *Pays*. — Ancien avocat à la cour d'Aix et à Alger. — Auteur d'un Traité sur la législation des cours d'eau, des *Déicides*, des paroles du Psaume chanté sur la tombe d'Halévy, aujourd'hui collaborateur du journal de M. de la Guéronnière.

LA MODE ILLUSTRÉE

JOURNAL DE LA FAMILLE, PARAISSANT TOUS LES SAMEDIS. — BEAUX-ARTS. — MUSIQUE. — NOUVELLES. — CHRONIQUES. — LITTÉRATURE, ETC.

Contenant par an plus de 2,000 dessins de modes les plus élégants et des modèles de travaux d'aiguille, etc. — Rédaction, administration et abonnement, 56, rue Jacob, à Paris.

La Mode illustrée a quatre éditions. La première contient 52 numéros hebdomadaires et plus de 2,000 gravures sur bois. Prix : 12 fr. par an pour Paris, 14 fr. pour les départements. — La seconde contient les mêmes éléments que la première, mais en plus elle donne par an 12 gravures de modes coloriées à l'aquarelle. Prix, pour Paris : 15 fr., pour les départements : 17 fr. — La troisième donne en plus des gravures des deux premières, 25 gravures de modes coloriées à l'aquarelle, paraissant tous les quinze jours. Prix pour Paris : 18 fr., pour les départements : 20 fr. — La quatrième édition (de luxe) contient toujours les mêmes éléments que la première. Mais, chaque semaine, avec le journal, elle adresse aux abonnés, une grande gravure coloriée à l'aquarelle, soit 52 gravures coloriées par an. Prix pour Paris : 24 fr., pour les départements : 25 fr.

N° 1. — 1ᵉʳ janvier 1860.

Rédactrice en chef: Madame Emmeline Raymond. Les autres collaborateurs sont pour la plupart de simples amateurs, ne signant pas ou se voilant de pseudonymes. Dans la pénombre vous trouverez MM. de Paroy, Hyndricks, Simonot, Vignoy, Van Cleemputte et madame la comtesse d'Out.....t (ces deux derniers ont l'entreprise des charades). Edmond de Glehn : directeur responsable des romances.

Directeur gérant : W. Unger.

Parlons le langage du comptoir. *La Mode illustrée* est un prodige de bon marché. Elle se recommande pas le fini de ses dessins, par l'élégance de son texte, par l'àpropos de ses nouveautés, par le vrai luxe de sa typographie, par la savante et attrayante disposition de ses chapitres. Elle réunit tous les avantages de l'économie et toutes les ressources de la spécialité. En vérité, je vous le dis sans rire, cette multiplication de journaux de mode, de lingerie, de chiffons, est pleine d'éloquence.

Cette vogue de la gazette des couturières et des blanchisseuses trouve son explication dans la recrudescence des rachitismes bourgeois. Le tiers-état a la conscience de sa laideur. Il a besoin de la voiler ou de l'orner.

Les étoffes remplacent les principes, les valenciennes suppléent aux grâces, les plis bouffants aux ampleurs de la forme, les caoutchoucs aux vigueurs corporelles, la crinoline couvre la jambe cagneuse, la bottine déguise le pied plat. C'est déjà quelque chose : ce monde caduc et légumineux met un peu d'orgueil dans son vêtement.

L'histoire des caprices de la mode réclame son Tacite et son Juvénal. Cette histoire est celle des vices constitutionnels de la race moderne. Quand vous voyez surgir une mode nouvelle, annoncer un nouveau brevet d'invention, soyez certain qu'il y a, derrière ou dessous, une nouvelle catastrophe physique dans la machine du tiers-état. Les progrès de l'art des corsetières suivent les progrès du détraquement des corps.

L'antiquité a connu les métamorphoses, mais au bord des fontaines, dans les sacrés vallons, dans les bois hantés par les dieux et les déesses; elle n'a jamais songé à relever la nature avec des baleines, à diviniser la femme avec du pou-de-soie, à entretenir l'amour et la beauté à force de busc perfides. La nature éclatait dans sa force et dans sa iberté. Quand l'amour se couronnait d'emblèmes, il les demandait aux poëtes et aux sculpteurs.

Ses pampres et ses feuillages n'ont pas encore de modèles chez Constantin. Je rends justice aux salons de madame Emmeline Raymond, Barenne, Ode, Alexandrine, Peyrot, Hocquet; Paris fashionable y prend le mot d'ordre de la toilette. Là se font et se défont les législations de la robe, du chapeau, de la fleur. Mais que je donnerais bien de bon cœur tous les livres et tous les effets de commerce de ces grandes maisons, pour un mot d'Aspasie, une élégie de Catulle, toutes ces guipures et ces corsages pour un regard de Galathée, ces grâces apprêtées, pour une fleur du mont Ida !

LE PLAIN-CHANT

REVUE MENSUELLE DE MUSIQUE SACRÉE A L'USAGE DES SÉMINAIRES, DES MAITRISES, DES CURÉS, DES CHANTRES, DES ORPHÉONISTES, DES COLLÉGES, DES ÉCOLES ET DES INSTITUTIONS RELIGIEUSES.

N° 1. — Janvier 1860.

Cette revue fut d'abord rédigée par M. Théodore Nisard (rien du littérateur de ce nom), qui a donné des soins à l'édition de plusieurs livres de plain-chant. Au bout de quelques mois de tâtonnements, M. Théodore Nisard s'étant brouillé avec son éditeur, *le Plain-Chant* fut continué par des ecclésiastiques. Ces messieurs n'étant point musiciens ne purent longtemps alimenter ce journal qui devint *Revue mensuelle de liturgie romaine et de musique sacrée ancienne et moderne, contenant les principales décisions de la Sacrée Congrégation des rites*. Enfin, il allait bientôt n'être plus question dans ses colonnes ni de musique, ni même de plain-chant, lorsque, en 1861, l'éditeur appela au secours de sa feuille un artiste qui s'est surtout adonné à la musique sacrée, et beaucoup occupé de la théorie, de l'histoire et de l'enseignement de l'art.

Depuis cette époque, le journal a pris le sous-titre de : *Revue mensuelle de musique sacrée et d'éducation musicale* : on ne l'annonce plus *à l'usage* de tout le monde, et pourtant il s'appuie sur bon nombre de lecteurs.

Juste-Adrien Lenoir de la Fage, qui avait été appelé à diriger *le Plain-Chant*, vient de mourir. C'était une autorité en littérature musicale. Auteur d'un grand nombre d'ouvrages sérieux, d'articles divers dans les journaux de musique, et autres publications en collaboration, Adrien de la Fage était un critique de fort bonne humeur. Son esprit ne se ressentait nullement de la pratique du plain-chant. Dernièrement, il répondait à quelqu'un qui lui demandait l'année de sa naissance, que jusqu'à présent il avait cru voir pour la première fois le jour en 1801, mais, qu'après vérification faite des chiffres, de son cœur et de son coup d'œil, il remontait bel et bien, en bonnes formes, à 1811. La vérité est que, si Adrien de la Fage n'était plus de la première fraîcheur, il était resté toujours fidèle aux religions de la douce gaieté, et à des convictions qui n'ont jamais eu d'autres bases que l'amour de tous les genres de progrès. Aussi, le voyions-nous fréquenter et aimer la vraie jeunesse, fumer le cigare de l'élégance, fredonner le couplet railleur, se moquer avec un sonore éclat de rire de toutes les systématiques régies de la sagesse moderne.

La femme, a dit de Musset, est une belle nuit qui passe. Qu'était-ce que la cinquantaine, pour de la Fage? un coucher de soleil qui valait bien un soleil levant. Critique profond, bibliophile délicat, amant passionné et propriétaire heureux d'une bibliothèque musicale qui n'a pas sa pareille, il se mêlait encore activement aux manifestations éclatantes du progrès choral. Membre assidu des jurys de concours d'orphéons et du comité général de patronage de ces Sociétés, il y voyait avec raison tout un avenir de civilisation. Tout récemment il s'était fait inscrire parmi les membres d'une société orphéonique de la capitale, dont il a été à l'unanimité nommé président, et il s'y distinguait parmi les basses : c'était un modèle d'intonation précise, énergique, accentuée.

Il est beau d'avancer dans la vie en chantant. Adrien de la Fage avait pérégriné en Italie. Il y avait recueilli des titres d'académicien et des trésors de science qui auraient pu servir à fabriquer dix académiciens français.

Le rédacteur en chef du *Plain-Chant*, quelque temps

avant sa mort, avait reçu son congé. On trouvait que
M. de la Fage ne se gênait pas assez avec les dates fixées
pour l'apparition du numéro. Le journal devait paraître
mensuellement, et M. Juste de la Fage arrivait philoso-
phiquement avec son article au bout de trois et quatre
mois. Son successeur est M. Louis Roger, le rédacteur en
chef de *la Réforme musicale*.

Un brave homme de moins! Un mystagogue de plus.

LES CÉLÉBRITÉS DU JOUR

Cette publication, commencée en 1860 et divisée en
plusieurs livraisons, est exclusivement réservée aux abonnés du *Siècle*. Il n'y a que les Français nourris moyennant
60 francs par an de la manne politique du journal de
M. Havin, qui aient droit à la remise de cette prime.
20 portraits et 320 pages de texte, pour 8 et 10 francs,
c'est donné!

Les biographies des célébrités du jour sont écrites par
deux rédacteurs du *Siècle*, MM. Taxile Delord et Louis
Jourdan. Nos deux éminents confrères ont entrepris une
édition de bonne foi. Ils veulent faire, affirment-ils, des
tableaux et non des caricatures. Soit! mais que feront-
ils quand ils en seront à la célébrité de M. Havin?

C'est toujours avec une inénarrable émotion que j'a-
borde cette grande figure des temps démocratiques. Je
ressens quelque part je ne sais quel tremblement, quand
j'approche de cette célébrité des jours gras de la politique.
Quelle carrière et quel homme du destin! Monsieur ou
Citoyen, Excellence ou Majesté, Monseigneur ou T. C. F.?
Comment l'appeler sérieusement, de quelle faveur rouge
ou tricolore orner son nom? En langue vulgaire, c'est bien

M. Léonor-Joseph Havin. Mais comme la consonnance eût été plus belle, avec Éléonore! Éléonore Havin ou Éléonore tout court; voyez-vous l'augure, le signe de la vocation politique? Ah! les actes de baptême ne sont pas parfaits, mais les noms et les prénoms les plus incomplets ont une tournure fatidique. M. Havin a si souvent chanté ses déclarations d'amour à la révolution! Je sais qu'il veut être pris au sérieux, ce personnage mythologique de la démocratie! Je sais qu'il se fâche tout rouge contre ses bien-aimés collaborateurs, et qu'il les accuse d'être complices de mes indiscrétions, quand ma critique se faufile et éclate de rire dans son Paraclet de l'hôtel Colbert. Volontiers il renonce au laurier littéraire, volontiers il néglige les pures formes de l'art d'écrire, pour avoir sans doute une ressemblance de plus avec ses frères et amis; mais il tient surtout au fond de ses articles, et il invoque en faveur de sa pauvreté de styliste, ses longs services de membre de l'opposition. Voyons donc froidement le fond de ses plaidoyers politiques, la hauteur, la profondeur et la couleur de son libéralisme.

M. Léonor-Joseph Havin a été, en 1830, électeur du grand collège de Saint-Lô, juge de paix après 1830 audit Saint-Lô; membre de la Chambre des députés, côté gauche, en 1831; triomphateur en 1832 au même Saint-Lô, où il reçut l'accolade de la garde nationale; membre du conseil général de la Manche; aide de camp d'Odilon Barrot et de Dupont de l'Eure pendant le règne de Louis-Philippe; garçon d'honneur de la duchesse d'Orléans, au palais Bourbon, le 24 février 1848; membre de l'Assemblée constituante; six fois vice-président de cette foire aux harangues; tué par *la Patrie*, en juin, à l'attaque de la rue de la Barillerie, ressuscité le lendemain par *le Moni-*

teur; élu membre du conseil d'État; huit fois président du conseil général de la Manche; député à l'Assemblée législative; maire, de 1840 à 1850, de Torigny-sur-Vire; compatriote et collègue de Louis Perrée; successeur de ce dernier aux fonctions de directeur politique du *Siècle*; démissionnaire du conseil général de la Manche le 2 décembre; proposé pour la croix par divers gouvernements; Caton farci de Sénèque en face des présents des Artaxercès du pouvoir; candidat dégommé aux élections du conseil général de Torigny-sur-Vire, en 1861, réélu en 1862, grâce aux complaisances ministérielles; représentant de son propre chef à l'inauguration de la statue de Manin, à Turin; déposé dernièrement en effigie au Musée de Milan, où l'Italie de Garibaldi, qu'il a renié à Aspromonte, ne viendra pas le contempler!

Voilà sans doute bien des titres et bien des rôles pour un homme qui se flatte de n'avoir pas dansé le plus petit écart sur le terrain des principes. Mais, pour la philosophie de l'histoire, M. Léonor-Joseph Havin a été en tout temps un libéral transi, un républicain vacillant, un révolutionnaire ambigu. M. Havin père, ancien membre de la Convention nationale, fut compris, pour sa trop grande fidélité aux principes de la Révolution, dans les exceptions de la loi d'amnistie du 12 janvier 1816. M. Havin fils, directeur politique du *Siècle*, ne sera pas, nous l'espérons, inviolable et sacré pour l'esprit de rigoureux examen qui reconstituera l'armée des défenseurs de la liberté.

Aujourd'hui, M. Havin, propriétaire au *Siècle* et dans plusieurs arrondissements de Saint-Lô, gros, fort, opulent, imposant, enrichi dans le commerce des doctrines de 89, s'affermit de plus en plus dans sa suffisance et dans sa stérilité de démocrate. Il condense en sa haute stature d'homme politique toutes les vanités de la révolution.

Ah çà! qui donc a osé l'accuser d'infidélité à ses anciennes opinions? M. Havin est, aujourd'hui comme hier, du grand parti, ou plutôt de l'immense troupeau de la modération. Lui, M. Havin, premier et dernier du genre, se faire de la bile pour les vaincus de la presse libérale! lui ou son journal voler au feu de leur défense! allons donc! les échauffements du directeur politique du *Siècle* ne viennent pas de si haut. En effet, pourquoi réclamerait-il pour tous la liberté de la presse, l'abolition du cautionnement et du timbre, le droit de fonder, sans autorisation, des journaux, la fin du régime administratif, quand il s'en trouve si bien, politiquement et financièrement? Pourquoi désirerait-il l'arrivée des supériorités intellectuelles au pouvoir de la presse et le libre essor de cette dernière, quand l'abaissement des journaux et des journalistes est l'unique sauvegarde de la prospérité de son journal?

Oui, c'est la triste vérité! Dans la compression de la liberté il faut chercher le succès de ce journal libéral! dans la désolante raréfaction des organes de la pensée, on trouvera les causes et l'explication de sa fortune en abonnés, et de son omnipotence en démocratie. Aussi, il le sait bien, le madré Normand! aussi, il est un des premiers de notre monde à s'incliner amoureusement, dévotieusement, devant tout ce qui peut retarder l'avènement du journalisme indépendant et progressif. Mais vienne un décret qui relève la condition de la presse, qui ouvre une grande voie de circulation intellectuelle, une nouvelle artère de publicité, à travers les vieux quartiers du journalisme boutiquier, cancanier, fripier, mécanicien, et vous verrez si *le Siècle* échappe à la démolition. Tout ce qu'on pourrait lui offrir à titre d'indemnité, à ce vieux la Ramée de l'opposition, serait peut-être une autorisation de paraître inclusivement à Torigny-sur-Vire.

M. Havin a réponse à tout : au Pape, aux évêques, aux ministres, à M. Leverrier, à l'Italie, à l'Autriche, à M. Pelletan; il répond ou il fait répondre, sans broncher de son éternelle ligne politique! il redit donc quand on lui reproche son modérantisme de toute saison, ses défaillances de cantonnier des vieilles ornières de 1848, ses pâles couleurs libérales, que le jour n'est pas plus pur que le fond de son journal, et qu'il a conquis tout simplement un *million* de lecteurs!

Cela veut-il dire qu'il ait un peuple bien éclairé et des principes en bon état? Ce *million* de fidèles n'est guère plus glorieux que le *million* des émigrés. Des deux côtés, c'est la force qui l'a octroyé. Le suffrage du nombre ne peut absoudre un journal qui travaille à la dépression du parti libéral, à l'affadissement de l'esprit public, et qui a réussi, au milieu de son compact million de lecteurs, à s'isoler de toutes les fières et souveraines intelligences de l'époque. M. Léonor Havin réplique encore qu'il souffre extraordinairement du fisc, que son journal est plus timbré que tous les autres, qu'il a rendu, de l'avis du gouvernement, des services au pays, qu'il s'est démis de ses fonctions de conseiller général de la Manche au 2 décembre, qu'il a failli se faire martyriser en Juin pour la république honnête et modérée, qu'il a combattu l'impôt des 45 centimes, qu'il a été un des coefficients de l'émancipation de l'Italie, qu'il a eu l'honneur de voir sous son consulat décerner au *Siècle* le sous-titre de *Moniteur des nationalités*, que depuis son cher M. Alexis Grosselin jusqu'au dernier des actionnaires, il n'y a qu'une voix pour célébrer ses vertus de maître de maison, et qu'il est fier de ses contributions, de ses collaborateurs, de ses interlignes, de ses domestiques galonnés et même de son ancienne défaite à Torigny-sur-Vire.

Oh! la belle défense! Et que prouve-t-elle? Ce que *le Siècle* paye au fisc pour le timbre, certes, il le regagne bien en monopole de publicité politique. Je ne dis pas littéraire, faites-y attention! Les risques que M. Havin a courus sous son écharpe de représentant, aux jours de l'insurrection, ne sont pas des titres bien exclusifs à l'admiration et à la confiance du grand parti de l'ordre et de la liberté. Sans la moindre écharpe et sans aucune prétention à être reconnus comme des sauveurs de la France, des journalistes, en grand nombre, ont su bravement faire leur devoir. D'autres écrivains ont aussi rendu de glorieux services au pays, et a-t-on jamais pris pour leurs poitrines la mesure d'une récompense exceptionnelle?

Oserait-t-il faire entrer en ligne de raisonnements souverains l'admiration forcée de collaborateurs dont il maîtrise l'esprit et la vie? Qui ne sait malheureusement que presque tous les autocrates qui dirigent un journal ont fait de leurs rédacteurs autant de gagistes qui jouent servilement et à jour fixe, celui-ci de la question romaine, celui-là de la question turque, l'un de la crise financière, l'autre de la réforme théâtrale, tous ou presque tous d'un sujet de commande? Qui ignore la jalouse suprématie du grand vizir politique du *Siècle*? Quant à sa démission des fonctions de conseiller général au 2 décembre, elle n'offre assurément rien d'héroïque. A qui ou à quoi pouvait-il donc se consacrer en ce moment-là M. Havin, si ce n'est au *Siècle*? Au *Siècle*, resté debout sur les ruines des autres journaux de l'opposition! Au *Siècle* et à ses rédacteurs, épargnés par la victoire qui n'épargnait ni orléanistes, ni légitimistes, ni républicains. J'admire, en conscience, cette consécration et ce désintéressement de M. Havin faisant, après le balayage des anciens partis, son entrée triomphale et définitive dans sa bonne petite boîte de la rue du Croissant!

Mais, s'il vous plaît, quelles sont donc les grandes causes défendues vaillamment et victorieusement par *le Siècle?* Comptez, depuis l'ascension de M. Havin au pic de sa direction, les cicatrices, les sacrifices, les martyres, les calvaires de ce courtier marron de la révolution!

J'entends dire que les hommes du *Siècle* sont honnêtes. — Eh! oui, mais ils vivent de la baisse de nos franchises. — Qu'ils sont braves. — D'accord! mais on les distingue toujours à la queue des défenseurs de la liberté individuelle! — Que ce sont des vaincus! — Certainement, en littérature. Quant au journal, il rapporte gros à tous ces martyrs de l'opposition. Les actionnaires touchent régulièrement de superbes dividendes. Les marchands de vin acquittent religieusement leurs abonnements. Et M. le directeur politique n'est pas trop mal avec l'autorité qu'il combat.

Le Siècle est voué, au milieu de nous, à servir d'ambulance, non pas aux magnanimes et orgueilleux blessés, mais aux traînards et aux soldats malingres du parti libéral. Ai-je besoin de citer tous les exemples de ses zigzags politiques? Un in-folio ne contiendrait pas les capricieuses arabesques d'un journal qui se vante d'indépendance et d'immuabilité dans ses convictions. Un seul exemple suffirait à l'appui de ma critique. Le décret de février ne frappe d'interdiction, en matière de procès de presse, que la publicité de l'audience. *Le Siècle,* dans un dernier procès intenté à un écrivain d'une certaine couleur démocratique, s'est abstenu de donner de la publicité à la poursuite. M. Havin trouverait-il que la presse n'est pas suffisamment pincée au tourniquet des événements, puisqu'il en étouffe les douleurs sous le boisseau de son journal?

Oui, je vous le demande, où sont-ils donc les services réels de ce grand moutardier de l'opposition? Où est la justification de sa vogue en abonnés? Résiderait-elle dans la formule retournée des philosophes : Je ne pense pas, je ne marche pas; donc je suis, donc je fais fortune? *Le Siècle* n'a pas été trop ménagé par les avertissements, c'est vrai. Mais les avertissements n'ont pas eu pour lui de suite et de fin désastreuses! M. Havin est allé, avec la gracieuse neutralité du ministre de l'Intérieur, lutter dans l'arène électorale de Torigny-sur-Vire. Il s'y est laissé choir en 1861, assez piteusement, sous le poids des mauvais esprits du canton. Mais si M. Havin avait été redoutable au gouvernement, le gouvernement lui aurait-il offert d'appuyer les exercices de sa candidature?

Ah! je la tiens, cette fois, la superbe preuve de sa vaillance et de son puritanisme. Il a poussé vers la barre de la police correctionnelle Mgr Dupanloup. Il a cherché, l'étonnant journal, à prêcher et à inculquer son modérantisme à l'éloquent et radical prélat. L'évêque a eu le dessous à l'épilogue de l'audience; mais *le Siècle* n'a pas réussi à placer avantageusement les bienfaits de son onction républicaine.

Comment! est-ce donc là tout le monument de son libéralisme, tout le fond de sa virilité et de son initiative? Oh! non! ce n'est pas là la borne des émancipations du *Siècle*. Que vois-je? qu'entends-je? L'Italie se lève et combat, la France envoie à son secours ses héroïques légions guidées par l'Empereur. *Le Siècle*, lui, emballe pour la guerre de l'indépendance, qui? M. Edmond Texier. Un brave homme, c'est vrai, mais un chroniqueur, voilà tout! La chronique à la Texier et l'article de fond à la Havin, voilà donc ce qui vole à la délivrance de la Niobé des nations, voilà ce que *le Siècle* dépêche de bravoure et de libéralisme à la défense des nationalités. L'Italie s'apaise et se recueille, les Italiens rendent leurs devoirs religieux à son grand patriote. Quel est donc cet homme qui gesticule avec emphase, comme un avocat des conseils de guerre, là-bas, devant la statue du défenseur de Venise? C'est M. Léonor-Joseph Havin! oui, c'est lui-même! Et qui donc lui a donné le droit de parler au nom de la presse libérale française? Qui lui a signé le pouvoir de la représenter en deçà et au delà des frontières? M. Havin répond toujours que cette autorisation de parler aux peuples et aux statues, lui a été accordée par *le Siècle* et par *l'Opinion nationale*, dont les rédacteurs résument, à ses yeux, tout le libéralisme français. Eh bien! l'Italie militante a eu un joli échantillon des journalistes et des libéraux de France!

Où M. Havin resplendit dans toute sa gloire, j'allais dire dans toute sa pureté, ce n'est pas à Torigny-sur-Vire, à Turin, dans sa polémique avec M. Pelletan, c'est au *Siècle*.

Comme il y trône sans conteste et sans rivaux! on prétend qu'il en a éteint l'esprit. Je le crois incapable de cette noirceur. Journalistes, mes frères, avant M. Havin, avez-vous jamais rencontré l'esprit du *Siècle?* M. Havin s'est fabriqué avec ce journal une guitare et un trépied. Il s'y est fait allouer petit à petit, en sa qualité de progressiste, un traitement fort aristocratique, et il n'y prend la parole que pour s'adresser à l'Europe, toujours au nom de la démocratie. Autour de ce substantiel et impérieux personnage, tout est déférence et discipline. On a pu remarquer, à propos de sa discussion avec M. Pelletan, qui a assez malmené cette contrefaçon de Carrel, comme toute la rédaction manœuvrait au désir du maitre. Quel tableau de famille que celui où l'on a vu M. Havin porté en triomphe dans les colonnes du *Courrier du dimanche* par la protestation filiale de tous les rédacteurs du *Siècle!* C'était splendide et correct comme une charge d'infanterie. Cela équivalait à une nouvelle manifestation de *bonnets à poil*.

Est-ce que l'on n'a pas fait sauter, le soir de cette glorieuse manœuvre, quelques flacons, en l'honneur de la fraternité; car tout commence dans cette démocratie-là par des banquets et des chansons? Elle monte de temps en temps à la barrière, la politique du *Siècle*. Quand ses écrivains ont vigoureusement travaillé contre le Pape et le clergé, ils s'offrent mutuellement, pour le rigolage, des petits verres et du champagne dans des agapes de rédaction. M. Havin les emmène au banquet Manin ou au banquet Rattazzi Les petites politesses entretiennent les grands dévouements. Le directeur politique du soi-disant *Moniteur des nationalités* n'est jamais avare de beaux mouvements, quand il faut attiser le zèle de ses coopérateurs et provoquer une nouvelle démonstration publique de leur fidélité. Comme il n'est pas bien sûr de son coup de plume, comme il n'est pas non plus très-certain que ses amis ne rient pas derrière ses articles, il excelle à aggraver et maîtriser tous les rôles à ses côtés. Voilà en quoi j'estime que M. Havin est un homme de génie. Il y en a de plusieurs sortes. Le génie est une élection. Tantôt elle appartient à une nation, tantôt à l'humanité, tantôt à un journal. Celle de Voltaire, de Jean-Jacques Rousseau, de Chateaubriand, de Lamennais, de Musset, et de tant d'autres esprits dont s'enorgueillit l'histoire, est l'œuvre des peuples ou de l'humanité. L'élection de M. Havin comme homme de génie est l'affaire du *Siècle.*

Depuis quelque temps, il court dans les rangs de la presse soi-disant libérale une race d'écrivains idolâtres. Ces gens-là ont deux grandes spécialités : les larmes et les gros rires, les lamentations et les cantiques. Entre ces deux attributions de leur talent, il n'y a point de place pour la raison froide, pour la vérité calme. En leur problématique qualité de descendants de Voltaire et de Rabelais, ces écrivains se font un devoir de détester cordialement, à tout propos, tout ce qui est aristocratie, noblesse, distinction, grâce, religion, poésie, loi, autorité. Ils ont dévasté de la plume tous les vieux cultes de l'humanité, ils s'indignent de voir encore debout les majestueux souvenirs de la foi; mais ils se plaisent à édifier à tout bout de champ une pagode de leur façon, à ériger à droite et à gauche des autels pour leurs saints de convention, à se créer au milieu de leurs sceptiques assemblées un petit paganisme plein d'intolérance. Un démocrate inventeur rend-il quelques utiles services au monde, vite une statue, vite une colonne et des autels à cet homme. Peuple libre, à genoux devant cette renommée ! Vous tous, pâles et serviles raisonneurs qui ne saluez plus la religion quand elle passe, le génie catholique quand il lutte, le Christ quand il se plaint de nos apostasies du haut de ses dix-huit siècles d'ascension, parce que des imbéciles vous disent que c'est beau de ne pas saluer ces douleurs et ces rayonnements, allons, chapeau bas et front penché devant les illustrations et les saintetés d'un libéralisme de marchand de vin ! C'est le progrès, c'est la raison, entendez-vous, qui commandent ce prosternement à vos fronts, cette bassesse à vos consciences ! A bas les saints et les saintes de l'ancien monde, les lumineuses traditions de poésie et d'amour qui réjouissaient les âmes! Vivent les nouveaux saints, les nouveaux dieux pêchés dans le torrent des révolutions et offerts aux caresses de l'opinion par les écrivains brochés à l'école de l'*Encyclopédie!* A bas le Dieu fait homme, vive l'homme fait Dieu! Tel est le mot d'ordre de ces journalistes sauveurs de peuples.

Le journal *le Siècle* est un de ces artisans de renommées hyperboliques. Pour suppléer à la religion, qui est aussi invisible chez lui que l'esprit, il a inventé un paganisme qui fait fureur chez ses abonnés. Il est achalandé d'idoles de toutes dimensions et à tous prix. Il confectionne sur mesure des auréoles pour les élus de sa coterie; il possède des recettes infaillibles pour réussir la fabrication d'une célébrité. Ses rédacteurs travaillent avec une pieuse émulation dans le neuf et dans le vieux de la réclame et de la canonisation. Le besoin d'un nouveau martyr démocratique se fait-il sentir parmi les populations qu'il abreuve de sa parole? une divinité d'occasion manque-t-elle dans le temple du peuple souverain? *le Siècle* se charge de pourvoir à cette ornementation; *le Siècle* n'est jamais au bout de son fagot de lauriers. Fier et joyeux d'avoir dépeuplé sous son haleine de vieux rationaliste les derniers asiles de la piété populaire, il s'imagine pouvoir remplir l'immense vide qui existe entre la terre et le ciel, avec les grands hommes et les grands dieux de sa fabrique. Souvent ces réputations artificielles lui causent des tracas; souvent ces hommes qu'il déifie se conduisent comme des marchands de contre-marques et s'attirent les rudes dédains de l'opinion; mais *le Siècle* a une originale manière de les venger des risées du public et de faire la leçon à la France. Il les assimile à des Christs! Il compare leurs vulgaires souffrances à une passion! Il ne rougit pas de faire servir les mots et les images les plus augustes à la glorification de Benoit-Joseph Labre démocratiques. Pauvre France, ingrate nation, absurde multitude, s'écrie ce drôlatique partisan du droit d'examen et du vote universel, quand une critique indépendante met des bonnets d'âne à ses messies, quand l'opinion nationale s'amuse de tous ses petits dieux portatifs!

Quelle élégante dévotion dans ce journal qui ne ferme guère ses bureaux qu'en l'honneur du carnaval! Que *le Siècle* est aimable et logique avec le peuple-roi? Comme il estime les jugements contradictoires de l'esprit public! Tout ce qui ne sort pas, en fait de philosophie, de théologie, de morale, d'art, d'économie politique, d'astronomie, de son agence, revêtu de la griffe de ses principaux rédacteurs, est réputé rétrograde et ultramontain, dans sa coterie. Diplômes de libéralisme, brevets de courage, symboles d'honneur, modèles d'insurrections polonaise, hongroise, italienne, lessives révolutionnaires, voltairianisme en gros et en demi-gros, il tient tous les assortiments de 89 dans les prix fixes de treize et seize francs par trimestre. Bureau de recrutement de toutes les haines triviales contre le passé, contre Rome, contre la royauté, contre l'empire, contre les pouvoirs non issus des formules du nivellement social et éclairés encore d'une lueur de droit divin, centre de gravité de toutes les chimères engendrées par nos soixante-dix années de révolution, *le Siècle* a atteint aujourd'hui l'apogée de sa puissance. Il ne peut aller plus loin en négation souveraine du sentiment et de la doctrine de la liberté. Personne ne songe, j'espère, à recueillir l'héritage intellectuel de ce journal et à succéder politiquement à M. Havin. L'homme et la chose ont reçu leur numéro de case dans le musée du journalisme. *Le Siècle* n'a pas de religion : il a une idolâtrie. *Le Siècle* n'a pas d'abonnés : il a des chalands. *Le Siècle* n'a pas de ligne politique : il n'a qu'une losange. *Le Siècle* est un partisan acharné de l'émancipation des nègres; en Amérique, oui! En France, il est pour le maintien dans la presse des États à esclaves.

Voilà donc où en est l'organe tout-puissant et révéré des pauvres d'esprit de la démocratie. Voilà le plus considérable représentant de l'opposition. C'est ce journal cossu, peuplé d'écrivains havinicoles, tiré quotidiennement à soixante mille gammes anticléricales, qui donne le ton au pays murmurant.

On a souvent reproché au *Constitutionnel* de Mimi Véron d'avoir mangé trop de jésuite. C'est possible. Mais à l'époque où *le Constitutionnel* l'accommodait à toutes les sauces du premier-Paris et du feuilleton, le jésuite avait de la saveur, du fumet, du nerf; on l'attrapait vivant et guilleret dans toutes les avenues du pouvoir royal et théocratique; c'était une primeur. Hélas! *le Siècle* ne mange que du jésuite mort, qui traîne en cour d'assises, du mauvais prêtre renié presque toujours par l'Église, de l'ignorantin de la dernière catégorie. *Le Siècle* y trouve goût, et il a ainsi l'air, aux yeux du peuple, de défendre l'ordre social menacé par la corruption du sacerdoce. En réalité il ne flatte et n'entretient, il le sait bien, que les grossières préventions de la multitude contre l'institution tout entière. Après avoir immolé chaque jour son petit jésuite mort, déterré dans un procès quelconque, *le Siècle* est satisfait, *le Siècle* a son libéralisme en paix.

O Démocratie, que penses-tu, en conscience, et qu'espères-tu de cette politique tout à la fois folâtre et puritaine? Et que doit dire l'Étranger, s'il juge des progrès du libéralisme français et de la noblesse du journalisme national par la prospérité d'un journal qui est plus en retard et moins en goût que *le Constitutionnel* de la Restauration!

Veut-on deux superbes exemples des derniers progrès spirituels du *Siècle*? Il a combattu en 1862 la propriété littéraire et artistique et il a fait entrer triomphalement à la commission de la Société des gens de lettres M. Chadeuil à la place de Victor Hugo!...

Est-ce qu'une réaction du bon sens, sinon de l'esprit libéral, ne viendra pas bientôt renverser cette puissance faite de toutes les servitudes et de toutes les satisfactions de la démocratie? Est-ce que nous attendrons l'avénement d'une liberté absolue pour nous lever contre un journal qui a usurpé la confiance du travailleur, et qui ne donne pas plus de gages d'amour au passé qu'à l'avenir, au parti rétrograde qu'à la révolution? Oh! non, je ne puis encore supposer que le parti de la liberté soit dégénéré au point de placer toutes ses espérances dans *le Siècle*, ce Jésuite de la démocratie.

L'ÉCHO DES ASSURANCES TERRESTRES ET MARITIMES

RECUEIL DE DÉCISIONS LÉGISLATIVES, JUDICIAIRES OU ADMINISTRATIVES, CONCERNANT LES ASSURANCES CONTRE L'INCENDIE, LA GRÊLE, LA MORTALITÉ DES BESTIAUX, LA GELÉE ET L'INONDATION, LES RISQUES DE NAVIGATION MARITIME OU FLUVIALE ET SUR LA VIE.

1re livraison.—Janvier 1860.—Brochure mensuelle.— 18 fr. par an. — 20, rue de la Chaussée-d'Antin.

Directeur : M. Bourlet de la Vallée, avocat, ancien directeur d'assurances mutuelles.

L'introduction débute en ces termes :

« Il semble qu'on ne saurait contester de bonne foi les immenses services rendus par l'assurance, depuis qu'elle a commencé à fonctionner en France. En effet, quand on sait que les indemnités *payées*, depuis son origine, pour réparation des dommages d'incendie, tant par les compagnies à prime que par les sociétés mutuelles, s'élèvent à 420 millions, et que les dommages de grêle n'ont pas coûté aux compagnies moins de 100 millions, ces chiffres parlent assez haut en l'honneur de l'institution pour qu'on ne puisse mettre en doute sa moralité et son utilité...

« Et cependant ces services sont encore méconnus.

« Combien, même parmi les gens qui passent pour sensés, s'imaginent et proclament que les compagnies d'assurances n'ont d'autre souci que d'encaisser les primes et d'échapper, par tous les moyens, au payement des sinistres? »

C'est entendu! vous êtes les moralistes officiels de la compagnie d'assurances. Vous avez mission de la laver de toutes les larmes et de tous les reproches des incendiés ou des noyés. Vous vivez et vous écrivez pour la plus grande justification de ces administrations. Ainsi soit-il!

Mais le mot *terrestre* me plaît!... Aurions-nous un jour *l'Echo des assurances célestes?* Ma foi, je ne serais pas étonné, au train que va l'esprit d'assurances et d'industrie, d'apprendre un beau matin qu'une société s'est constituée, au capital de plusieurs millions d'idiots, pour l'exploitation des clairs de lune et des levers de soleil dans leurs rapports avec le réveil des nationalités. Je parie que si une société pareille se fondait, elle trouverait des *articliers* dans *l'Opinion nationale* et au *Siècle!*

LE PÈRE SANS-GÊNE

Créé en janvier 1860; paraissant alors *quelquefois;* trois ou quatre mois après sa fondation, paraissant au moins trois fois par mois; enfin, à partir d'octobre, paraissant une fois par semaine sous le titre de : *Le Sans-Gêne*, 26, boulevart du Temple.

Le père de ce journal catharreux est le sieur Dunan-Mousseux, rédacteur en chef des réclames du sieur Boulanger, marchand tailleur, passage du Grand-Cerf. Le Mousseux-Dunan a pour but de défendre, sans doute en sa qualité de fripier, les intérêts des comédiens, et de *gaëtaner* M. Bartholy, directeur du théâtre *Beaumarchais*, qui ne joue plus ses pièces. Dans ses premiers temps mythologiques, *le Père Sans-Gêne* a eu pour principal rédacteur le sieur Alphonse Halff, autre marchand tailleur, jadis collaborateur d'une feuille de théâtre. Le premier gérant responsable (!) était le sieur Léon B..., associé de Dunan-Mousseux, qui cumulait les spécialités d'employé à la réclame de la maison du Grand-Cerf et de chapelier, ou plutôt d'entrepositaire de chapeaux panama, garibaldiens, etc., etc.; M. Frédéric Voisin a aussi géré la chose. Un autre membre fondateur, Henri Marcuge, auteur mixte de deux petites pièces jouées aux *Variétés*, de vaudevilles représentés aux *Folies-Dramatiques*, se voilait, au *Père Sans-Gêne*, du pseudonyme de H. de Wallers. Cet honnête et anodin garçon, qui exerce officiellement la profession de dessinateur industriel, s'était mis sous la coupe de Dunan, dans l'espoir d'accrocher quelques billets de spectacle. M. H. Villa signait la critique littéraire (!!) et dramatique du pseudonyme de H. de Malabar, et les chroniques musicales de celui de Remi de Soldofa. Dunan, plus ou moins Mousseux, en faisait le raccommodeur en vieux de ses articles. M. Villa a collaboré au *Messager des Théâtres*, a fait du journalisme en province, a été artilleur, et c'est après son congé et les épuisements d'une fièvre lente, qu'il s'est livré à Pygmalion-Dunan. Celui-ci lui accordait la nourriture et soixante francs par mois! Le dernier règlement fut soldé par vingt francs en espèces, un vieux paletot, un pantalon, et un gilet. Citons encore parmi les collaborateurs du sieur Dunan, le sieur Vaucheret, auteur d'une *Femme adultère;* le sieur Frédéric Voisin, apologiste de l'acteur-vaudevilliste Charles Potier; M. Jules Cauvin, ancien rédacteur en chef du *Paris à Dieppe*, un de ces pleurnicheurs et de ces grimaciers produits par le faux sentimentalisme de M. A. Luchet; M. Pauchet (pas celui de *l'Opinion nationale*), Émile Botherel, A. Seguin, A. Nachman, Quersin, vieux vaudevilliste morfondu.

Le sieur Dunan passe pour avoir collaboré à *l'Orgueil*, du sieur Llaunet, au *Miracle de l'Amour*, de Vaucheret, au *Royaume du Poëte* (oh! le royaume du poëte) de L. Montagne. Il devait écrire les *Ateliers de Paris*, avec Wœstyn, à l'époque révolutionnaire. Mais est-il seulement capable d'écrire trois lignes correctement?

De ses collaborateurs qui le lâchent avec enthousiasme, il se venge en les accusant d'avoir accepté ses déjeuners. Pendant longtemps il a rompu, dans son journal, des seringues contre les rédacteurs du *Tintamarre*. Et Commerson, Pervillé, Briollet, Edmond Martin se sont ligués contre cet apothicaire!.. Des deux côtés on s'est traîné dans la boue et dans le calembour. Et ces messieurs ont cru que Paris s'amusait à les voir se colleter sur la claie de leurs journaux! Oh! les bateleurs, qui ne sont pas même grotesques! Oh! les gladiateurs féroces, qui n'ont même plus de dents! Honte à cette satire qui se nourrit d'anas! Malédiction aux directeurs de théâtre qui accueillent et jouent de pareils maquignons!

Le Sans-Gêne s'est enrichi dans ces derniers temps de M. Jules Le Sire, comte de *la Place*, chevalier de l'ordre du Christ de Portugal, ex-entrepreneur de messes à grand orchestre pour le repos de l'âme de Don Pedro de Bragance, fondateur du *Philosophe*, journal tué sous le poids de ses connaissances, collaborateur du *Follet*, du *Tintamarre*, de la *Revue internationale*, de la *Revue parisienne*, du journal *la Semaine*, de la *Revue des races latines*. M. Jules Le Sire est en outre franc-maçon, ex-secrétaire du secrétaire du prince Murat, et époux de madame Lemasson, la Dorval du théâtre Beaumarchais. Mais c'est spécialement dans la *Revue des races latines* et dans *l'Argus* de Montpellier, que l'individualité burlesque de M. Le Sire apparait dans son dernier quartier. Victor Hugo a eu le malheur d'être défendu par lui contre M. Hugelmann, qui joue en ce moment les rôles de Machanette dans le *Journal de Bordeaux*.

A ce sujet il m'envoyait, avant l'apparition de mon premier volume de *Gazettes et Gazetiers*, la liste de ses ouvrages et sa profession de foi, dans une lettre qui portait en manchette cette annonce imprimée : Jules Le Sire, *chroniqueur*. « Je suis, me disait-il, anticatholique et républicain, et je ne ferais aucune concession de principes à la *Revue des races latines*. » — Ah bah ! il paraît aussi que M. Jules Le Sire ne fait pas la moindre concession aux principes de la politesse, car, sans qu'il ait reçu de moi le plus petit signe d'hostilité, et après avoir réclamé ma sympathique attention pour son bagage littéraire, il est allé, lors de mon duel avec M. About, m'insulter crânement jusque dans *l'Argus* de Montpellier.

Que cette injure à distance vous soit légère, comte *de la Place*, et allez en paix, monsieur !

P. S. — Est-ce qu'on ne va pas bientôt vendre l'*Insecticide* de la petite Presse?...

Dernières nouvelles. — Paris, 10 novembre 1862. —

Le Père Sans-Gêne vient de pousser le couac suprême de l'agonie.

JOURNAL DES PETITS ENFANTS

N° 1. — Janvier 1860. — 50 cent. la livraison. — 14, rue Jacob. — Typ. Cosson et C°.

Note des éditeurs :

« Le titre de journal, mieux que tout autre, nous a paru susceptible d'intéresser les petits enfants. — Nous voulons que chaque enfant puisse dire : *Moi aussi, je reçois mon journal!* — De la sorte, lorsque les enfants se trouveront réunis, les matières renfermées dans chaque livraison pourront devenir le sujet d'une foule de petites remarques spirituelles de la part de ces chers petits êtres. Pour pouvoir en parler, il faudra nécessairement que chacun s'efforce de bien apprendre et de pouvoir bien lire couramment les sujets que nous traiterons.

« Les enfants peu studieux, mais avides de connaître les petites histoires que nous publierons, trouveront une punition très-grande dans la menace de leurs parents ou de leurs maîtres de ne plus *leur acheter le journal.* »

Le joli cadeau!... la belle punition!... donnez-leur des cerceaux, des billes, des toupies, des arbalètes, des cerfs-volants, des chevaux de bois, des baisers, des sourires, à ces têtes rayonnantes! Mais des gazettes? *shoking!* Ils ont bien le temps de lire M. Ad. Guéroult ou M. Paulin Limayrac. Privez-les par hasard de dessert, de crème, de chocolat, de fusils, mais ne les mettez jamais au régime du journal! Ne voilà-t-il pas une riche et intéressante idée! Venir bourrer les enfants de contes, de fables, de comédies, de musique, de morales moisies, dans le genre du *Petit Chaperon rouge*, des *Trois Coqs voyageurs*, du *Coq et la Perle*, des *Tribulations de Pierrot*, de *Nous n'irons plus au bois!*.. Toutes choses aussi dénuées de forme que d'idée! O chers amours, vivez, chantez, riez, jasez, soyez longtemps beaux, gais, bavards, terribles, adorables, adorés, roulez-vous dans la poussière, l'herbe, le soleil, les caresses, les baisers, et Dieu vous garde de l'esprit des journaux!

L'UNITEUR DU MONDE VISIBLE ET INVISIBLE

JOURNAL UNIVERSEL DES JOURNAUX ET DE L'UNITÉ RELIGIEUSE, LITTÉRAIRE, PHILOSOPHIQUE, HISTORIQUE, SCIENTIFIQUE, ARTISTIQUE, ET ORGANE DES MIRACLES ET DES RÉVÉLATIONS FAITS EN LA PERSONNE DE M. GAGNE, PAR L'ESPRIT DIVIN QUI DAIGNE L'INSPIRER!!

N° 1. — Janvier 1860. — In-4° à trois colonnes, mensuel. — 6 francs. — Imprimerie Dubuisson; administration *invisible*, 36, rue Montpensier.

Rédacteur en chef : M. Gagne, avocat des fous.

Pourquoi ne croirait-on pas aux esprits frappeurs? On croit bien en M. Léonor Havin. Pourquoi trouverait-on si impossible l'existence d'un pareil monde, puisque l'on admet celle du *Siècle* comme journal sérieux? Est-il plus plaisant de se conduire en religion, en philosophie, et dans la vie ordinaire, d'après les consultations d'un guéridon et les apparitions d'un fantôme, que de se diriger dans l'ordre politique d'après M. Janicot ou M. Limayrac? N'y a-t-il pas là équation de prodiges? Vus et mesurés par le raisonnement, je ne dis pas par la raison, ces phénomènes offrent la même profondeur vertigineuse. Comment! on croit quelque part à la marche à reculons de l'esprit humain, et on ne pourrait pas croire au progrès illimité? Les articles de fond de *la Patrie*, du *Constitutionnel*, du

Siècle auront l'honneur d'être acceptés comme articles de foi par tout un peuple, et les révélations écrites, bien autrement stylées, des esprits frappeurs, n'auraient pas le même privilége d'authenticité? L'abbé Desgenettes, un mystique — premier numéro — aura fondé l'archiconfrérie de Notre-Dame des Victoires, sur la foi d'une voix obstinée qui lui en prêchait à l'oreille la sainte nécessité, et l'on refuserait à MM. Home, Delaage, Delamarre de *la Patrie*, Piérart, Allan Kardec, d'Ourches, Adrien Boïeldieu, les mêmes faveurs d'acoustique?

Je vous le dis, en vérité, nous sommes envahis par le surnaturel. Il se passe autour de nous tant de choses incroyables et pourtant positives, dans la nature comme dans la société, dans le monde moral comme dans le monde physique, que je suis tenté de croire à tout, que plus une idée me paraît absurde et plus son avénement matériel me semble probable et prochain. Le miracle moderne nous déborde.

Nous avons eu les *incroyables*, aujourd'hui nous avons les *merveilleux!* Havin, Delamarre, Véron, Grandjacquot, Crétineau-Joly, Coquille, Venet, Rupert, Maumigny, merveilleux! Merveilleux, les zouaves pontificaux! Merveilleux, les invalides de Castelfidardo! Merveilleux, les abonnés du *Siècle!* Merveilleux, les Mahias et les Tiengou! Merveilleux, les Polonais qui combattent pour leur délivrance en chantant des hymnes! Merveilleux et propres à être mis en conserves, les Français qui croient encore à l'alliance de la foi et de la liberté, à l'avénement glorieux d'une littérature officielle, aux rachats des peuples par la diplomatie, et à d'autres doctrines de la même espèce! L'histoire des *incroyables* et des *merveilleux* mérite d'être orchestrée par Offenbach!

Oui, je vous le demande, pourquoi ne croirait-on pas à

l'existence d'un monde occulte qui nous environnerait et lierait avec nous des relations quotidiennes, quand nous sommes témoins de tant de rotations de fidélités et d'opinions, de tant de métamorphoses de journalistes, d'enlèvements de vertus républicaines, de renversements d'infaillibilités, de volatilisations de caisses financières, de rétrogradation du sens moral, quand l'esprit public se rend esclave adorateur de tant de réputations factices et de forces brutales. Toutes les religions ne sont-elles pas pleines d'événements surnaturels? Est-ce qu'un bon catholique ne croit pas au dogme de l'enfer? à Satan? aux anges? Est-ce plus stupide de croire à des esprits qui viennent jouer avec un mobilier, qu'à des légions de diablotins dont s'épouvante la dévotion populaire? L'ange gardien que prient et qu'appellent avec tant de foi et d'amour, avec des mains si pures, les petits enfants, ne pourrait-il pas se manifester sous une forme plus palpable à nous autres, vieux nègres du péché? Victor Hugo n'a-t-il pas mis en vers sublimes le *revenant*? Et qu'est-ce que la Toussaint? Qu'est-ce que la fête des Morts? Qu'est-ce que la messe votive, l'office funèbre du bout de l'an? N'est-ce pas une conversation sympathique et mystérieuse de l'esprit humain avec le tombeau, du monde visible avec le monde invisible, une reconnaissance officielle de la vie dans la mort? Toutes ces croyances sont de la même famille. Tout est problème et mystère dans la nature, jusqu'à la naissance d'une fleur, jusqu'à la mort et la transformation, et cependant ce mystère encore inexpliqué nous sourit et nous console.

On peut donc croire, avec la raison et la théologie, avec la politique et tous les principes d'autorité, au monde occulte.

Mais, s'écrient dans la presse et dans la sacristie les

gardes nationaux de l'ordre et de l'ignorance, vous êtes des démolisseurs, des révolutionnaires, des ennemis de Dieu et du gouvernement! Vous voulez briser le grand ressort des secrets de la Providence!

Laissons dire ces éternels imbéciles! Jérémie journaliste n'est qu'un pasteur d'ânes, et Tartufe avec toute sa rouerie, se conduit toujours comme un polisson et comme une huître.

Réfléchissons un peu aux précieux avantages qui pourraient résulter des communications directes et garanties des vivants avec les morts, de la génération actuelle avec l'esprit de la génération disparue! Le triple sphinx du passé, du présent, de l'avenir, pourrait écarter ses voiles symboliques et nous traduire ouvertement, à la confusion des diplomates et des académiciens, toutes sortes de questions capitales, reléguées aujourd'hui dans l'ombre par la perfidie ou l'ignorance. Dans le passé, les visions de Jeanne d'Arc, de Brutus, de Constantin, de M. de Ratisbonne, les miracles de la Salette et de saint Janvier, tous les prodiges opérés par les fondateurs de religions telluriques recevraient une éclatante explication. Pour le présent, l'évocation des esprits devrait, il me semble, amener de grandes conversions et de singulières corrections. Je vois déjà Carrel mettant M. Havin à la porte de la démocratie, Beaumarchais se prenant de bec avec *le Figaro*, Napoléon raturant les calomnies posthumes du duc de Raguse, Molière et Dante corrigeant le *Cours de littérature* de M. de Lamartine, Torquemada racontant à M. Louis Veuillot qu'il n'est pas heureux dans l'autre monde, et M. Veuillot se convertissant à la gaie et facile religion du *Tintamarre*, Diderot professeur d'esprit et de morale à la place de M. Nisard, de Maistre ou Maury parlant pour MM. Keller et Plichon. Et combien d'autres avénements d'esprits réparateurs à l'Académie, à la Bourse, au théâtre! etc. Quant à la science de l'avenir, les esprits frappeurs seraient toujours bien aussi forts sur les affaires du lendemain et sur la question romaine, que la correspondance Havas, les Vitu, les Baraton, les Esparbié, les Troismonts, les Mahias et les Lavedan.

Oh! messieurs les moqueurs et les satisfaits qui regimbez contre la possibilité d'une entente cordiale et suivie entre la vie et la mort, d'une langue comprise de toutes les intelligences, qui ne voulez pas qu'on dérange la petite économie de vos pensées, de vos chagrins et de vos bonheurs de chaque jour, sachez donc que depuis Socrate, Platon, Jésus-Christ, la philosophie et la morale n'ont pas fait un pas, que dans d'autres sciences les civilisations égyptienne et hindoue étaient plus avancées que la nôtre; que cette stagnation philosophique et morale de l'humanité sera nécessairement suivie d'une révolution; qu'aux progrès matériels du monde moderne doivent correspondre des progrès religieux dans le sens supérieur de ce mot; que la vie spirituelle qu'on refoule a besoin de s'étendre, en raison de la vie physique qu'on développe par tous les moyens. Les verbes divins ont été chassés par des oracles qui battent la breloque. De toutes parts on attend une nouvelle parole de vie. Croyez-vous que dans le temple de l'avenir, enrichi des merveilles de l'industrie et de la science, l'humanité sera bien fière de faire son entrée, escortée, pour tout bonheur et pour toute adoration, d'un sensualisme usé et d'un brutal ricanement? Savez-vous si ces *esprits frappeurs* n'apportent pas l'alphabet d'une nouvelle langue religieuse, et ne reprendront pas la plume de la vérité qui s'arrête sous la main glacée des prêtres et des philosophes?

Faut-il encore articuler un autre exemple en faveur de

ce monde occulte? Les femmes nous le fournissent. La distance entre elles et les *esprits frappeurs* n'est pas si grande qu'on peut le croire. L'épaisseur d'une gorge à réduire, le matérialisme d'une robe à traverser, l'illusion de notre optique à combattre; voilà tout le mystère, et l'on arrive à se convaincre que la différence n'existe guère que dans les apparences. Figurez-vous qu'au lieu de se manifester à nous par des coups frappés dans des guéridons, par des signes cabalistiques tracés sur les murailles, les *esprits* entrent en rapport avec les hommes par l'intermédiaire du jupon, remuent et révolutionnent nos cœurs et nos destinées par le langage magique du coup d'œil, nous font tourner en tous sens, souvent où nous ne voulons pas, par l'unique force d'un languissant signe de tête ou d'une moue coquette, et vous avez les femmes! Vous voyez donc bien que ces adorables chimères comblées par nous de prévenances et de toilettes, nous coûtent encore les frais de leurs merveilleuses manifestations; mais qu'au fond les femmes sont une seule et même chose avec les *esprits frappeurs*.

Et j'ai donc couru le monde, les salons, les boudoirs, les cercles de la capitale, pour lier connaissance avec les *esprits*. J'ai voulu, après avoir plaidé en faveur de leur existence, les voir à l'œuvre. Qu'ai-je entendu et que n'ai-je pas vu? J'ai vu des députés, des journalistes, des médecins, des secrétaires d'ambassade, des princes russes, grecs, moldaves, des astronomes, des mathématiciens, des banquiers, des barons, des marquis, de charmantes femmes qui n'avaient de magie que dans leurs yeux, de charmants jeunes gens qui n'avaient pas les yeux dans leurs poches, complétement toqués par ces expériences. J'ai vu des guéridons se promener seuls, en se dandinant d'un salon à l'autre; des tables d'huîtres en pyramides s'enlever comme des ballons; des fenêtres s'ouvrir et se refermer sans le secours d'aucune main; des aiguilles de pendules arrêtées ou avancées immédiatement par le même procédé; des pianos touchés par des Thalberg invisibles; des crayons isolés qui écrivaient en plusieurs langues : en chinois, en hongrois, en arabe, en italien, avec une syntaxe que ne soupçonne pas M. Ponson du Terrail; des planchettes incorruptibles qui refusaient de donner la cote de la Bourse du lendemain; des télégraphies instantanées entre des dames de la Chaussée-d'Antin et des zouaves du Mexique; des tragédies inédites et en vers de Casimir Delavigne; des autographes de Voltaire, de sainte Marie-Thérèse, d'Abélard, du diacre Pâris, de Balthazar, de Socrate, de Gengiskan; un roman en plusieurs volumes dicté par l'âme de Frédéric Soulié; une lettre prophétique qui m'était adressée de Saint-Étienne, par saint Jean-Baptiste!...

Qu'ai-je vu encore, qu'ai-je entendu? Dessous et dessus les guéridons, pendant les chaînes, les impositions de mains et de pieds, l'entr'acte sympathique des rafraîchissements! O déesses des feux secrets, prêtresses du tremblement du chêne et de l'acajou, aidez-moi donc à raconter ces spirituels colloques! Mais, ô profanation! ô critique impie! Quand j'ai voulu demander et exiger, après toutes ces séries d'enchantements, le fin mot et le signe de progrès qu'on est en droit d'attendre de tout phénomène qui provoque notre esprit, nos nerfs et nos regards; quand j'ai recherché la portée politique et religieuse de ces expériences que l'on annonçait pompeusement sous le nom de révolutions, grand scandale parmi les mystiques croyants! silence glacial parmi les médiums! Je n'étais plus qu'un trouble-fête, un désordonné sceptique. Les femmes perdaient de leur magie.

les hommes de leur aplomb, les tables de leur fluide.
Les expériences avortaient sur toute la ligne. Les *esprits*,
me disait-on, boudaient devant mon ironie. Voltaire
lui-même, qui, avant mes éclats de curiosité juvénile,
venait fréquemment plaisanter avec un vieux fauteuil de
son temps, devenait taciturne. Adieu le doux frisson et
l'harmonieuse unanimité de tous ces enfants du mystère !
Et j'ai cessé de m'asseoir à ces fêtes commerciales de la
crédulité, de la superstition, de la galanterie, du miracle
combinés. Et j'ai préféré chercher un signe des temps
et m'éblouir dans les écrits et les métamorphoses de
MM. Adolphe Guéroult et Paulin Limayrac.

Allons ! allons ! ce n'est pas encore par cette magie de
toutes couleurs que l'empire du Christianisme sera confondu ! ce n'est pas sur ces guéridons terpsichoriens que
l'esprit des temps futurs écrira sa loi. Les prêtres peuvent
être tranquilles de ce côté-là. Le spiritisme n'écrasera
pas la théologie. Le diable serait bien malade et bien caduc, son crédit serait bien bas et sa gloire bien casuelle,
si, après avoir pris tant de figures séduisantes et manifesté sa puissance par tant de grandioses et poétiques
manœuvres dans le passé, il ne possédait plus aujourd'hui
qu'un pouvoir tapageur sur nos mobiliers. Si nous devons
récuser ironiquement, tout en admettant l'existence d'un
monde occulte, cette croyance à une nouvelle révélation
de Satan, à plus forte raison sommes-nous tenus de ne
pas prêter un aussi pauvre système de manifestation à la
Divinité. Comment peut-on supposer, avec quelque bon
sens et avec un peu de respect, que Dieu s'amuse à nous
parler à travers des pieds de table, que le ciel nous insinue ses décrets par l'organe de drôlesses en appétit
d'aventures romanesques; que sur un mot d'évocation
prononcé par un médium loué à la séance ou à l'année,

toutes les intelligences qui vivent au delà du tombeau accourent pour répondre à la plus vulgaire curiosité?

Ah! que nous sommes loin du miracle antique! La Divinité mettait jadis une certaine solennité à se révéler au monde; elle marchait dans l'éclair et la tempête, dans les buissons ardents, la colonne de feu; elle incendiait Sodome et Gomorrhe, elle pétrifiait la femme de Loth, elle ouvrait des boulevards sans macadam à travers la mer Rouge, elle dessinait dans le firmament des labarums et des dragons, elle choisissait ses témoins inspirés qui l'acclamaient sur les cimes du Caucase et dans l'île de Pathmos! Et vous croyez bonnement qu'aujourd'hui elle est épuisée par la guerre que lui fait *le Siècle* et *l'Opinion nationale*, et qu'elle en est réduite à se faire démontrer et soutenir par des radoteurs et des poupées!

Les doctrines et les expériences du spiritisme ont-elles fait un progrès? non. Le spiritisme est-il une science? non; une religion? encore moins. C'est une maladie de langueur intellectuelle qui a ses causes dans l'état actuel de la société. Les cerveaux deviennent creux quand les croyances se raréfient. Le monde cherche dans le mysticisme une pâture et une consolation à son esprit, quand la liberté est invisible ou muette.

REVUE DES JARDINS ET DES CHAMPS

JOURNAL MENSUEL D'HORTICULTURE ET D'AGRICULTURE

N° 1. — Janvier 1860. — Pour la France, 7 fr. 50; pour l'étranger, 8 fr. — Paris, 20, rue Bonaparte.

Directeur : J. Cherpin. — *Rédacteurs* : P. Joigneaux, F. Boncenne, Th. Denis, M. Pulliat, madame Clotilde Lezerat.

Nous retrouvons dans cette modeste publication les intéressantes causeries de M. Joigneaux, ancien représentant du peuple, et toujours agriculteur bien pensant. Dans un article sur nos progrès en arboriculture fruitière, l'ex-législateur se plaint de voir disparaître des espaliers les vieux arbres de cinquante à cent ans; il signale la rareté des unions sympathiques entre sujets et greffes; il regrette les mariages de raison qui ont lieu trop souvent entre les poiriers et les cognassiers au préjudice de la saveur des fruits, et il constate avec amertume que la durée des arbres a baissé proportionnellement à la précocité du rapport. Les arbres sont trop malmenés, dit-il, on les frappe à coups de bâton comme des Polonais. Ils fructifient trop et meurent avant d'avoir vécu. Cette arboriculture à la vapeur, au knout, à la schlague, est contre les lois de la nature et de la liberté. C'est du dévergondage arboricole, de l'éreintement à coups de gaule, de la torture à la mode d'Autriche. C'est intolérable, dirait *le Siècle*, comme le maintien du pouvoir temporel des Papes.

Petite, mais très-curieuse revue! on la lit, on la goûte, comme une satire ou une ode d'Horace, traduites par Jules Janin. Je vous recommande surtout ce qu'elle dit relativement au jardin de la ferme et à la poire bon-chrétien d'hiver. Il paraît que cette vieille poire, appelée *poire d'angoisse*, de *Saint-Martin*, etc., a provoqué la réunion d'un congrès pomologique, donné naissance à un écrivain qui a composé un livre intitulé : *les Quarante poires*, et qu'aujourd'hui on n'est pas encore complétement éclairé sur l'origine de cette espèce de poire. Cependant, on prétend que nous la tenons de saint François de Paule, appelé à la cour de Louis XI le « bon chrétien. » François de Paule l'aurait apportée de la Calabre au roi maniaque et moribond, qui, désespérant d'obtenir sa guérison par des prières, se serait mis, en désespoir de cause, et à la dernière heure, cette poire sur la conscience.

Je ne me pardonnerais pas d'oublier une remarquable étude de madame Clotilde Lezerat sur la *mission des Sociétés agricoles et horticoles et sur l'amour des plantes*. Mon Dieu! que voilà un amour bien placé! Notre botaniste en jupon a d'inexprimables chatteries pour les arbres et principalement pour le tilleul et le peuplier. Au temps de la ligue et de la première république, ils entraient, dit-elle, pour moitié dans les convictions et dans les affections du village. Il est positif qu'en 1848 le peuplier était la plus haute et la plus complète expression des libertés politiques du peuple souverain. En somme, le journal arboricole de M. Cherpin offre un réel intérêt et me divertit plus agréablement qu'un discours du marquis de Boissy ou de monsieur Plichon.

REVUE ODONTOTECHNIQUE FRANCO-AMÉRICAINE

MENSUELLE

N° 1. — Janvier 1860. — 12 fr. par an. Un numéro, 1 fr. — 26, rue de la Chaussée-d'Antin.

La *Revue odontotechnique* signifie, en langue vulgaire, *Journal des arracheurs de dents*. Fondée au commencement de l'année par M. C. S. Putnam (de New-York), elle a cessé en novembre, pour des motifs de convenance particulière, d'être la propriété de ce docteur yankee. M. T. R. Hammond (toujours de New-York), en a pris la manipulation en chef. Cette littérature, plus ou moins osanore, est incrustée de professions de foi : c'est violent comme l'extraction d'une molaire! Le docteur Putnam, dans son entrée en matière, avait dit assez pompeusement : « Nous tâcherons d'élever cette revue à la hauteur d'un enseignement! nous sommes fort d'une pratique de vingt années! » O mon Dieu! quelle débâcle de mâchoires!

En vérité, jusqu'où peut donc aller la hauteur de l'enseignement d'un dentiste? à quoi peut-on la mesurer? Moi, j'aurais compris sa profondeur, en tant qu'élimination de vieilles mandibules. Le docteur Hammond a renchéri sur le docteur Putnam. Il comprend, dit-il, toute la gravité, toute l'importance de sa mission. De sa *mission*, entendez-vous!... Il s'empresse de déclarer qu'il s'efforcera toujours de se concilier la bienveillance des lecteurs et des pratiques. Il a sans doute voulu dire la *grimace*.

Lisez la *Revue odontotechnique*, par curiosité et par économie : c'est en même temps un réactif et un objectif! Il y a certains chapitres qui vous ébranlent de fond en comble. Si vous souffrez des dents, vous êtes capable de vous intéresser beaucoup plus à l'histoire critique et anecdotique de la mâchoire humaine qu'aux élancements de votre douleur et même au martyre de toutes les nationalités possibles. Je vous signale le chapitre des faits divers. Vous y lirez les conséquences qu'entraînent les dents artificielles avalées par accident. Vous verrez quel voyage fantastique elles accomplissent à travers l'œsophage, l'orifice cordial de l'estomac, le péricarde! Si, avant de vous coucher, vous êtes assez peu civilisé pour ne pas déposer votre mâchoire sur votre table de nuit et sous globe fermé au cadenas, car le sommeil est perfide, à quel sauvage réveillon n'êtes-vous pas exposé!

Quant aux tableaux descriptifs qui ornent la *Revue*, ils sont d'une étrangeté formidable. Quelques-uns de ces appareils de pose de dents ressemblent assez à ceux qui descendaient des piles dans le Rhin au pont de Kehl. En résumé, cette *Revue* embrasse tout l'art du dentiste : systèmes à bases de vulcanite, application de la galvanocaustique à la chirurgie dentaire, manière de retailler les limes et molettes dentaires, fissures palatines, becs-de-lièvre, palais artificiels, chaises dentaires, dents de porcelaine. Elle tient ses abonnés au courant du mouvement des mâchoires dans les deux mondes, procure des ouvriers mécaniciens pour les montages, et publie le fastueux bulletin des colléges dentaires d'Amérique et d'Angleterre.

Fay, Velpeau, Trousseau, sont ses trois lumières. A la fin de l'année, il paraît que ses douze livraisons composent un fort joli volume illustré.

M. de Pontmartin fréquente assidûment ses ateliers, pour y rajuster la platine de sa critique.

ANNALES DE L'AGRICULTURE DES COLONIES

ET DES RÉGIONS TROPICALES

N° 1. — Janvier 1860. — Prix de l'abonnement pour la France et l'Algérie, 18 fr. — Pour les colonies françaises, 25 fr. — Un numéro, 2 fr. — Brochure mensuelle de 64 pages, avec figures. — Administration : 25, quai des Grands-Augustins.

Directeur: M. Paul Madinier, agronome, rédacteur du *Journal d'agriculture progressive*, collaborateur de l'*Encyclopédie de l'Agriculture*, de MM. Moll et Gayot. — *Rédacteurs* : David de Floris, Dunewille, Charles T. Jackson, Hugoulin, Hachard, Anthony, Trollope, J. de Crisenoy, le Pelletier de Saint-Remy, P. L. Fernandes, de la Gironnière, Hardy, L. Garet, Montgomery, Martin, Ch. Buxton, Jules Lépine, Eug. de Reizet, Liebig, Tible, Bleekrode,

J. V. Vigneron Jousselandière, de Chazelles, Cottin, Miot, A. Girard, Boussingault, Perrottet, Robert-Russel, J. Durocher, G. Cuzent, Édouard Hommaire de Hell, John Bacon, docteur Fresnel, Léon Bequet, docteur Rufz, F. Storer. — Écoutez cette sentence contre les colonies :

« L'abolition de l'esclavage, en transformant d'une manière aussi profonde les conditions du travail dans les colonies, leur a imposé comme nécessité première de leur existence d'entrer dans la voie des progrès agricoles.

« Le but que nous nous sommes proposé en fondant cette Revue, dit M. Madinier, c'est de propager la science agronomique de la vieille Europe dans ses applications avec la culture des colonies et des régions tropicales; c'est de créer un organe qui fasse apprécier en Europe les ressources immenses qu'elles offrent à la colonisation, et éclaire les agriculteurs qui les exploitent sur les meilleurs systèmes de culture et sur tous les sujets qui peuvent les intéresser au point de vue pratique et économique.

« Quant à la direction que nous voulons suivre, nous l'avons indiquée brièvement en adoptant cette épigraphe:

« *Le fumier, la machine et l'eau sont les trois grandes forces productives sur lesquelles repose le progrès de l'agriculture coloniale et tropicale.* »

Cette Revue est indispensable aux praticiens de l'agriculture. C'est le journal utile par excellence. Sa rédaction est toujours variée, savante, pleine d'actualité. Elle n'est pas dépourvue de légendes poétiques : celle de l'arbre à pain qu'on cultive en Océanie est d'une tristesse charmante. Les statistiques de cette *Revue* sont d'une rigueur mathématique et se dressent comme d'implacables réquisitoires contre l'incurie de l'exploitation française. Il appert de toutes ces études prises sur le fait que nous ne savons pas exploiter nos colonies. Nous avons dans les

Antilles, en Afrique, à Madagascar, des mines de richesses inépuisables, des territoires qui pourraient nourrir la France entière; et nous les laissons en jachères. Le riz, par exemple, protégé et entretenu avec soin, serait d'une haute importance pour l'île de Madagascar. Il pourrait suffire largement et à bien meilleur prix, à la consommation des marchés de France.

Eh bien non! notre bourgeoisie dartreuse en consomme par an pour près de quarante millions, dont un quart à peine est donné aux fournisseurs des colonies françaises. La culture du tabac parait seule être en prospérité à la Guadeloupe et en Algérie, et sa consommation est en progrès et en honneur parmi nous concurremment avec l'absinthe! Des statistiques officielles nous apprennent, il est vrai, que l'usage de la chique diminue en France; mais cette supplantation de la carotte ne s'explique que par l'acclimatation progressive du cigare dans les salons les plus aristocratiques.

Pourquoi ne tirons-nous pas un meilleur parti de nos colonies? La mécanique et la chimie agricole nous apportent le secours de leurs merveilleux développements. Est-ce le fumier qui manque? non certes. Le bétail, ce producteur d'engrais, compte partout de nombreuses variétés d'espèces. Je connais même à Paris des couches épaisses de *guano!...*

LE CONSEILLER

GAZETTE DES CHEMINS DE FER

JOURNAL FINANCIER ET POLITIQUE PARAISSANT LE SAMEDI

N° 1. — Janvier 1860. — Paris, un an 8 fr. — Départements, un an 10 fr. — Bureaux : 16, rue Bergère.

Rédacteur en chef : M. Fr. Ducuing. — *Directeurs :* MM. Ch. Denechaux et Cⁱᵉ. — *Rédacteurs* : A. Bouinais, P. Delombre, Villaumé.

M. Ducuing est un académicien de la finance, et un financier qui ne sera jamais de l'Académie. Cet ami de Ponsard devait naturellement arriver à la Bourse. Au *Courrier du Dimanche*, à *l'Opinion nationale*, ce littérateur-coulissier a invariablement chanté les droits souverains des hommes d'argent. Journaliste, il fait bon marché des immunités de l'écrivain. Il le sacrifie inexorablement aux puissances et aux dominations de la Banque. Sa devise est : Périssent les rédacteurs d'un journal plutôt que le journal! Cette devise, il l'a préconisée dans *le Courrier du Dimanche*. Comprenez-vous maintenant jusqu'où la presse financière peut descendre, quand ses principaux écrivains professent de pareilles doctrines!

La presse financière est au banquier ce que le *Journal de Rome* est au Pape, ce que *le Monde* est au parti catholique. Ce journalisme-là se donne la mission d'entretenir les fidèles dans l'adoration aveugle et perpétuelle du pouvoir clérical. La presse financière pousse à un autre genre de fétichisme. C'est elle qui, au lieu d'éclairer et de guider le public à travers le labyrinthe et les abîmes de la spéculation, l'entraîne le plus directement à la ruine, par ses trémoussements, ses apologies, ses dithyrambes en faveur de chaque affaire et chaque souscription émises par les gros bonnets de l'agio, insatiables et impitoyables tarentules qui pompent jusqu'au dernier sou les économies du peuple.

Le régime dégradant sous lequel se traîne depuis si longtemps la presse financière, provient des mêmes causes et produit les mêmes effets que l'état d'ignorance et d'abêtissement dans lequel croupissait la plèbe par les soins de la noblesse et du clergé. Toujours la féodalité! Le jour où le peuple a eu la conscience de son droit et de l'injustice de ses maîtres, il a fait la révolution de 89. Le jour où le public trouvera dans la presse financière des journalistes indépendants, des guides sincères, des hommes assez libres et assez courageux pour dévoiler les accaparements, les chantages, les intrigues, les infidélités, les malversations, les vols de ces potentats des jeux de Bourse, il cessera d'être le mouton de la spéculation, et pourra demander aux spéculateurs des comptes sévères. Ah! si tous les millions acquis à la Bourse pouvaient parler, ils en raconteraient de belles! Nous avons déjà un joli commencement de confession publique de monseigneur le Million. Qu'on supprime le procès en diffamation! Et nous aurons ces écrivains énergiques! Et vous verrez disparaître le honteux servage du Bulletin.

Qu'est-ce, en effet, que le marché spéculatif et industriel? D'un côté, de pauvres diables d'ouvriers et de pères de famille qui apportent bénévolement le produit de leurs économies de vingt années dans la caisse des nababs de la commandite, puis des joueurs incorrigibles qui luttent contre des adversaires qui connaissent les cartes, les bizautent, se réservant tous les atouts; d'un autre côté, les gros matadors de la finance, suzerains du journalisme, corsaires de la spéculation, qui prélèvent des dividendes sur le capital social, fabriquent des assemblées générales, composées de compères, font adopter par des majorités fictives leurs usurpations, et se font par-dessus le marché voter des remercîments hyperboliques par leurs victimes étourdies, annihilées, abruties.

Je ne veux pas jeter la pierre à un homme tombé des hauteurs dorées de la finance. M. Mirès est un lutteur meurtri et non vaincu, qui mérite de la sympathie et du respect. Les volontés fortes et les natures vaillantes sont trop rares à notre époque pour qu'on ne les salue pas, même dans l'infortune. M. Mirès peut se relever de toutes manières, et Solar aussi. Il y a en lui des fécondités que ne tarira point la douleur. Je ne le crois pas moins honnête que d'autres financiers qui se prélassent au soleil. Il a porté les fautes d'Israël. Mais qui n'aurait pas eu le vertige, à sa place? Qui se serait maintenu profondément vertueux, toujours austère, toujours calme, invariablement droit, au milieu des ardentes tentations de la puissance, des sourires impudiques de la popularité, des implacables nécessités de l'échéance, des colossales invasions de la flatterie, des assauts de la concurrence et de la trahison! Où est donc, dans ce petit peuple de souscripteurs qui a le plus crié contre M. Mirès, la vertu farouche, l'honnêteté à l'épreuve d'un bénéfice usuraire? Si M. Mirès a fait une chute aussi éclatante, il doit l'attribuer surtout à l'action délétère du journalisme financier.

C'est cette presse qui avait élevé l'homme d'argent, qui l'a culbuté. A force de frotter la situation pour la faire reluire, elle a fini par la découvrir dans toute la nudité de ses aristocratiques misères. On peut se faire une idée de la puissance de publicité et de réclame dont disposent certains grands fermiers d'entreprises industrielles et mobilières, par l'exemple de M. Mirès. Il était propriétaire du *Constitutionnel*, du *Pays*, de *la Presse*, du *Journal des chemins de fer*, intéressé pour une part considérable dans *le Siècle*. Voilà donc cinq grandes feuilles, les plus importantes comme publicité, dont la direction économique lui appartenait exclusivement. Il avait des rédacteurs de son choix, à sa dévotion, auxquels il faisait chaque jour la leçon, et qui ne devaient sous aucun prétexte, sous peine de déchéance de leur emploi, s'écarter du programme tracé par la main du maître. Eh bien, comment est-il arrivé qu'avec de si nombreux et de si valeureux champions, M. Mirès n'ait pas fait face à tous les hasards des événements ! Pourquoi n'a-t-il pu résister, avec tant de ressources, à la pression des mauvais jours? Probablement parce qu'il reste encore un inépuisable fonds d'indépendance dans l'opinion et un glorieux esprit de révolte dans la conscience nationale; parce qu'il y a chez nous une réserve de bon sens et d'esprit naturel sur laquelle le sophisme le plus séduisant n'aura jamais prise ; enfin parce que la presse financière par ses exagérations de servilisme, avait épuisé ses dernières formules de sauvetage et perdu la direction de la confiance publique. M. Mirès est le financier qui a fait vibrer le plus savamment la ficelle du journalisme financier, qui en a combiné les rudes harmonies avec le plus grand art. Mais il l'a usée. L'instrument est aujourd'hui hors de service. Le peuple sait comment on en joue. Cette chute du célèbre banquier aura donc un double et utile résultat. M. Mirès a été démoli par la presse financière, mais en tombant il a blessé à mort cette presse mercenaire.

Maintenant veut-on savoir comment fonctionne ce journalisme boursicotier? Donner comme seules bonnes les valeurs émises par une caisse quelconque ou patronnées par elle, voir tout en rose quand cette dernière a son portefeuille bourré de titres, tout en noir quand elle est à la baisse ou qu'elle veut racheter les valeurs qu'elle a vendues à de hauts prix, telle est en résumé la manœuvre.

Comment la haute finance s'attache-t-elle les publicistes de cette espèce? Par la gratification, la prime, l'intimidation même, s'il s'en trouve, chose assez rare, un seul parmi eux qui refuse d'obéir. Dans ce cas-là on menace tout simplement le directeur du journal de lui retirer l'insertion des annonces, rapports et réclames qu'on paye d'ordinaire sans marchander, c'est-à-dire la vie, la richesse, la prospérité.

Pauvre public! crédule et confiant, il ouvre chaque soir, avec une impatience fébrile, les grands journaux affermés par la spéculation, et il dévore comme des articles de foi, les bulletins financiers.

Ah! la bonne farce! ce n'est pas la tribu sceptique et madrée des agioteurs de la Bourse qui se laisse prendre à ces apologies surannées, à ces muscades éventées. Elle sait bien à quoi s'en tenir sur le fond et sur la forme de ces bulletins. Mais c'est le public immense et respectable, qui se compose du travailleur, du rentier, du commerçant, du boutiquier, de toute cette pléiade de provinciaux économes dont les épargnes sont toujours prêtes pour les emprunts municipaux, budgétaires, ordinaires et extraordinaires, qui a donné bravement son pécule pour la création des voies ferrées, des canaux, des télégraphes électriques, des sociétés d'éclairage au gaz, des crédits fonciers, des banques d'escompte; tout ce public enfin dont la fortune, modeste individuellement, mais prodigieuse au total, fait partie intégrante de la fortune du pays, qui se laisse prendre, le crédule, au mirage des souscriptions mensongères, des avantages résultant de telle émission d'actions, de telle augmentation de capital, de tel emprunt turc ou romain, qui croit aux dividendes miraculeux et éternels des sociétés immobilières, aux revenus fantastiques de l'empire des Osmanlis, et à la garantie du gouvernement papal!...

Quand un de ces gros capitalistes sent le besoin ou croit le moment venu de se débarrasser d'une certaine quantité d'actions quelconques, il convoque ses publicistes et leur recommande de chauffer la valeur dans leurs bulletins du soir. Le lendemain, les lecteurs fidèles et confiants, alléchés par l'aspect pompeux sous lequel on leur présente l'affaire et les espérances de hausse qu'on leur fait concevoir, se précipitent haletants chez leurs agents de change; s'ils sont de la province, ils expédient des ordres télégraphiques d'acheter vite et au mieux. Deux jours après, le titre a changé de main. Le tour est bâclé ! Les actions baissent, baissent toujours! On s'aperçoit trop tard que tous les renseignements merveilleux n'étaient qu'un appât perfide. Damnation sur le vendeur! mais ce bon public continuera encore de croire à l'infaillibilité de son journal. Il est vrai que la farce une fois jouée, le bulletiniste ne manque pas de parler des manœuvres tentées par de petits spéculateurs — autres dindons — pour écraser la valeur, de l'absence de numéraire, d'une abondance subite de titres, que sais-je! de l'influence atmosphérique, de la baisse à Londres, à Francfort, au Kamschatka !...

Mais des conseils sincères, intelligents, consciencieux, jamais! L'abonné qui cherche le placement le plus solide et le plus productif, le père de famille qui veut faire fructifier la dot de ses enfants et dont la fortune est engagée dans les fonds publics, le détenteur qui attend un moment favorable pour réaliser ou opérer un arbitrage de titres, tout ce monde étranger aux manœuvres de la spéculation, et qui compte sur son journal pour lui en expliquer clairement les oscillations et lui en faire prévoir les résultats, tout ce monde honorable et sacré, est entortillé indignement. Ignorant l'absorption absolue de la presse par la féodalité financière et par conséquent le compérage forcé des bulletinistes, tous ces esclaves, comme les appelait un célèbre banquier, ils constituent autant d'épaves de l'échafaudage de ces fortunes aussi rapides que scandaleuses.

Nos modernes célébrités de la finance considèrent la

fortune publique comme une proie qui leur est dévolue, la presse comme un instrument naturel d'exploitation, le journaliste comme un manœuvre à tant la ligne. Ainsi que l'a dit un de nos plus spirituels économistes, le financier, quand il lance une affaire, n'a toujours pour mobile qu'un *ardent amour de l'humanité*. Sitôt qu'il a obtenu une concession, jaloux d'en rendre les produits accessibles à chaque membre de ce public qu'il aime tant, il forme une société à laquelle il vend, moyennant un nombre important d'actions et un prélèvement perpétuel sur le produit net avant toute répartition aux actionnaires, son droit de construire et d'exploiter un canal, un chemin de fer, dans l'intérêt du commerce. Et l'eau continue d'aller à la rivière! Ces concessions sont toujours accordées à quelques banquiers privilégiés. Des centaines de mille francs de pots-de-vin, ne coûtent pas cher à ces messieurs, quand il s'agit de récolter des millions.

Grâce à la connivence des journalistes, ces actions gagnent, en quelques jours, 25 pour 100 de capital. Les concessionnaires, les banquiers de l'affaire, réalisent vite, pendant les coups de tam-tam de la presse, puis on laisse la valeur livrée à sa propre impulsion, et alors, gare à la dégringolade!

Il y a donc nécessité pressante de moraliser et d'émanciper la presse financière. Nous blâmons moins ceux qui tiennent la plume que ceux qui l'exploitent. Cette presse-là a causé un tort immense à la presse politique et littéraire; elle l'a envahie et asservie; elle l'a dominée, rétrécie matériellement et moralement, avec sa quatrième page d'annonces. La réclame omnicolore a débordé sur toutes les faces du journal. Quand verrons-nous la presse politique et littéraire rompre avec la presse financière, renier ses offrandes? Quand verrons-nous celle-ci, délivrée de la féodalité de l'argent, servir librement les intérêts particuliers et généraux de la nation? Les tourniquets de la Bourse sont supprimés. L'on signe! Ces maudits tourniquets! qui sait s'ils ne s'opposaient pas à la vertueuse régénération de la coulisse! Peut-être la morale rentrera-t-elle un jour, avec la liberté, dans le temple grec!

Le *Conseiller* se donne tantôt vingt-neuf ans, tantôt quatre ans d'existence.

La *blague* n'attend pas le nombre des années.

P. S. — Ceci était écrit en janvier 1861. Et cependant, nous n'avons pas la science prophétique des *bulletinistes!* La cour de Douai, en acquittant M. Mirès, ce spéculateur que la spéculation a voulu offrir en sacrifice pour l'apaisement de la loi et de l'opinion, a porté le coup de grâce au journalisme boursicotier.

DESSUS DU PANIER DES BULLETINISTES, 1862.

Presse. — M. Mortimer d'Ocagne, — successeur de M. Lauvray, qui a été longtemps le premier des bulletinistes, probablement parce qu'il excellait dans l'art de prophétiser comme Mathieu Laensberg. M. Lauvray, qui ne mettait jamais qu'un morceau de sucre dans son gloria du matin, en économiste distingué, afin de mettre le second dans sa poche, a légué sa science augurale à M. Mortimer, une des belles âmes de la finance. — Chevalier des Saints-Lazare et Maurice, tout comme le petit Jules Mahias.

Opinion nationale. — M. Edmond Pelletier, — collaborateur de M. Amail, l'ancien infortuné directeur de l'infortunée Caisse des Actionnaires, qui s'est arrangé avec l'*Opinion nationale* pour la possession et la direction absolue de la partie financière de ce journal.

Siècle.— M. Rousset, — se tient invariablement, tous les jours, de midi à trois heures, cramponné à la barre de la corbeille des agents de change. Rédige, après la Bourse, un petit compte rendu incolore qu'on lit à peine, bien qu'il soit en tête du journal. Ex-ami intime de M. Mirès, — en train de devenir celui du *Crédit mobilier*.

Monde. — M. Crampon. — Jésuite au physique : yeux jaunes, cheveux jaunes, teint jaune, tout jaune; au moral, rageur en diable. Garçon spirituel, économiste financier des plus distingués. A fait contre le *Crédit mobilier* le serment d'Annibal.

Patrie. — M. Lorembert, — bulletiniste nul.

Constitutionnel. — M. Paradis, — *idem*.

Semaine financière (journal financier hebdomadaire). — M. Forcade, — homme instruit dans la matière, traitant les questions financières à un point de vue assez élevé pour se faire regarder par les spéculateurs comme un conseiller d'importance.

Journal des chemins de fer. — N'existe plus que de nom depuis l'écroulement de la maison Mirès.

Débats. — M. Jules Paton. — Fréquente le *Crédit mobilier*, dirige la Société immobilière des boulevards du Temple, gère la machine Pascal et administre une compagnie d'arrosement de la haute Italie.

Charivari. — M. Zabban. — On dirait vraiment que M. Caraguel lui fait ses bulletins quand ils ont de l'esprit. M. Zabban en emporte tous les lundis à la Bourse des paquets qu'il distribue d'un air de triomphe. Il a fait longtemps la guerre au *Crédit mobilier*, qu'il idolâtre aujourd'hui, son bulletin en fait foi ! Encore un chevalier du Piémont !

DESSOUS DU PANIER.

Oh! non ; je ne veux pas remuer le dessous du panier des bulletinistes! Oh ! non! non!

LE MONDE FANTASTIQUE ILLUSTRÉ

ROMANS ET CONTES FANTASTIQUES, LÉGENDES, VOYAGES IMAGINAIRES, CHRONIQUES POPULAIRES, COURRIER DIABOLIQUE.

N° 1. — Février 1860. — Paris, 2 fr. 50. — Le numéro, 5 centimes. — Hebdomadaire.

Directeur : Léon Beauvallet. — *Collaborateurs :* Marc Leprévost, Albert Blanquet, Eugène Furpille, du *Tintamarre ;* Louis Guibert. — *Dessinateur :* Belin.

A quel public s'adresse donc M. Beauvallet, pour oser racoler dans un journal ces grossières légendes de sorcières, de gitanas, de princes à la trompe, de reines palmipèdes, de fées Carabosses, de cœurs braisés aux carottes de l'Amour, de pieds de Lucifer à la poulette, de crânes de damnés à la vinaigrette, de djins, de larves, de nonnes sanglantes, de revenants faméliques! Tout cela ne vaut même pas la chronique la plus moisie du comte de Viel-Castel ou du baron Stock.

M. Léon Beauvallet fait vraiment de la diablerie à bon marché! Sa science du diable n'a pas grand fond, et pas grand luxe. Ne se pâme-t-il pas d'admiration devant le *Pied de mouton* de la Porte Saint-Martin! devant le *Pied de mouton,* qui a fait pendant six mois les délices et l'abrutissement de la moitié de Paris! Devant ce *Pied de mouton,* qui a composé pendant cent quatre-vingts jours toute la nourriture intellectuelle de la démocratie des marchands de vin, des gargotiers et des épiciers, avec les articles du *Siècle!* devant ce *Pied de mouton*, qui a autant mis l'esprit bourgeois sur le gril que la révolution d'Italie! De ce succès d'abattis arrangés par le sieur Cogniard, M. Beauvallet conclut que tout est pour le mieux dans le monde théâtral, que la poésie revient, que l'art ressuscite, que la littérature est en pleine convalescence, que l'école dramatique est en progrès et en honneur.

En effet, quels symptômes de régénération littéraire que le *Fils du Diable*, les *Pilules du Diable*, le *Juif errant*, *Ce qui plaît aux femmes*, la *Poule aux œufs d'or!* Dans toutes ces pièces à clowns, à poupées, à maillots, à ballets, quel idéal! quel enchantement et quelle fraîche leçon d'amour et de gaieté, dans ces écœurantes soirées de la *Dame aux camellias*, des *Filles de marbre*, du *Fils naturel!*

Sans doute je ne refuse pas toutes les tendresses de mon regard au mélodrame-féerie; je crois volontiers aux magiques entrechats de mademoiselle Carlotta de Vechi, de mademoiselle Virginie Magny. A l'occasion je me laisserais ensorceler par mademoiselle Nelly, enlever sur le Brocken par Céline Montaland, conter fleurettes par la fée Primevère, mademoiselle Philippe, brûler vif par mademoiselle Fréval, ou bien encore par mademoiselle Darty; damner et torturer sans remords par tout cet escadron de nymphes, de naïades, de bacchantes qui se trémoussent avec des éblouissements et des fièvres, au-dessus de la musique à six-huit d'Amédée Artus. Mais ce n'est pas là, n'en déplaise aux machinistes et à M. Beauvallet, qu'on trouve le plus de prodiges et de drôleries. En ce moment, ce qu'il y a de plus fantastique au monde, c'est assurément M. Léonor Havin parlant au nom de la liberté, ou M. Paulin Limayrac parlant au nom de l'autorité et de la foi en politique!

PARIS AU JOUR LE JOUR

1re livraison. — 5 février 1860. — La livraison, 1 fr. — Aux bureaux du journal le *Figaro*, 21, boulevard Montmartre.

Rédacteurs-consorts : Pierre et Jean (MM. Albéric Second et de Villemessant).

Cette brillante association avait imaginé de relier au bout de chaque mois, en un petit volume jaune, les anecdotes servies dans *le Figaro* pendant cet exercice de trente jours. Cette littérature aux fines épices devait, d'après M. de Villemessant, ragaillardir les catalogues de la Librairie nouvelle, et constituer le premier fonds d'une bibliothèque à l'usage de la flânerie parisienne. Le premier volume fut tiré à un assez joli nombre d'exemplaires, à dix mille! Mais les Athéniens du café des *Variétés* et du café *Riche* n'ayant pas redemandé avec fureur de cette primeur réchauffée, M. de Villemessant s'empressa de renoncer à la gloire dispendieuse de ces petits volumes et se contenta d'éditer *Paris au jour le jour* dans *le Figaro*.

Le Figaro est toujours le journal qui fait loi dans le petit monde des lettres. Depuis deux ans, il n'est ni vieilli ni rajeuni. Il n'y a aucun changement dans ses procédés, aucune hausse dans ses doctrines. Le mercredi et le samedi, on le demande avec une sévère régularité dans les estaminets, et on se le repasse, comme *le Siècle*, avec ni plus ni moins de plaisir. Comme boutique, *le Figaro* ressemble au journal des *Pompes funèbres de la démocratie*. La tête du patron y est l'objet de vénérations particulières. Une cohue de courtisans, articulés comme des polichinelles de deux sous, attend au passage le grand homme. Le *Figaro* est le moniteur de l'esprit français, au même titre que *le Siècle* est le moniteur de la Liberté. Ces deux organes sont antipathiques l'un à l'autre, et cependant ils entendent à peu près pareillement la mission de la critique et la dignité de l'écrivain.

Au *Figaro* comme au *Siècle*, il faut vaincre ou mourir : c'est-à-dire il faut servir victorieusement la politique du journal ou prendre la porte. Tout est rapporté ici et là, plus ou moins ostensiblement, à la plus grande gloire du grand chef. Sans doute M. de Villemessant continue royalement à tendre ses colonnes à la jeune et harmonieuse littérature. Il n'est pas de signes charmants qu'il ne lui adresse pour l'attirer sur le perchoir. Mais, pour un merle ou un rossignol qui s'y risque par hasard, que de gros-becs y prolongent leurs sérénades !

M. de Villemessant a poussé jusqu'à la plus haute puissance l'art d'extraire pour son journal tout ce que ses collaborateurs possèdent de talent prime-sautier. Personne ne sait mieux que lui tâter et vider un homme de lettres qui s'abandonne à sa blague aspirante. C'est une pitié de voir sortir du *Figaro* celui que M. de Villemessant a soumis à ce régime d'extraction.

« Et tous les hommes de lettres que j'ai tirés de la crotte et de l'oubli, va s'écrier M. de Villemessant, que j'ai mis en relief et lancés sur le chemin du succès, les comptez-vous pour des victimes du *Figaro*? »

Mais, où sont-ils donc, cher confrère, ces émancipés par votre *motu proprio*? Nommez-les, ces esclaves devenus maîtres grâce à vous ! passons-les en revue, s'il vous plait, ces menus écrivains à qui vous prétendez avoir donné une forme et une âme! Par hasard, vous féliciteriez-vous d'avoir abrité les alinéas souffreteux de MM. Delvau, Lemercier de Neuville et du pauvre petit Jules Prével? Hélas! auriez-vous l'orgueil d'avoir fait une riche trouvaille dans le jeune Wolf, ce ténor de la chapelle du *Charivari?* Verriez-vous dans votre journal le conservatoire de la science et de la noblesse des lettres, et une autre école normale de l'esprit français? Non, monsieur, vous n'avez rien émancipé, rien ennobli, rien sauvé dans toute cette infirme section de la littérature, et je parie que vous êtes de mon avis, au fond de votre large conscience d'éclectique. Du reste il y a des hommes de lettres qu'on ne doit pas sauver. Le dogme de la rédemption et de la grâce n'a pas été inventé pour tous les esclaves. Dieu merci!

Le Figaro a deux existences, l'une d'hiver, l'autre d'été. M. de Villemessant règne en hiver, M. Bourdin règne en été. Quand M. de Villemessant a poussé trop loin l'amour du bon mot et de la raillerie agressive, il abdique entre les mains de Bourdin. Le gendre, il faut l'avouer, n'a pas le plus beau lot de l'affaire; on sait qu'il est doux, avenant, ami de la paix et du repos, et l'on en profite pour lui insinuer de la copie à la Flan ou à la Blum. Villemessant une fois parti à Chambon ou à Cabour, tous les mauvais articliers qu'il a bousculés, montent à l'assaut du cœur de Bourdin. Bourdin, qui est un homme de beaucoup de mémoire et d'esprit, s'aperçoit clairement de l'invasion des *ours*, mais, comme il aime beaucoup le repos et qu'il tient à ne pas faire la culbute avec le journal confié à son coup d'œil, il se laisse tendrement débiter des proses incolores et lymphatiques. Et voilà pourquoi, pendant presque toute la belle saison, *le Figaro* ne vaut pas le diable. Durant cette longue diète d'esprit, on ne découvre dans ses bureaux que la vanité errante et replète du sieur Seguy, qui se regarde sans cesse aux bottes et au ventre, et qui est bien capable de devenir un jour directeur-propriétaire du *Figaro*, le gaillard!

Ah! *Figaro!* moniteur officiel du pavillon d'Armenonville et de la photographie Disdéri, idole des piliers d'estaminet, terreur des cabotins, incroyable contempteur d'Edmond About, dernier espoir de la monarchie de François II et du droit divin, à toi le pompon des batailles à grand éclat d'impertinences et de reculades! Tu es toujours bien monté en artificiers de la langue, en rédacteurs à ressort. Mais cela ne suffit point. Fais-nous donc rire! *Figaro*, en ligne l'esprit et la gaieté! Rire! mais c'est un des dogmes modernes! Savoir et pouvoir rire! c'est une autre révélation de la force, c'est le rayon qui couronne la souveraineté, c'est l'auréole superbe de l'intelligence et de la foi. On ne rit plus, on ne sait plus rire dans nos démocraties, parce qu'elles n'ont conservé que les foyers éteints de la foi et de la puissance. Où est-elle donc, la déesse Ironie? où est-il, le rire conservateur ou révolutionnaire de la France? Au *Tintamarre*, au *Diogène*, au *Boulevard*? Jaune! jaune! tout ce monde-là. Eh quoi! nous avons défoncé la Chine, nous avons donné des coups de pieds aux portes du soleil, et il ne nous reviendra seulement pas de ces pays fantastiques un petit dieu jovial. Les jolis progrès et les belles victoires, si nous ne savons plus rire!

Voyons, *Figaro*, tu as encore de radieux et sympathiques talents à ton service. Tu as Monselet et Albéric Second. Jette-leur de l'or par-dessus la tête, à ces prodigues, et il te rendront des diamants. Que nous montres-tu là, pour nous faire rire et personnifier le dieu de la joie?

M. Aurélien Scholl, et son esprit éternellement bordelais? Comment! c'est tout ce qui te reste de riante et divine jeunesse? M. Scholl! voilà l'écrivain, le satirique, le fantaisiste, le professeur d'esprit assermenté que tu délègues à l'héritage de Jules Noriac, de Suzanne, de Colombine, du vicomte de Quevilly! Mais Carjat est plus fort et plus joyeux. Mais j'aime mieux Jean Rousseau. *Figaro*, rends-nous Jean Rousseau! Que devient donc ce rieur acharné et ce collaborateur à toute épreuve? Parti, mon Dieu! Encore une fidélité qui t'échappe! *Figaro*, mon pauvre *Figaro*, encore un peu de copie comme celle de M. Chavette ou de M. Siebeker, et tu n'auras plus rien à envier au *Boulevard*, ce champ d'asile des romantiques éreintés et des croque-morts du journalisme.

Les temps sont durs pour la presse. C'est vrai. La direction d'un journal comme *le Figaro* ne doit pas être une mince opération de goût, d'habileté, d'intelligence et d'audace. C'est encore vrai. Mais en vérité, où en sont aujourd'hui les destins et les œuvres du journal exploité par M. de Villemessant? La critique y est représentée par M. Jouvin qui lèche continuellement les hauts de chausses de M. Louis Veuillot! La grâce spirituelle, par M. Wolf, un écho! La noblesse littéraire, par M. Arlequin-Delvau! La religion par M. Jacquot de Mirecourt!...

EL MUNDO ILUSTRADO

PERIODICO SEMANAL

1º Año. — Nº 1. — 6 febrero de 1860. — Madrid, un año, 120 Rs. — Provincias, 130 Rs. — Un número suelto, 5 reales. — Paris, Redaccion, calle de Bréda, 15.

Director del Mundo ilustrado : Señor A. Bourdilliat. -

Redactores : Señores Carlos Monselet, Jules Lecomte, Mac Vernoll, Leo de Bernard, Carlos Yriarte, Léonce Annibaldi, Carlos Potey (auteur de la *Poteyade*, épopée en vers réali*ch*tes), Luis René, Hippolyte Lucas, Petit y Trinquart, Petit-Jean, A. Laplace, Louis René, A. de la Salle, Maxime Vauvert, Beckmann, etc., etc.

El Mundo ilustrado est la traduction espagnole du *Monde illustré*. Même texte, mêmes gravures, mêmes rédacteurs, même esprit. Le prénom seul change. Monselet est toujours Monselet, mais Charles se prononce Carlos; et, y; monsieur, señor ou caballero, au choix du lecteur fantaisiste.

Que d'écrivains français gagneraient à être lus dans une langue étrangère !

LA TRIBUNE LYRIQUE POPULAIRE

N° 1. — 1er février 1860. — Publication de la librairie Vannier. — Recueil de petits vers insupportables au goût et à la lecture.

EL ESPAÑOL

PERIODICO INTERNATIONAL

N° 1. — 2 enero de 1860. — 72 fr. par an. — Paraissant six fois par semaine, 10, boulevard Montmartre.

GRANDS HOMMES ET GRANDES CHOSES

NOTICES SCIENTIFIQUES SUR LES INVENTIONS ET DÉCOUVERTES MODERNES ET SUR LEURS AUTEURS

1re livraison. — 12 février 1860. — In-8° de seize pages.

— 10 centimes la livraison. — 58 livraisons par an. — Librairie Lacroix et Baudry.

Directeur et seul rédacteur : M. Victor Meunier, rédacteur du feuilleton scientifique de *l'Opinion* dite *nationale.*

SPORT NAUTIQUE — FRANCE NAUTIQUE
JOURNAL DES RÉGATES — GAZETTE DES PLAISIRS

FÊTES, PLAISIRS, RÉGATES, NATATION, CHASSE, PÊCHE, ESCRIME, PATINS, BAINS DE MER, EAUX MINÉRALES, VOYAGES, SALONS, VILLÉGIATURE, THÉÂTRES, BALS, CONCERTS, COMMERCE ET INDUSTRIE.

N° 1. — 5 février 1860. — Paris, un an, 12 fr. — Départements, 15 fr. — Étranger, le port en plus.— Annonces, par ligne, 50 c. — 50 c. le numéro.

Directeur-rédacteur en chef: F. Bracke. — *Collaborateurs parisiens :* Glorieux, Vulpian, Gilbert Viard, Flan, Boyé (Est-ce que ce dernier est le même astèque qui exporte ses chroniques parisiennes dans *la Publicité* de Marseille?...), Bertrand, Remy Anquetin, More, Carré, Th. Varin, Renard, P. Bernallin, Ronce, Ch. Eck, Rousseau, négociant-armateur, Draner, Bousquet, Eric, Monnier, etc., etc., tous plus ou moins connus dans le Jockey-Club, le canotage, les théâtres et la littérature.

Les *collaborateurs provinciaux* sont les présidents, secrétaires ou membres des différents cercles ou sociétés de plaisir ou de canotage.

Ces quatre titres : *Sport nautique, France nautique, Journal des Régates, Gazette des Plaisirs,* sont les couvre-chefs bigarrés d'un seul et même journal. Plus on a de titres dans ce monde, et plus on nage!

La profession de foi nautique de M. Bracke débute par cette épigraphe : Depuis longtemps le besoin se faisait généralement sentir d'un organe du canotage, en France!!! et il nous brode sur cette phrase les plus ingénieuses réflexions. M. Bracke a approfondi l'art du canotage. Il en connaît les mystères, les grandeurs et les décadences. Il distance singulièrement, comme théoricien et praticien, Robinson Crusoé. « Arrière, s'écrie-t-il dans son premier numéro, ces nautonniers sans expérience aucune, qui, après déjeuner ou dîner, n'ont d'autre but que de faire d'innocentes promenades sur l'eau! » Innocentes! M. Bracke, en êtes-vous bien sûr? Les gazons et les bosquets de l'île Saint-Ouen ont été témoins de bien d'autres ébats que ceux de l'aviron. Arrière, continue M. Bracke, les embarcations paresseuses! A bas l'aviron! Vive le canotage à la voile! Celui-ci est appelé à régénérer les mœurs, à retremper les cœurs, à introduire de nouveaux éléments d'ordre en France! Dans ce canotage-là est la vertu, la propreté, la grâce. Sus aux sales marins de Saint-Denis et de Bercy! Relevons les destinées du canotage! Chantons le vrai canotier! La France se sauvera surtout par le canotage! Les canotiers sont à tous les degrés de l'échelle sociale : ouvriers, commerçants, employés, soldats, artistes, rentiers, grands seigneurs, gens en hautes places, ministres, canotiers et nageurs L'amour du canotage a franchi souvent les barrières du Louvre. Les rois et les empereurs ne s'en défendent pas. Ils en ont souvent grand besoin. Louis Philippe a canoté, hélas! Garibaldi canote! Léon Gatayes, Alphonse Karr, canotiers! Marc Fournier, le directeur du théâtre de la Porte-Saint-Martin, canote à Port-Creteil et dans les *Nuits de la Seine.* Édouard de Corbière, neveu de l'ancien ministre, Bisson frères, Geraldy, Tamburini, Louis Desnoyers, Charles Matharel de Fiennes, Ernest Delessert, Émile Augier, Alexandre Dumas père et fils,

A. Maquet, Ch. Basset, le comte de Pontécoulant, Célestin Nanteuil, Nadar, Goupil, Vivier, Ségalas, les frères Péreire, MM. Aguado, Roger de l'Opéra, les ex-frères Escudier, Merante, Francis Wey, Sandeau, Ambroise Thomas, les frères Cogniard, Joseph Hubert de l'Orphéon, Tilmant, Eugène Fould, MM. Baroche, Marc de Brizet, le comte de Nieuwerkerke, le comte d'Hautpoul, les princes Murat, MM. Clary, M. le marquis de Chabannais, de Pontalba, de Sancy, de Parabère, le baron Séguier de l'Institut, le duc de Vicence, le prince de Chimay, Désirabode, Durandeau, et une foule d'autres personnages, petits et grands, se livrent aux vigoureux plaisirs du canotage. M. Guizot canote et nage. Le comte de Raousset-Boulbon a trop canoté! De Villemessant, à Auteuil, a monté pendant longtemps le canot la *Blanche Hermine*. Ce diable d'homme s'est toujours distingué parmi les *flambards* de la légitimité. Le canotage, ajoute M. Bracke, voilà la vraie fête des vrais français!

Le croirez-vous? La passion du canotage a le privilége de transformer la vie. Elle y introduit la fantaisie et fait naître le mirage. Un canotier perfectionné par la lecture de la *France nautique* est un Conrad des rivières, un roi des ondes, du pont de Bercy au pont de Chatou. Ni le temps, ni la fatigue, ni les dangers, ni les bateaux de blanchisseuses ne l'arrêtent. Il brave les typhons de Saint-Ouen et le mistral de Saint-Maur. Il idéalise les rives de la Seine. Dans Puteaux il voit Venise; dans Asnières, Naples; dans Saint-Cloud, le Pirée; dans Suresnes, Constantinople et le Bosphore; dans le petit bleu, du vin de Malaga; dans la friture, du coucoussou; dans la guinguette, la hutte du sauvage; dans un gendarme, un naturel de l'Orénoque. Enfin, quand on lit la *Gazette des plaisirs*, Moniteur officiel du canotage, il faut bien croire que « la vie n'est qu'une pleine eau, et que nous sommes une nation de canotiers et de nageurs. »

L'idée de ce journal a été suggérée à M. Bracke par Alphonse Karr. Le rédacteur en chef du *Sport nautique* fut contrecarré, dès le premier numéro, par M. Napoléon-Désiré Saint-Albin la Gayère, propriétaire-gérant du journal *le Sport*. Par l'organe officiel de messire Jean-Baptiste Dablin, huissier audiencier, ledit Saint-Albin fit signifier audit Bracke d'avoir à retrancher immédiatement de son titre de journal le mot *Sport*. Notre débonnaire confrère F. Bracke crut devoir obtempérer purement et simplement à cette sommation, malgré l'avis contraire de l'illustre auteur des *Guêpes*, qui l'engageait à soutenir le procès. M. Bracke changea donc le titre de *Sport nautique* contre celui de : LA FRANCE NAUTIQUE, *Gazette des plaisirs*, et il s'est applaudi plus tard de cette modification. *La France nautique* a prospéré et fait fortune. C'est le *Moniteur* indispensable et bien informé du canotage, des bains de mer, de la chasse sur l'eau, de la pêche, du patin : habilement et spirituellement rédigé, il tient le premier rang parmi les journaux utilitaires. Il vient de subir une nouvelle métamorphose, en s'appelant *le Turf*.

M. Bracke a été, du reste, très-bien secondé par ses collaborateurs. Les vaudevillistes ne sont pas les moins gais de cette équipe d'écrivains spéciaux. On y distinguait, sous le pseudonyme de Mathurin, le jeune Vulpian, auteur d'une cantate à l'Empereur, et auteur favori des *Delass.-Com.* Quant à M. F. Bracke, c'est l'homme par excellence de la combinaison. Intelligent, érudit, actif, entreprenant, remuant, inventif, fin connaisseur en affaires de presse, satirique au besoin, il réalise toutes les qualités d'un directeur de feuilles spéciales. Longtemps imprimeur et journaliste à Lille, où il a créé *le Messager du Nord*, *l'Abeille* lilloise, le Papillon et autres petits journaux artistiques et charivariques, il a renoncé à la popularité esquermoise pour venir collaborer à Paris, au Carillon, à la Causerie!... Oui! à la Causerie, cette feuille albespeyre de la petite presse parisienne. Un instant il se retira des affaires; mais trop jeune pour se contempler le nombril, il se remit au journalisme, en amateur (oh! que j'aime ce mot!), dirigeant au point de vue commercial et industriel quelques courtiers d'annonces pour les publications qu'il avait affermées. Fermier du Journal pour rire, il fait paraître tous les ans un magnifique album de caricatures parisiennes, dessinées par Nadar. Aujourd'hui membre honoraire de l'Institut historique de Londres et de vingt-deux sociétés de régates de France, il publie les Annales du canotage. Le 15 mars 1855, Robert Houdin fit sur le nom de notre confrère ce quatrain :

> Qu'un malheureux dont l'esprit se détraque
> Porte le nom d'un fou, c'est juste, assurément.
> Mais un homme d'esprit, actif, intelligent,
> Peut-il jamais se nommer Braque?...

LES MYSTÈRES DE LA COUR DE ROME

La livraison avec gravures : 5 centimes. — Édition de luxe. — Gustave Havard, éditeur, 19, boulevard de Sébastopol.

M. Havard délaye en livraisons, pour les besoins de sa clientèle de titis voltairiens, les œuvres déclamatoires de M. Eugène Briffault. On prendrait sa boutique pour une succursale du Siècle.

L'AVENIR COMMERCIAL

JOURNAL DE LA LIBERTÉ DU COMMERCE, DE L'INDUSTRIE ET DU CRÉDIT

N° 1. — Février 1860. — Paris : 20 fr. — Hebdomadaire. — 8, boulevard Montmartre.

Rédacteur en chef gérant : T. N. Benard. — *Collaborateurs :* L. Coulon, V. Champhol, P. Boulay, de Félice, Victor Borie.

La liberté du crédit !... Certes ! s'il y a une liberté à prêcher ce n'est pas celle-là. Elle est inscrite en assez grosses lettres dans la déclaration des droits d'Orgon. Quand est-ce donc que la liberté du crédit a été plus tyrannique et plus impudente que de nos jours ? Est-ce que le créancier, le propriétaire, le banquier ne sont pas armé contre leur débiteur de toutes les libertés et de toutes les licences ? Est-ce que M. Benard, le rédacteur en chef de l'*Avenir commercial*, n'est pas de l'école économique de M. Havin, de cette école pseudo-libérale qui contrefait tous les jours, à soixante mille exemplaires, les immortels principes de 89 ?

J'ai lu dans l'*Avenir commercial* deux articles, l'un sur les chiffons, l'autre sur M. Alexandre Weill. Avec la pudeur démocratique qui distingue M. Havin, M. Victor Borie, un savant qui pourrait se passer d'imiter les pompeuses austérités du directeur politique du *Siècle*, voit dans l'accaparement du chiffon français par la papeterie britannique, la ruine définitive du roman-feuilleton. En effet, les livres de science, les livres classiques se vendent très-cher. Le bon marché du papier, dit-il, ne concerne que les romans en livraisons et en volumes. Quand l'Angleterre, en doublant ses prix d'achat, enlèvera à la barbe des papetiers et des éditeurs français la presque totalité du chiffon national, que deviendra l'industrie des Ponson du Terrail, des Paul Féval, et de tous ces journaux de la semaine à un sou le tas? Quelle débâcle pour le volume à un franc! Et comme la démocratie élevée dans les doctrines religieuses du *Siècle*, doit grandir en vertu et en beauté!

Maintenant que vous connaissez les opinions de *l'Avenir* sur le chiffon, savez-vous quel est le pays qui en fait la plus considérable exportation et celui qui en fait la plus énorme consommation? L'Italie est la nation qui fournit le plus de guenilles au monde, et la confédération américaine est le noble peuple qui les a accaparées jusqu'à ce jour. D'après le *Moniteur*, la libre Amérique emploie tous les ans 185,465,001 kilogrammes de chiffons. En dix années, de 1846 à 1856, l'Italie en a livré à la patrie de Washington 148,500,155 livres, tandis que tous les autres pays réunis n'ont pu en exporter que 206,671,954 livres. Mais le prix de la livre a sensiblement diminué. Économistes, attention à cette baisse! Nous en avons assez sans celle-là. L'industrie du chiffon intéresse trop de monde pour qu'on ne la protége pas spécialement. Que de personnes ruinées dans leur seul avoir, si elles ne pouvaient plus négocier fructueusement leurs vieilles nippes. Songez, ô gouvernements, à cet autre problème du chiffon, au morceau de pain représenté souvent par la vieille robe de soie. Quant à l'Italie, qui fournit plus de chiffons aux États-Unis que tous les autres peuples, cette fécondité-là n'a rien d'étonnant. Les ordres mendiants y font largement marcher le commerce. Généreuse Amérique, que ne débarrasses-tu l'Europe de tous ses chiffons!

Il y a dans *l'Avenir commercial* un sieur Coulon qui entreprend à forfait des *Causeries économiques*, où il cherche à démontrer que M. Vautour a le droit d'élever le prix de ses loyers à mesure que la demande de location s'accroît ! Ce concierge déguisé en littérateur traite de mauvais petit brochurier l'auteur de *Paris inhabitable*, M. Alexandre Weill, un de nos braves et laborieux confrères, un écrivain qui réunit la logique et la science à une puissante originalité de style. Le Coulon en question a des manières de raisonner qui ont dû lui coûter de profondes études.

L'opinion de Coulon suffit à Coulon. Comment, dit-il à Alexandre Weill, vous ne m'avez pas consulté, moi Coulon, avant de causer économie, avant de lancer vos épîtres incendiaires à la propriété ! Mais je vous trouve osé, risible, incroyable, absurde ! Mais toute la presse parisienne, qui vous a applaudi, est une sotte, une impudente, une drôlesse bonne à fouetter. Je vais vous apprendre ce que c'est que la logique et l'autorité de Coulon. Ah ! monsieur le grand critique, vous allez me payer cher le succès de vos brochures contre la sainte et indivisible propriété, c'est Coulon qui vous le jure ! Quoi ! vous prétendez, vous affirmez que Paris est inhabitable, vous demandez au gouvernement d'intervenir en faveur des locataires et de réglementer les loyers ? Farceur, n'avez-vous donc pas lu les chiffres publiés par le préfet de police, desquels il appert qu'il y a à Paris 94,000 appartements à louer ? Oserez-vous donc redire que Paris est inhabitable ? Entendez-vous ? 94,000 petits bijoux d'appartements vides ! Mon Dieu ! que la démocratie est donc difficile à contenter ! On lui a bâti des niches de toutes les dimensions, à deux, trois, quatre, six tiroirs, c'est-à-dire six pièces, à deux, trois, quatre, six mille francs; on lui a donné des portiers habillés et éduqués comme des intendants, on a éclairé au gaz ses escaliers, et elle se plaint de tant de commodités ! Moi Coulon, causeur économique de *l'Avenir commercial*, je déclare que vous êtes un affreux pamphlétaire, monsieur Weill, et que les propriétaires sont les martyrs de leur profession. — M. Havin parlant au Pape n'est pas plus dédaigneux que ce M. Coulon!

LÉGENDES POPULAIRES

RÉCITS ILLUSTRÉS DE TOUTES LES HISTOIRES CURIEUSES QUI SONT RESTÉES DANS LE SOUVENIR DES PEUPLES

1re livraison. — Février 1860. — Chaque légende se vend séparément. — Prix : 50 centimes la livraison. — Brochure grand in-8°. — Bureaux, rue de Grenelle-Saint-Honoré, 14. — *Éditeur :* Gabriel de Gonet. — Dessins par Célestin Nanteuil.

M. Gabriel de Gonet, éditeur du docteur Véron, tient aussi la *Brasserie des Fleurs* à la porte du cimetière Montmartre.

Je ne sais pas trop jusqu'à quel point cette publication peut contribuer à l'éducation des peuples. Elle me paraît rédigée dans un sens peu favorable à la vérité historique et philosophique. Cependant elle piquera la curiosité des portières. Les légendes qui ont déjà paru sont : la *Pie voleuse*, *Héloïse et Abeilard*, *Geneviève de Paris*, *Robert le Diable*, *Cagliostro*, *Mandrin*, *l'Homme au masque de fer*, *Latude*, *le Juif errant*, *Geneviève de Brabant*, *le Parc aux Cerfs*, la *Tentation de saint Antoine*, le *Roi d'Yvetot*, *Matthieu Lænsberg*, *Surcouf*, *Naufrage de la Méduse*, les *Quatre Fils Aymon*, *Robin des Bois*, le *Vampire*, *Jeanne d'Arc*, le *Miracle de saint Janvier*, *Barbe bleue*.

Légendes à préparer : les *Incarnations de M. Paulin Limayrac*, les *Visions de M. Delamarre*, *Dréolle-errant*, *Guéroult-Lænsberg*.

LE MONDE

N° 1. — 18 février 1860. — 60 fr. par an. — 13, rue de Grenelle-Saint-Germain.

M. COQUILLE. — Allez-vous quelquefois au café Procope ? Oui. Alors vous avez dû y discerner un homme atteint de la cinquantaine, aux cheveux grisonnants, à la barbe inculte, à l'œil doux et fier, vêtu sans aucun style, ayant la mise et les déhanchements d'un écrivain public ou d'un septième clerc d'huissier, pourvu d'une couche abondante et symbolique de graisse sur le collet de sa redingote, et d'un inappréciable morceau de cotonnade enroulé autour du cou en guise de cravate ? C'est M. Coquille, avocat, principal rédacteur du *Monde*. Depuis le 1ᵉʳ janvier jusqu'au 31 décembre, on peut le contempler tous les soirs, de sept à dix heures, à la même table du café Procope, à la table mémorable où s'asseyait Voltaire. C'est là qu'il combine et qu'il rédige même parfois les articles antivoltairiens qui paraîtront le lendemain dans le journal. Et l'esprit d'Arouet ne bouge pas dans le guéridon ! Quand il n'est pas au café ou aux bureaux du *Monde*, M. Coquille est enfermé dans les bibliothèques publiques. C'est un fureteur incomparable, un lecteur acharné. A défaut du style de son maître, Louis Veuillot, il possède une érudition solide et vaste, dont témoignent tous ses articles. M. Coquille se destinait à l'état ecclésiastique ; mais, la grâce ne l'ayant sans doute pas assez touché, il s'est lancé du côté du barreau. Cependant, s'il a jeté le froc aux orties, il n'a jamais pris la robe. Il n'a plaidé que trois fois dans sa vie — en paletot — tout récemment, pour défendre *le Monde* devant le tribunal de Nîmes et devant la sixième chambre, à Paris. Encore a-t-il lu ses plaidoiries. Ce n'est rien moins qu'un orateur; en revanche, c'est un journaliste, un dialecticien habile, un polémiste ardent, qui donne souvent des lignes à retordre à MM. Jourdan, Plée, de la Bédollière. Homme de beaucoup d'esprit et de relations agréables, il était généralement aimé de ses confrères de tous les partis, au temps du parlementarisme et de la tribune des journalistes.

M. Chantrel, ancien professeur de l'Université, licencié ès lettres, 38 ans. Il a débuté à *l'Univers* par des comptes rendus de l'Académie des sciences, assez remarqués; ensuite il y a traité les questions étrangères, et, depuis la suppression de *l'Univers*, il rédige dans *le Monde* le bulletin politique, de pair avec M. Coquille.

M. Eugène Taconnet, fabricant d'équipements militaires, est le principal propriétaire du *Monde*. A l'époque de la guerre de Crimée, il a eu l'adjudication des fournitures aux troupes de terre. C'est un brave homme, fort peu lettré, mais bien autant que M. Jules Mahias; c'est un honnête commerçant qui signe depuis quelque temps un grand nombre d'articles, et qui doit être quelque peu étonné de se voir métamorphosé, de simple bailleur de fonds qu'il était d'abord, en journaliste militant.

M. Dulac, que *le Charivari* a souvent gratifié du titre d'abbé, est complétement laïque, comme la plupart des rédacteurs du *Monde*. Seulement il a fait un court noviciat chez les oratoriens. Agé de cinquante-deux ans, il connaît à fond les pères de l'Église, et il est un des collaborateurs de *résistance*, absolument comme

M. Rupert, un ancien théatin. Est-ce que par hasard ce Rupert-ci descendrait d'un Rupert qui soutenait, avec saint Jérôme et Haimon, contre les juifs apostats, que le caractère et les traces de la circoncision étaient ineffacables? Voir, pour plus amples renseignements, l'Erotica *Biblion*, par Mirabeau. Dernière édition de 1792.

M. BARRIER, employé de la maison de commerce Taconnet; a longtemps signé le journal en qualité de gérant.

M. V. DE MAUMIGNY. Cet ancien professeur de philosophie a pour spécialité de crosser Descartes, Pascal, Kant, M. Cousin, M. Renan, de même que

M. XAVIER DE FONTAINE a le devoir quotidien d'échiner l'Angleterre, tandis que l'éreintement des États-Unis est échu à

M. DE LA ROCHE-HÉRON, ancien marchand de vins à New-York.

M. EUGÈNE DE MARGERIE, professeur de philosophie dans je ne sais quel lycée. Son lot dans *le Monde* est l'article bibliographique.

M. VENET, ancien rédacteur du *Corsaire*, entreprend aujourd'hui la critique théâtrale dans le journal de M. Veuillot. Il la tamponne de mouchoirs.

M. CLAUDIUS LAVERGNE, critique d'art audit journal, et pas plus mauvais juge que M. About, que M. *Chose* ou que M. *Machin*.

M. G. DE LATOUR (le baron), député au Corps législatif. Ses articles se distinguent surtout par leur division en strophes numérotées. Lointaine imitation de ceux de MM. de Lamartine et Granier de Cassagnac! M. de Latour a été attaché d'ambassade à Vienne. Dans *le Monde*, il est l'un des monopoliseurs de la question polonaise.

M. l'abbé CHANTÔME, ancien professeur de philosophie au grand séminaire de Langres, sous l'épiscopat de M. Parisis, professeur d'opinions ultra-républicaines, orateur des clubs les plus exaltés, en 1848. — Déporté en 1851. — Aujourd'hui rentré dans le giron de l'Église avec armes et bagages.

M. Crampon, ex-commanditaire du journal *la Silhouette* de MM. J. Noriac, Scholl et de Courcy, bulletiniste financier dans *le Monde*. — Scalpe *le Crédit mobilier*.

Parmi les collaborateurs du *Monde* figurent aussi plusieurs ecclésiastiques et religieux, notamment Dom Guéranger, bénédictin, abbé de Solesmes; l'abbé Bensa, professeur de philosophie à Pont-Levoy; l'abbé Jules Morel, l'abbé Freppel, professeur d'éloquence à la faculté de théologie; l'abbé Horay, professeur au petit séminaire de Beauvais; le R. P. Roux-Lavergne, ancien représentant du peuple, ancien démocrate, collaborateur de Buchez pour l'*Histoire parlementaire de la Révolution française*, ancien apologiste de Robespierre.

Il est à remarquer que presque tous les rédacteurs du *Monde* sont des convertis; ils ont tous été plus ou moins voltairiens, libres penseurs. En un mot, ils ont tous un peu rôti le balai.

Malgré les 5 à 6,000 souscripteurs que lui a légués l'*Univers*, *le Monde* est loin de rapporter à son propriétaire de gros bénéfices, et à ses rédacteurs de gros appointements. Pour les uns et les autres c'est donc une affaire de dévouement et de conviction. Avant même d'arriver à un chiffre très-respectable d'abonnés, le journal avait eu à traverser des moments scabreux. Ses rédacteurs étaient souvent très-enchantés quand ils pouvaient obtenir du caissier une pièce de quarante sous, et plus d'une fois ils ont dû se contenter d'une pièce de vingt sous pour leur journée. Ils ne dînaient pas tous les jours, ou, s'ils dînaient, c'était grâce à la générosité de quelques amis de la feuille religieuse qui s'entendaient pour leur offrir au moins le couvert. Même au moment du plus grand succès de M. Veuillot et de l'*Univers*, bien minimes étaient les émargements des rédacteurs. M. Louis Veuillot n'a jamais eu plus de 500 fr. par mois! Son frère et M. Coquille n'avaient que 100 ou 150 fr. Quelle différence de toute nature entre eux et MM. Limayrac et Léonor Havin, qui ont au moins le talent de se faire coter à des sommes folles par an, et qui roulent en coupé aux frais de leurs administrations! Mais aussi quel aplomb dans le style et dans le coup d'œil de MM. Limayrac et Léonor Havin!

On pourrait encore écrire en tête du *Monde*: Ici on croit! — Pourrait-on graver la même affirmation au frontispice du *Siècle* ou du *Constitutionnel*? Sans doute j'aimerais mieux voir le catholicisme défendu par d'autres armes que celles du pamphlet : mais enfin on ne peut nier le brillant exercice et les terribles progrès de la presse religieuse en ce genre. Paul-Louis Courier a des bâtards très-respectables dans les bureaux du *Monde* et du *Croisé*. On a beau nous vanter et nous recommander le journalisme pudibond et réglé, la phrase maquillée de M. Limayrac ou la phrase échassée de M. Havin, ce journalisme-là n'a jamais rien démoli ni rien édifié dans le monde. Ces littératures de tempérance n'ont pas éteint la soif de la vérité. Pour être vraiment et vaillamment journaliste, il faut avoir la foi et la passion, il faut être violent; oui! violent. Protestez tant que vous voudrez, messieurs les enfantins de la presse, amours de critiques que vous êtes! Je répète que le vrai journaliste est essentiellement agresseur, et que du moment qu'il croit, il doit et il peut être violent. C'est ce qui distingue la rédaction du *Monde*, et c'est ce qui me plaît en elle. Là, pas de cosmétiques sur les croyances, pas de faux toupets dans la phrase. La critique y marche dans toute l'ampleur de ses haines ou de ses affections. Ils y sont tous, les anciens rédacteurs de *l'Univers*, serrés les uns contre les autres, et ils sont forts parce qu'ils croient, et ils sont journalistes parce qu'ils sont passionnés et violents. Ils sont persévérants, audacieux, logiques, absolus, pleins de mépris pour ce qui attente à leurs droits et à leurs croyances. Ils ont raison. Si on ne sauve plus le monde par des miracles, on le sauvera encore moins par des évanouissements de cœur et de principes. M. Louis Veuillot seul n'est pas rentré dans cet état-major de polémistes catholiques. Cette retraite est surtout triste pour l'honneur de la langue française, que M. Veuillot maintenait haut dans ses pamphlets et que ses adversaires de droite et de gauche ravalent à tous les usages. M. Louis Veuillot, réduit au silence, fait plaisir au *Constitutionnel*, à *la Patrie* et au *Siècle*, mais il est regretté et désiré toujours par le grand parti de la liberté.

Il n'y a qu'en poésie que l'ultramontanisme n'est pas fort, mais il est peut-être violent comme rimeur. Voici un spécimen de *Marseillaise* cléricale chantée par le bataillon franco-belge de l'armée pontificale à Castelfidardo, à cette *Journée des dupes* où ont figuré bravement des habitués de la *Brasserie des Martyrs*, M. Oscar de Poli en tête. Cependant je dois dire que la même Brasserie a envoyé de fiers soldats à Garibaldi :

I

En avant, marchons, (*Bis.*)
Chasseurs du Pape, à l'avant-garde !
En avant, marchons, (*Bis.*)
Le monde nous regarde :
En avant, bataillons !

II

Car notre général,
Qui se connaît en gloire,
Nous mène à la victoire,
A la victoire comme au bal ! (A la danse, oui !)

III

En avant, marchons, etc. (*Bis.*)

IV

Et quand il sera proche,
Le moment de mourir,
Sans peur et sans reproche,
Tout chasseur le verra venir!

La dernière rime n'est pas très-opulente, mais on n'y regardait pas de si près à Castelfidardo, et ce morceau-là a bien autant de valeur poétique que les alexandrins que M. Legouvé publie dans *le Siècle*.

Conclusion : Le progrès de l'ultramontanisme a engendré la *littérature de l'engueulement*. Je la préfère à la *littérature du renfoncement*.

LE MONITEUR JUDICIAIRE

DES CHEMINS DE FER, DE LA NAVIGATION ET DES ASSURANCES

JURISPRUDENCE — FINANCES — INDUSTRIE — COMMERCE

N° 1. — 16 février 1860. — Paris, un an, 10 fr. — Étranger, 15 fr. — Paraissant le 1er et le 16 de chaque mois. — Bureaux, 69, rue de Provence.

Administrateur : M. P. Nicoullaud. — *Gérant* : A. Lépiney. — *Rédacteurs* : Ch. Woinez, J. Laurence, J. Ladimir.

Ce journal a affirmé son indépendance en déclarant qu'il n'était placé sous le patronage d'aucune compagnie. Il défend Mac-Adam et son invention!

M. P. Nicoullaud, — conseiller général de la Vienne, faisant du journalisme en hommes d'affaires. — Ancien notaire, adjudicataire de la ville pour une livraison de cinq années de pierres propres à macadamiser.

M. A. Lépiney, fondateur du *Moniteur judiciaire des chemins de fer*, intelligence sérieuse, écrivain positif, cœur d'artiste, poëte par sentiment, compositeur de musique estimé dans son salon. Il traite dans le journal toutes les questions de chemin de fer. Son initiative a décidé le docteur Véron à se lancer contre le système actuel, dans une guerre où l'ont accompagné les plaisanteries de ses grands et petits confrères, défenseurs désintéressés, comme on sait, des compagnies !

Charles Woinez, littérateur meurtri par les contre-temps du métier, auteur de *Hier et Demain*, poésies démocratiques et religieuses publiées en un volume in-8 par Paulin, en 1839 ; — de la *Chute des feuilles*, parodie méphytique qui a été insérée malicieusement dans le premier numéro du *Mouvement*, journal rédigé par le sieur Francis Lacombe ; — des *Nationales*, poésies in-18 éditées dans le bureau du *National* par Degouve-Denuncques, en 1841, satire dirigée contre le retour des idées impérialistes lors de l'entrée des cendres de Napoléon. Charles Woinez a été collaborateur du *Pilote du Calvados*, du *Havre de Caen*, du *Béranger*, du *Charivari*, où il a rédigé un éphémère courrier de la mode, rédacteur en chef du *Café* et du *Billard*, en collaboration avec Tom Cochinat, Tyrtée de la démocratie en 1848, fondateur en pleine république, de l'*Universelle*, association fraternelle pour la vente en gros et en détail, de vins, eaux-de-vie et liqueurs. Paris et la province se sont disputé sa plume. Woinez a mené une vie nomade et heurtée. Sa vertueuse fidélité aux principes de 89 lui a valu plus d'une disgrâce de la fortune. Depuis trois ans il se range à la prose inoffensive du *Moniteur judiciaire des chemins de fer*, où il vient de publier une brochure laudative sur le *Macadamisage à Paris*. Le besoin s'en faisait sentir ! !

LA GAZETTE DES AMOUREUX

JOURNAL ILLUSTRÉ DE ROMANS, DE BIOGRAPHIES, D'ACTUALITÉS
DE CHANSONS ET DE POÉSIES

N° 1. — 17 février 1860. — 5 fr. par an, 10 cent. le numéro. — 11, rue Notre-Dame-des-Victoires.

Rédacteur en chef : Max Rolland. — *Collaborateurs :* Léon Beauvallet, Lamquet, etc.

Quel joli titre, mais quelle pitoyable rédaction !... Le *Chansonnier de l'amour* n'est qu'un ignoble ménétrier qui racle sur sa mandoline les plus vieilles rengaines de l'art d'aimer. Le comte de Ségur, Dufresny, Vadé, Étienne y rechantent leurs petites saloperies. Il n'y est question que de zéphyrs, de bergers, de chaumières, de flammes, de vignes de Cythère, de raisins doux, de sylvandres, de bosquets, de bouquets, de houlettes, de brunettes, de gardes françaises, de péronnelles, de toquantes d'argent, de fins bas d'écarlate, de melons, de bichons, de madelons, de cœurs percés... Rien d'Alfred de Musset, de lord Byron, de Victor Hugo, de George Sand, du lyrisme et de l'enthousiasme !

Ah ! la Gazette des amoureux, on ne l'écrit pas avec la plume de M. Beauvallet ! on ne la donne pas à dix centimes ! on ne l'imprime pas chez Dubuisson ! La vraie Gazette des amoureux ne se rédige pas à la clarté d'un lampion fumeux, dans un bureau de journal orné de jeunes brutes.

Elle s'imprime et s'écrit avec le sang des martyrs, depuis le commencement du monde. Sa mise en page date du Paradis perdu et son premier tirage a été saisi par Jéhovah. Prométhée s'est fait donner pour elle un avertissement par Jupiter. Les ministres de Sa Majesté Olympienne l'ont poursuivie jusque sur les sommets du Caucase. Mais, quoique supprimée dans le conseil souverain des dieux, elle a reparu, plus éclatante et plus audacieuse que jamais, dans les immortelles légendes d'Haasverus, sur les cimes du Golgotha et de l'Himalaya, au siècle d'Aspasie, à l'aurore du Christ, aux orageuses épiphanies de Dante et de Michel-Ange. Comptez ses écrivains, ses actionnaires, ses muses, ses prophètes, depuis Bethléem jusqu'à Guernesey, depuis le *Décaméron* jusqu'à l'hôtel Rambouillet, depuis la *Nouvelle Héloïse* jusqu'aux *Confessions d'un enfant du siècle*. Aujourd'hui l'Amour joue à la Bourse, mais Victor Hugo chante. Les filles de Jérusalem se déguisent à la porte des églises en marchandes de patenôtres et de scapulaires, mais le Christ reçoit des pleurs plus précieux, les pleurs de la Liberté. Desdémone file des soupirs ou fume des cigarettes sur les trottoirs ou au *Casino*, mais l'Europe retentit des éloquentes réclamations des peuples ensevelis dans les protocoles de 1815. Adieu les reines de l'amour, Cléopâtre, Didon, La Vallière, Ninon, Hélène, Impéria, Marguerite, les chevaliers errants et héroïques de ces poëmes séculaires; mais le Cantique des Cantiques continue dans le temps et dans l'espace. La Gazette des amoureux, exilée du contrat social, du règne de l'égalité, du code civil, de la loi électorale, des salons de la République et de l'Empire, des soirées de madame Audouard et de la vicomtesse de Renneville, s'édite mystérieusement au fond du cœur de l'humanité. Défense à M. Prudhomme d'y toucher, défense à toutes les polices de la soumettre au timbre!

PARIS-PROGRAMME

N° 1. — Mars 1860. — in-4°. 16 pages. — Imprimerie Pilloy. — Bulletin quotidien de tout ce que Paris renferme d'utile et d'intéressant. — *Propriétaires-gérants* : Ch. Gaultier et Ch. Lamartinière. — Mort.

CHÉRUBIN
JOURNAL-PROGRAMME DES SOIRÉES MUSICALES

N° 1. — 1ᵉʳ mars 1860. — Paris, 36 fr. — Départements. 44 fr. — Bureaux, 3, rue des Bons-Enfants.
Rédacteurs en chef : John Merryful, Étienne Lousteau. — *Directeur-gérant* : Louis Durand.
Voici un extrait de la romance chantée par ce nouveau *Chérubin à l'ami lecteur* :

« ...... Le bourgeois a son journal, l'ouvrier a le sien, la cordonnerie a sa tribune, la pharmacie et la boulangerie ont leurs organes, tout le monde lit à Paris, le journal foisonne, le journal pullule, le journal obstrue la loge, les six étages et la mansarde; car il n'est pas une opinion, une spécialité, un art, un métier, une science, qui n'ait ses prophètes et ses grands prêtres. Seuls, les cafés-concerts, où se rassemblent chaque soir les dilettantes de toute condition, n'avaient aucune feuille qui prît leurs intérêts, tandis que le plus petit vaudeville est annoncé à cor et à cris par les mille voix de la presse parisienne. La sentimentale romance et la fine chansonnette qui obtiennent tous les soirs de légitimes succès n'ont d'autres échos que les quatre murs de la salle où elles sont chantées. »

Eh bien oui! vous venez remplir une lacune! c'est entendu!

Mais quoi! Des Édens du chant! ces tabagies, ces entonnoirs, ces fours, ces bains russes, où l'on sue, où l'on tousse, où l'on crache en l'honneur de la poésie et de la musique! Quoi! Des établissements d'utilité publique! ces cafés-concerts où la béotie bourgeoise applaudit et idolâtre la bête grimace, la parodie sans couleur, la chanson sans ailes! Quoi! Des dilettantes! ces nauséabondes cohues de calicots, de commis-voyageurs, de vieux polissons, de courtiers en denrées coloniales et féminines? Moi, j'appelle cela des étables et des parcs.

C'est pourtant dans ces zones torrides et pestilentielles de l'estaminet et du café chantant, entre des pots de bierre et de casse-poitrine, des jeux de bezigue et la lecture du *Siècle* et de *l'Opinion nationale*, que se passent les joyeux dimanches de la démocratie!

REVUE UNIVERSELLE
JOURNAL BI-HEBDOMADAIRE

N° 1. — 5 mars 1860. — Prix annuel : Paris et départements, 12 fr. Étranger, 16 fr. — Bureaux, 87, rue du Cherche-Midi.

Directeur-gérant : C. Martin. — *Rédacteurs* : Aug. Bianchi, F. Audier, — l'abbé Is. Mullois.

On lit en tête du 12e numéro cet *avis important* et larmoyant :

« Nous avions espéré pouvoir insérer des nouvelles officielles dans cette *Revue universelle*, mais la loi sur le *timbre* s'y oppose formellement. Prévoyant que pour ce motif nos abonnés ne seraient pas satisfaits, nous pensons bien faire d'arrêter ce journal à son début. Dès aujourd'hui donc la *Revue universelle* cesse de paraître. Ceux qui ont payé leur abonnement seront remboursés, à moins qu'ils ne préfèrent recevoir quelques-unes de nos autres publications de la *Bibliothèque des Prédicateurs*; ceux qui n'ont pas payé pourront, s'ils le veulent, nous faire parvenir 1 fr. en timbres-poste, montant du douzième de l'abonnement qui leur a été servi. »

Merci! ô mon doux Jésus! la *Revue* dite *universelle* a cessé de paraître. Merci! merci! merci! Épargnez, ô mon Dieu, à ceux qui ont payé leur abonnement à la *Revue* du sieur Martin, la fiche d'un remboursement en rengaines *des Prédicateurs!* Que votre Providence dissuade les autres clients de tout nouveau traité de commerce avec des écrivains religieux qui maudissent le *timbre impérial,* mais qui accepteraient volontiers un franc en timbres-poste! Grâces soient rendues au *Timbre!* Il nous prive d'un journal de sacristie.

ÉCHO UNIVERSEL

N° 1. — 4 mars 1860. — 5, rue le Peletier.
Vendu à l'épicier.

JOURNAL DES COUTUMES DE LA COUR DE FRANCE
ET DES COURS ÉTRANGÈRES

US ET COUTUMES DE LA COUR DE FRANCE, DEPUIS L'ORIGINE DE LA MONARCHIE JUSQU'A NOS JOURS; CAUSERIE DES SALONS; COURRIER DE LA MODE; NOUVELLES; ANECDOTES; BIOGRAPHIES; CHATEAUX HISTORIQUES DE FRANCE.

Directeur : M. le baron de Kentzinger. — Paraissant tous les dimanches, en une feuille et demie in-4°, papier jésus.

N° 1. — 10 mars 1860. — Prix de l'abonnement :
France, 20 fr. ; étranger, 25 fr. — Bureaux à Paris,
rue de Marengo, 6.

Parodie du *Journal de la Cour* du baron Brisse.

LE JUIF ERRANT
JOURNAL DE ROMANS, DE VOYAGES ET D'ILLUSTRATIONS

N° 1. — 31 mars 1860. — 5 centimes le numéro. —
Paraissant le mercredi et le samedi. — Administration,
rue Gît-le-Cœur, 10.

Éditeur : Charlieu.

DIOGÈNE
JOURNAL HEBDOMADAIRE, BIOGRAPHIQUE, SATIRIQUE, ILLUSTRÉ

N° 1. — 10 mars 1860. — Paris, un an, 15 fr. — Départements, 18 fr. — Un numéro, 30 centimes. — Bureaux, 30, rue Saint-Marc.

Rédacteur en chef : Eugène Varner. — *Collaborateurs :*
Paul Mahalin, Louis Jacquin, Ernest Adam, Ed. Grimard,
Karl Werther, Détouche, Jules Claretie, Jules Lermina,
Gardelle, Armand Gire, Émile Faure, Frédéric Verel,
Victor Koning, Jules Pelpel, Vuillot de Carteville, Henri
Couvez, Charles Valette, Alexandre Flan, Ponson du Terrail, etc.

Le *Diogène* a l'imprimerie vagabonde ! Il paraît et disparaît tantôt à Paris, tantôt à Auxerre, le plus souvent à Cambrai. Qu'est-ce qui peut donc rendre sa jeunesse, non ! sa composition si volage ? Polichinelle seul le sait. Le *Diogène* a été mis au monde pour taquiner *le Gaulois*. Voilà où en est l'opposition dans la petite presse !

M. Louveau, dit Eugène Varner, s'étant séparé du *Gaulois*, mort et enterré aujourd'hui sous la juste réprobation de la police correctionnelle, s'est cru obligé de donner le jour à un journal encore plus idiot. Du reste, je n'en voudrais la preuve que par deux procès qu'il a perdus contre MM. Markowsky et Dunan-Mousseux! N'est-ce pas que cela prouve en faveur de son intelligence? Et M. Louveau est fils d'avoué! A une noce d'inauguration qui a été donnée chez Brebant, le *Diogène* a fait son entrée dans la publicité, sous la sauvegarde des immortels principes de 89. Non, je ne ris pas! au nom de la Révolution française, on lui a prédit fortune, esprit, liberté, et le prochain héritage du *Figaro*. Mon confrère Charles Vincent lui a chanté de jolis couplets de baptême, et M. Paul Mahalin en pleurait d'attendrissement dans son assiette.

Ah! oui vraiment! vous voudriez, messieurs, ressusciter Diogène, avec son tonneau, avec sa lanterne, avec toute sa brutale et impitoyable indépendance! Vous avez un moment espéré de nous donner, pour trente centimes, le spectacle d'une critique sans frein, au milieu de nos mœurs policées, ou plutôt de la police de nos mœurs! Qui êtes-vous donc? D'où sortez-vous? Comment vous a-t-on élevés? Cette jeunesse! elle n'a pas encore la figure débarbouillée des aigreurs du berceau qu'elle se met du Rabelais, du Triboulet, du Voltaire et du Spinosa sur le cœur. Elle doute déjà doctoralement de Dieu et de tous les miracles, et vous la voyez s'enthousiasmer de ridicules et absurdes résurrections. Mais le cynisme, mes chers petits messieurs, n'est plus ce que vous pensez et ce que vous cherchez à faire revivre. Le cynisme se gante, s'habille, se farde, se parfume, a des laquais, des équipages, des fournisseurs, et même des journalistes distingués à son service. Le cynisme a le langage fleuri et même aristocratique, l'œil limpide et superbe, la main constellée. Le cynisme a aujourd'hui du savoir-vivre, des principes, de l'ordre, du crédit. Votre *Diogène* n'est qu'un va-nu-pieds, plein d'humeurs froides, qui n'a pas plus de cynisme que de crédit, d'originalité que de littérature. Parce que vous traînez après vous quelques misérables lambeaux de vos humanités, quelque latin ou grec d'occasion, des syntaxes et des maîtresses dévergondées, vous vous croyez capables de réaliser Diogène! Mais, pour faire le journal de Diogène, il faut autre chose que votre fonds d'écoliers; il faudrait nécessairement que vous fussiez spirituels, libres, forts, ardents, vivants et même cyniques! Et vous n'êtes que pédants, lymphatiques, grêlés et étourdis. Allez donc vous coucher!

Teinture, impression, sciences appliquées.

LE TEINTURIER UNIVERSEL
OU L'ÉCHO DES APPLICATIONS DES MATIÈRES COLORANTES AUX ARTS ET A L'INDUSTRIE

JOURNAL SPÉCIAL DE LA TEINTURE ET DE L'APPRÊT DES ÉTOFFES, DE LA REPRODUCTION ET DE LA PRÉPARATION DES MATIÈRES TINCTORIALES, DE L'IMPRESSION ET DE LA FABRICATION DES PAPIERS PEINTS, TANNAGE ET COLORATION DES CUIRS, AVEC CETTE DEVISE :

Per nos tuto et fide.
La couleur est article de foi!

N° 1. — 1er avril 1860. — Paris et départements, 15 fr. — 1er et 15 de chaque mois — 1, place de l'Estrapade.

Directeur-gérant : M. Jacob.

Le Tintamarre dirait du *Teinturier :* C'est un journal sans couleur et *tannant!...* Je ne partage pas cette délicate opinion. *Le Teinturier* est plus ou moins universel, c'est vrai; mais il sera consulté avec intérêt par le peuple et par la noblesse. Nos *impures* trouveront dans sa chronique industrielle un système de lavage qu'elles pourront pratiquer. Elles sauront plonger leurs effilochages et leurs déchets dans une certaine teinture merveilleusement préparée par M. Hurel, de Paris. Elles liront un instructif entrefilet sur la nécessité de la *Purification*, sur les divers modes de préparation des cuirs, sur la manipulation de la peau, sur le procédé des couleurs métalliques et cantharidées; sur la durée du séchage! Précieux secrets qui importent à la fortune d'une Lesbienne de la Chaussée-d'Antin. *Le Teinturier* contient aussi un éloquent bulletin de commerce. Il résulte de ses chiffres qu'en 1858 le commerce de peaux de toute nature et de toute couleur s'est élevé, entre la France et l'Angleterre, au chiffre de 70 millions. Quel signe des temps! Mais savez-vous quel est l'inventeur des cuirs dorés cantharidés?

Qui, s'il vous plait? L'Amour? Non! c'est l'honorable M. Lauzemberg. Ah! tant mieux! Vive l'Amour! et gloire à M. Lauzemberg!

P. S. On me demande si M. Lauzemberg a un procédé suisse, parisien ou anglais pour teindre solidement la politique du *Constitutionnel* et tanner toute la petite bohème des lettres.

LE MONITEUR DE L'IMPRIMERIE

N° 1. — 1ᵉʳ avril 1860. — Bureaux, 5 *bis*, rue d'Arcole. — Déménagé pour cause de démolition.

L'amende et la prison, voilà un moniteur de l'imprimerie qu'on ferait bien de supprimer, n'est-ce pas, messieurs les imprimeurs?

LE NOUVELLISTE PARISIEN

PRINCIPAUX ACTES OFFICIELS, FAITS D'UTILITÉ PUBLIQUE, AGRICULTURE, HY-
GIÈNE, ÉDILITÉ, COMMERCE, INDUSTRIE, BEAUX-ARTS, LITTÉRATURE, TRI-
BUNAUX, CAUSERIES DES MODES, ÉVÉNEMENTS DU JOUR.

N° 1. — 1er avril 1860. — Paris, un an, 18 fr. — Départements, 25 fr. — Devant paraître chaque soir. — Rédaction, rue Tronchet, 52.

Rédacteur-fondateur : M. B. Ravaut. — *Directeur du feuilleton* : M. B. Gallet de Kulture. — *Chroniqueur* : M. Marius Calvet. — *Secrétaire de la rédaction* : M. L. Gavoy. — *Rédacteurs de la Revue des sciences* : Docteur de Lasiauve, médecin en chef de Bicêtre, et docteur A. Chereau, médecin de n'importe où. — *Critique des théâtres lyriques et des concerts* : M. François Delsarte. — *Rédacteur de la chronique des tribunaux, des scènes correctionnelles curieuses* : un spirituel avocat à la Cour impériale de Paris! M. Caraby, probablement! — *Rédacteur philanthropique, aimable, doux et piquant* : M. l'abbé Mullois, premier chapelain de l'Empereur. — *Chroniqueuse et bulletiniste de modes* : madame Marie Gallet (de Kulture, sans doute), dont les lecteurs du *Musée des familles*, de *la Sylphide* et du *Petit Courrier des Dames* connaissent le talent gracieux et flexible. (Vraiment?) *Feuilletonistes à la série* : Paul Féval, Hippolyte Langlois, Charles Deslys, Eugène de Montglave.

Le *Nouvelliste parisien* avait du corps, du poids, de la variété et de la bonne volonté. Il devait contenir, outre Paul Féval, un rébus ou un jeu d'esprit quelconque illustré. Un spirituel avocat planait mystérieusement sur sa rédaction. Madame Marie Gallet promettait d'y être adorable dans ses causeries. Avec tous ces rares attraits, *le*

Nouvelliste a succombé promptement à une fluxion de publication quotidienne, compliquée d'un refroidissement d'abonnés. *Le Nouvelliste* avait rêvé les avantages du journal politique économique et financier sans en assumer les charges. Disons-le élégamment, il voulait *caretter* le Fisc! Mais on ne badine pas plus avec le timbre qu'avec l'amour. Le *Bain d'or*, nouvelle de M. Langlois, publiée dans le premier numéro, lui fit craindre un *bouillon*. *Le Nouvelliste* renonça à son spirituel avocat et à ses jeux d'esprit illustrés, pour s'endormir dans la gloire de son prospectus.

François DELSARTE! un grand artiste, un maître ès sciences musicales. Son nom seul a trempé dans *le Nouvelliste*. Plus tard nous raconterons la vie honnête, laborieuse et féconde de ce musicien-penseur.

JOURNAL POPULAIRE

ROMANS — HISTOIRES — VOYAGES — CHANSONS POPULAIRES

N° 1. — 4 avril 1860. — Paris, un an, 6 fr. — Départements, 8 fr. — 5 cent. le numéro.

Directeur : Gustave Barba. — *Collaborateurs* : Paul de Kock, Louis Garneray, Charles Soullier. — *Dessinateurs :* Gustave Doré, Janet Lange, Bellangé, Foulquier, Bertall, Raffet, Gustave Janet, etc.

Il m'importe peu de vous faire ici la généalogie des Barba, ces anciens rois absolus de l'édition, de vous narrer l'existence nautique et dramatique de Louis Garneray, un de nos meilleurs peintres de marine, que j'ai souvent rencontré, rue Marsollier, chez ce pauvre et excellent Antony Béraud, qui le lanternait pour un drame maritime qu'ils avaient ensemble au *Cirque;* mais il me plaît de vous parler d'un vieux *cocardier* de la littérature osanore, enfoui sous le nom de Charles Soullier.

Dans le monde ébloui par les apothéoses littéraires que décrète si cavalièrement *le Figaro*, qui se doute de Charles Soullier? Charles Soullier est né à Avignon. Il élabora le thème grec et le vers latin avec Mignet au lycée de cette ville, à laquelle sa famille fournit plus tard des députés, des magistrats et de hauts fonctionnaires publics. Après avoir exercé quelque temps les fonctions d'agent de change, traditionnelles dans sa parenté, notre financier sans vocation, mais honnête, décampa pour Paris. Vers la fin de 1853 il y fonda *le Troubadour provençal*, journal de musique qui n'eut qu'un an d'existence. Il créa ensuite *Psyché*, journal de modes qui vit encore aujourd'hui. Puis il fit paraître successivement plusieurs ouvrages en vers tels que le *Nouvel Abeilard*, qui a eu pour sosie, en 1860, le *Nouvel Organe* de M. Arthur Ponroy. Après parurent les *Oiseaux politiques*, poëmes héroï-comiques, mêlés de philosophie et d'humanitarisme. C'est à peu près vers cette époque qu'il publia sa traduction en vers français des Satires de Perse, qui, n'en déplaise à M. Hachette, commissionnaire en toutes espèces de marchandises et éditeur d'une autre traduction de ce genre, aurait dû être mentionnée dans le Dictionnaire du jésuite Vapereau. Cette traduction est, d'après l'auteur, sinon la plus asservie au texte latin, du moins la plus poétique que nous possédions. Plus tard Charles Soullier créa la *Gazette des salons*, revue hebdomadaire de théâtres, de modes, de musique, qui obtint d'abord un très-grand succès dans le monde aristocratique et qui, ayant passé malheureusement par les griffes de la spéculation industrielle, fut vendue à un M. Saint-Simon et fusionna, quelque temps après, avec une feuille très-connue du même esprit. C'est la

Gazette des salons qui a publié le premier article d'Albéric Second, alors âgé de quatorze ans. A cette époque, 1834, parurent plusieurs romances et chansonnettes de l'ex-Avignonnais. Notons le *Ranz des vaches* et la *Valse du hameau*.

Cependant le poëte musicien dut pendant quelque temps mettre au clou sa lyre pour embrasser la littérature commerciale. Il retourna à Avignon, où il fonda et dirigea avec succès, pendant cinq ans, *l'Indicateur*, alors le principal organe de la presse vauclusienne; mais encore voulut-il mêler un peu d'art lyrique à ce positivisme obligatoire. Il dota son pays natal d'un journal mensuel de musique, *la Fauvette*, qui disparut bien vite dans le tourbillon de la politique. Le troubadour provençal, passant aussitôt du plaisant au sévère, publia l'*Histoire de la révolution d'Avignon et du comtat Venaissin*, dont la première édition fut enlevée en un clin d'œil.

Revenu à Paris, Charles Soullier mit en vente son *Nouveau Dictionnaire de musique*, ouvrage illustré, qui, malgré quelques omissions et incorrections, n'en est pas moins, toujours au dire de l'auteur, le plus complet quoique le plus abrégé des vocabulaires de ce genre didactique.

Ces divers ouvrages étaient escortés d'un grand nombre de publications périodiques, telles que : *Le Bazar*, journal des marchands, le *Tournoi*, revue des concours lyriques, le *Voyageur*, journal des hôtels, l'*Annuaire musical*, dont il ne reste que la date. Sa dernière œuvre en vers, publiée chez Barba en 1860, s'intitule : *Paris neuf, ou Rêve et Réalité*; un vrai four! Dans cet in-folio bourré d'alexandrins et édité aux frais du poëte, Napoléon Ier passe en revue, du haut de sa colonne, le Paris monumental de M. Haussmann, et fait un cours de morale aux entrepreneurs de bâtisses!

Hélas! le petit père Soullier, qui a été successivement agent de change, facteur de romances, courtier de modes, historien sans garantie de l'esprit de l'histoire, reprend en 1862 sa malle de troubadour de 1855. Très-gravement atteint d'une fièvre chaude d'orphéon, extraordinairement quinteux et bègue depuis la naissance de son nouveau journal *l'Union chorale*, il parcourt aujourd'hui la France, en vrai Framboisy de l'œuvre de Bocquillon Wilhem. Malheur à qui ne croit pas à la musique et à l'apostolat du petit père Soullier!...

LE NOUVEAU MONDE

REVUE AMÉRICAINE

N° 1. — Avril 1860. — 15, rue Lacépède. — Librairie Challamel. — In-8°, quarante pages, 12 fr. par an. — Paraissant le 10 de chaque mois.

LA PRESSE ILLUSTRÉE

PARAISSANT LE JEUDI ET LE DIMANCHE

N° 1. — 5 avril 1860. — Paris, 5 fr. 50 c. — Départements, 7 fr. 50 c. — 5 c. le numéro. — 15, boulevard des Italiens.

Rédacteurs : G. de la Landelle, Mary-Lafon. — *Dessinateurs :* Doré, Riou.

Il y a pour la presse plusieurs genres d'illustrations; en voici une qui est très à la mode.

En feuilletant un vieux journal de la monarchie de juillet; récapitulation des condamnations de la presse dépuis la Révolution de 1830 jusqu'en novembre 1831 (environ un an), je trouve :

	Prison.		Prison.
De Bryau.	17 mois	Chauvin.	4 mois.
Ricard-Farrat.	12 —	Nugent.	5 —
Antony Thouret.	10 —	Hubert.	5 —
James Fazy.	10 —	Thierry.	3 —
Kergorlay.	6 —	Raspail.	5 —
Massé.	6 —	Vaillant.	1 —
Paulowski.	6 —	Leclère.	1 —
Béraud (Antony).	6 —	De Genoude.	1 —
Desmares.	6 —	Barthélemy.	1 —
Armand Marrast.	6 —	La Pelouze.	1 —
Benoist.	6 —	Waille.	8 jours
Ch. Philippon.	6 —		

En tout vingt-trois condamnations portant ensemble pour une année d'exercice judiciaire *neuf années dix mois et huit jours de* prison en faveur de la presse française !

C'est un joli chiffre, arithmétiquement parlant ! Mais il serait encore supportable, si l'on voulait bien ne plus nous faire asseoir, pour des délits de presse, sur le banc où passent des légions de filous.

LE MONITEUR DU COMMERCE
DE L'AGRICULTURE ET DE L'INDUSTRIE

JOURNAL OFFICIEL DE L'ASSOCIATION DES VOYAGEURS DU COMMERCE
ET DE L'INDUSTRIE, PARAISSANT LE SAMEDI.

N° 1. — 7 avril 1860. — Paris et départements, un an, 16 fr. — Bureau du journal, 7, quai Conti.

Directeur-gérant : Ch. Albessard. — *Rédacteurs :* Ch. Boudet, Vienet, Le Comte, Charles Richomme, Michael, A. de

Lavalette, Adolphe Breulier, avocat de la cour impériale de Paris, Ad. Baldi.

L'esprit d'association fait le tour du monde. Le dernier des commis-voyageurs a son *Moniteur officiel.* Seul, le journaliste vit en dehors de toutes ces lois fécondes de l'association. Associons-nous, ô mes frères ! associons-nous ! et nous serons les maîtres du monde !

GUIDE CHOISI DE L'AMATEUR DE LIVRES

N° 1. — 15 avril 1860. — Bureaux d'éclairage : 18, rue Bonaparte.

JOURNAL DES FABRICANTS DE SUCRE
ET DES DISTILLATEURS
ORGANE DE LA SUCRERIE INDIGÈNE ET COLONIALE, DE LA DISTILLERIE ET DES INDUSTRIES AGRICOLES.

N° 1. — 12 avril 1860. — France, 20 fr. par an ; étranger et colonies, la surtaxe en plus. — Paraissant une fois par semaine. — 8, boulevard Montmartre.

Directeur : P. Bourgeois. — *Rédacteurs :* Esbach, Stammer.

LES BEAUX-ARTS
REVUE NOUVELLE

1re livraison. — 15 avril 1860. — Prix de la livraison, 60 c. — 32 pages de texte in-8°. — Paris, 12 fr. — Départements, 15 fr. — Paraissant le 1er et le 15 de chaque mois. — Bureaux, rue Taranne, 19.

Directeur : M. le marquis de Laqueuille. — *Collaborateurs :* Th. Campenon, Léon Béquet, Ernest Montrevert, Ch. Quesnel, L. G. Lanquet, Ed. de Barthélemy, V. Jeanneney, Anat. de Montaiglon, Ernest Razy, A. S. V. Duvivier, Armand Renaud, Eugène Desmarest, Gustave Reuillard, A. Cordier, Vigneron, Paul Chéron, J. Charbonnel, G. de Noailly, E. Gagneux, Vanda, René de Sidoivire, Elwart, madame Ancelot, etc.

Le début de la rédaction est pompeux. Elle compare la *Revue des Beaux-Arts* à un oiseau marin qui a conservé, quand il est amoureux, le mystère d'une étrange industrie!... Cet oiseau, à l'heure de ses passions, se construit en plein océan, sur les vagues, un nid d'herbes qui lui permet de circuler librement sur le dos d'Amphitrite. Toujours d'après la rédaction et pour compléter l'image, les bureaux de la *Revue* sont « d'un tissu imperméable et insubmersible. »

« Blottis au sein de nos contemplations, ajoutent les rédacteurs, nous entendrons, sans nous émouvoir, souffler autour de nous les ouragans extérieurs, s'agiter les passions du monde, hurler les tempêtes du siècle et mugir le vent des batailles, nous resterons en paix, nous vivrons en repos, et, comme les oiseaux de la nichée flottante, nous ne verrons jamais au-dessus de nos têtes que le firmament pur, — le ciel étoilé de l'art!!! »

Est-ce assez bleu et tendre?... L'art par-ci, l'art par-là! l'art toujours! et quel art que toutes ces rhétoriques diffuses, et quels artistes que tous ces paraphraseurs qui n'ont même pas la science du mot! Je vous demande un peu, à en juger par l'état présent de cette branche de notre activité nationale, si toutes les Revues de cette qualification ont aidé en quoi que ce soit à l'essor de notre génie. Elles ont, au contraire, obscurci et rabaissé souvent les premières notions de l'art. Elles ont introduit dans la langue des artistes, sous prétexte d'orthodoxie, un inextricable abus du néologisme. Jamais nous n'avons eu moins d'art et d'artistes que depuis cette foire aux *Revues* et aux apôtres de l'art.

Cependant M. de Laqueuille dirige cette revue avec beaucoup de foi et une positive distinction. M. Lamquet, secrétaire de la rédaction, le seconde à merveille. Cette publication est pleine de bonne volonté et fait son petit chemin.

On est prié instamment de ne pas confondre la publication artistique de M. de Laqueuille avec celle de M. Louis Lavedan (Louis d'Auterive).

M. Louis Lavedan, qui cultive le bric-à-brac dans la sienne, a fondé, il y a quelques années, le journal *l'Aigle* avec deux courtiers d'annonces très-peu banquiers. Pour cette cuisine, il avait voulu s'attacher Charles Coligny à forfait, à 200 fr. par mois. Un refus poignant fut la réponse de notre fier hidalgo. Alors la charge incomba à un M. Alexandre Guérin, qui fabrique des chansons pour les orgues de barbarie, et qui se trouve à la tête d'une gerbe poétique intitulée : *Épis, bluets et coquelicots*. Parmi les femmes impliquées dans l'obscure rédaction de *l'Aigle*, il y avait madame Noémi Thurel, aussi à la tête d'une gerbe de vers : *les Primevères;* madame Claudia Bachi, une autre fileuse de romances et de romans, tels que : *Phalènes, Flavie, les Légendes des mariées!* Madame Claudia est, de plus, propriétaire d'une satire contre le bal Mabille. De *l'Aigle*, M. Lavedan est retombé sur *le Globe*, qui a végété assez tristement, et du *Globe* dans l'annonce industrielle : c'est l'intermède de son opéra-comique. M. Lavedan est encore un brocanteur en prose et en vers! Il sème partout ses acrostiches. L'acrostiche est toute sa distinction. Son œuvre capitale a paru dernièrement en brochure. C'est une série de plats alexandrins contre l'auteur de *Notre-Dame de Paris*. Dentu, le libraire de la Société des gens de lettres, a refusé de mettre ça à sa vitrine !

Que j'en ai vu donner à Victor Hugo des coups de pieds... de Sainte-Menehould !

LE DIABLE ROSE
JOURNAL DES PARISIENNES

N° 1. — 20 avril 1860. — Paris, 4 fr. — Départements, 6 fr. — Étranger, 8 fr. — Une livraison le 20 de chaque mois, de 5 pages à 2 colonnes, accompagnée d'une magnifique gravure tirée à part et coloriée au pinceau. — Rue Richelieu, 112.

Directrice : Madame Goudeau. — *Gérant* : M. Léon Goudeau. — *Rédacteur en chef : Le Diable rose !?*

Le *Diable rose* a pour couverture un dessin de modes; l'enveloppe est moins riche que celle de la *Gazette rose*, de madame la vicomtesse de Lascaux (de Renneville, par euphémisme), mais la rédaction a au moins autant de science et de sincérité. L'esprit du *Diable rose* est toujours fin, élégant, de bon ton; ses causeries et ses chroniques sont délicatement stylées; son théâtre n'appartient pas aux *Précieuses ridicules*. Madame ou mademoiselle Albertine d'A. a des coquetteries de Célimène, quand elle joue la *Commande d'un chapeau*. Sans tomber dans le pédantisme du moraliste, le journal de madame Goudeau offre souvent à ses lectrices, sous ce titre symbolique : *Épines et roses*, un joli choix de moralités. Enfin, que vous dirais-je ? Que tout cela est honnêtement fait en famille, que nos Parisiennes et nos grandes dames de province trouveront dans cette feuille tout ce qui peut les initier aux aristocratiques mystères de la toilette, que les demoiselles de magasin de madame Goudeau portent toutes des bonnets roses, et que *le Diable rose* lance souvent de divins sourires.

J'ai des prédilections pour cette politique de la toilette, elle m'attire dans ses décamérons. Cette diplomatie de la modiste fait des prodiges et étonne le monde plus que tous les congrès. Talleyrand, en jupon, est adorable. Quelle profondeur dans tout son langage! Le premier article de modes, dans *le Diable rose*, débutait par cette solennelle exclamation : « Le ruban se meurt, le ruban est mort! » Et sur la tombe du ruban, un ongle rose gravait une autre épitaphe, celle de la fleur artificielle! Et de fil en aiguille une spirituelle chroniqueuse, après avoir donné une larme ou plutôt un sourire à ce ruban, — trait d'union de la jeune fille à la jeune femme, et dont la nuance est si profondément gravée au fond du cœur, — finissait par s'écrier triomphalement : « Eh oui! c'est bien imaginé, l'enterrement du ruban et des fleurs artificielles! nos chapeaux gagneront beaucoup à être débarrassés de ce matérialisme!... » — Voyez-vous cela!

Ce *Diable rose* me fait involontairement songer au diable perfectionné du catholicisme. J'ai sur le diable en général des théories qui ne sont pas celles de tout le monde et surtout de la cour de Rome.

Aujourd'hui, le bon sens et la science ont réduit Satan à sa plus simple expression. En l'an de grâce de la liberté de conscience et du droit d'examen, est-il un esprit un peu pensant qui croie au diable tel qu'on le représente au bas peuple qui ne le trouve plus drôle? Notez bien que je ne nie pas son existence; tout au contraire, je l'affirme avec l'énergique et triste conviction d'un homme de lettres qui l'a rencontré assez souvent. Seulement je dis que nous n'avons plus le diable rageur et glouton, lascif et farceur des sombres légendes du moyen âge. Son Altesse aux pieds fourchus, le prince des Pays-Bas, *tras os abyssos*, est devenu, de par la civilisation qui a révolutionné le ciel et l'enfer, un prince trop éclairé, un diable trop débonnaire et trop blasé pour servir exclusivement les vengeances voraces des partis religieux qui s'excommunient réciproquement sur cette terre. Désormais le diable travaille pour son compte et a rompu toute association avec ses anciens commanditaires.

L'Astaroth de Pulci, le Voltaire de la renaissance italienne, rit comme Candide à travers sa diablerie épicurienne et libérale. Au seizième siècle, à la fin du gothique, dans la littérature et dans les arts, nous sommes déjà bien loin de Dante, le poëte mystique et révolutionnaire, qui a clos dans son immortelle trilogie l'épopée vengeresse de Satan. Cette crainte du diable diminue de siècle en siècle, de génération en génération, et il en est de même de sa fatidique et redoutable puissance, qui prenait de si grotesques ébats dans les cérémonies nocturnes des sorcières.

Gœthe, cet amant de la beauté plastique, ce froid panthéiste qui a renversé toutes nos religions surnaturelles, tout l'orientalisme magique des cultes primitifs, pour leur substituer l'orgueil philosophique sans âme et sans enthousiasme, Gœthe a si bien réformé le diable qu'il l'a rendu méconnaissable et ridicule. Il lui a coupé la queue, les griffes et les cornes, ou du moins il les lui a dissimulées sous l'accoutrement bourgeois. Il a donc enlevé à ce pauvre Lucifer ses décorations officielles, son originale et mordante poésie, les haines et les armes de ses premières guerres contre l'humanité. Méphistophélès, cette dernière incarnation du génie du mal, est sceptique et raffiné comme un petit-maître, trivial et circonspect comme un homme de loi. Il rougit de montrer son pied de cheval ou de bouc, il n'aime pas qu'on lui parle de l'enfer; il se renierait volontiers s'il le pouvait; il se fait utopiste, batailleur, libertin, diplomate, financier, philosophe avec Faust, son élève, qui lui reproche souvent la décadence de sa diablerie et ses faiblesses sympathiques pour l'humanité. Comprenez-vous un diable raisonneur et humanitaire? Il y a économie de monstruosité, de prostitution, de sacrilége, de sarcasme infernal dans la nuit de Walpurgis, en comparaison de ces horribles promiscuités de sexe, de misère et de haines sociales, d'ignorance et de barbarie qu'on retrouvait dans ces rondes de sorciers et de sorcières, où le diable en humeur de massacres conspirait avec le peuple en lambeaux contre une double féodalité. Lisez Michelet dans ses commentaires sur le sabbat. Dans le poëme de Faust, on voit que M. Béelzébuth a ressenti le contre-coup de nos révolutions politiques et religieuses, qu'il a nécessairement changé toute la législation de sa singerie, et qu'il entre désormais dans le grand concert européen. La peinture a imprimé aux anges et aux vierges des ressemblances de pose et de physionomies avec nos lorettes et nos femmes à la mode. La poésie a fait prendre l'air de la civilisation et de la liberté à Satan, elle a mis sur sa tête roussie et pelée un bonnet de docteur, elle l'a métamorphosé en chevalier d'industrie et en galant coureur de petites filles.

Je ne sais pas encore quelle sera sa suprême incarnation dans la littérature de l'avenir. Nos écrivains, à sec d'imagination, ne l'ont pas encore inventée depuis

Gœthe. Le diable disparaîtrait-il de ce bas monde? Je n'ose caresser cette espérance, car si le grand poëte de Weimar est seul dépositaire de sa dernière caricature burlesque, la comédie sociale ne nous offre pas un seul spectacle où nous n'apercevions le bout de sa queue qui repousse.

Mais quel diable boiteux et dégénéré! on lui donnerait deux sous, à ce misérable agioteur qui promène sa face blême et bestiale autour des colonnades de la Bourse! On lui rosserait la peau, si l'on ne craignait d'en faire sortir la peste, à ce dramaturge qui soufflette de sa main lépreuse la vertu et le génie, cette propriété sacrée du peuple, que le peuple ne sait plus défendre! On l'enverrait volontiers à l'hospice ou aux bouillons de charité, ce lâche insulteur de femmes, qui mâche sa honte et son cigare en promenant son squelette narquois sur le boulevard de Gand! O Béelzébuth! je doute que le son des cloches te fasse faire encore la grimace, lorsque je te vois endosser tous les costumes, embrasser toutes les doctrines, courtiser tous les partis! Va! tu n'es plus que le singe de nos petitesses après avoir été celui de nos grandeurs. Ton sabbat, c'est un tripot; ta sorcière, une chance aléatoire; ton enfer, une liquidation en baisse. Oh! comme le diable pue aujourd'hui le plat bourgeois et le vicieux prolétaire! Le voyez-vous, dans nos grandes villes, en train de pavoiser pour toutes les restaurations politiques dont il espère la meilleure curée, menaçant ses locataires sous le pseudonyme d'un portier, et les exploitant à merci sous le masque de fer d'un propriétaire? Le voyez-vous encore, attablé et grognant, entre des pots d'eau-de-vie et des Cléopâtres de coin de rue, dans les étouffoirs des cafés, avec tout un peuple hâve et abâtardi, qui engloutit dans ces ripailles civilisées son petit pécule et sa dernière moralité? Voilà le diable en chair et en os, en paletot et en guenilles, en savates et en bottes vernies, que je ne nie pas. Voilà celui qui me fait peur.

Vive *le Diable rose!*

LA LITTÉRATURE ET LES ARTS

N° 1. — 20 avril 1860.— Abonnement : Paris, 12 fr.; — départements, 15 fr.; — étranger, 17 fr. — Le numéro, 1 fr. — Bureaux, rue de Lancry, 14.

Directeur : J. A. Mancel.—*Collaborateurs* : Marie Pierre, Louis Gras, K. Vanner, Fiorelli, E. Beaufort, etc.

Le journal *la Littérature et les Arts* paraît le 20 de chaque mois. — Petit in-8° sans prétention.

LE TRAIN

INDICATEUR SPÉCIAL DES CHEMINS DE FER DES ENVIRONS DE PARIS

1860. — Prix : 15 centimes.

Les cinq grandes régions fixées pour le réseau français et les environs de Paris (rayon de 60 kilomètres) forment chacun un indicateur spécial, qui se reconnaît par une couleur de papier différente : Ouest, vert. —.Orléans et Midi, rose.—Lyon et Méditerranée, jaune.—Est, bleu. — Nord, violet. —Environs de Paris, blanc. — Dépôt chez tous les libraires, marchands de journaux.

Voilà un vrai journal! comme le rêve M. le marquis de Boissy.

LE LIBRE PENSEUR DU DIX-NEUVIÈME SIÈCLE

JOURNAL DES IDÉES NOUVELLES

SCIENCE, HISTOIRE, PHILOSOPHIE, DÉCOUVERTES, INVENTIONS, BIOGRAPHIES.
PARAISSANT LE DIMANCHE.

N° 1. — 29 avril 1860. — Prix unique : 1 fr. 40 par trimestre. — Dix centimes le numéro. — 5, rue de Vaugirard.

Directeur-gérant : Périer.

Le *Libre Penseur* de M. Périer ouvre ses colonnes à tous les amis du progrès. Cet appel est généreux, mais vague : les idées nouvelles ne sont pas si abondantes qu'on le croit vulgairement, et elles ont souvent des représentants dont il serait bon de vérifier l'élection.

Il y a dans les sphères du journalisme libéral ou soi-disant libéral des hommes qui jouissent depuis trop longtemps du droit exorbitant de rendre des oracles sur toutes les questions, et qui profitent insolemment des faveurs d'une confiance populaire qui tourne avec le temps à la crédulité et au fétichisme. Rien n'est plus intolérant, plus absurde et plus intolérable à la fin, que cette dictature à vie que paraissent assumer ces prétendus ministres du libéralisme. S'ils ont un journal, ils en font les fourches caudines de toutes les opinions qui ne reçoivent pas directement leur cachet, ou plutôt leur timbre! S'ils sont les derniers survivants épargnés de la galère républicaine de 1848, avec quelle morgue et quelle mise en scène de larmes et de haillons, ne revendiquent-ils pas la propriété des tabernacles de 89! Là! vraiment, puisque le monde marche, au dire de M. Pelletan, puisque nous sommes un peuple électoral, souverain, révolutionnaire, voltairien, puisque, de par le progrès des mœurs et des idées, nous exigeons la modification des constitutions politiques et souvent la démission des gouvernements, pourquoi ne ferions-nous pas la même réforme de choses et de personnes au sein de notre opposition? Donnons au moins l'exemple! Nous nous plaignons de certaines perruques, rasons les nôtres. Nous stigmatisons les parasites du pouvoir, les caudataires de tous les régimes, les flûtistes de la presse officieuse, les domesticités omnicolores, les Scapins et les Triboulets de tous les règnes. Soyons logiques! Donnons congé aux majestueux rabâcheurs et aux solennels paillasses qui s'implantent à vie dans les conseils de la France libérale.

M. Périer, en s'adressant aux amis du progrès, a-t-il eu en vue ces farceurs-là? Pensait-il, dans son invocation, à ce libéralisme-croupion?

M. Périer me semble imbu de phrases bien vertueuses dans son manifeste. « Nous voulons, dit-il, parler aux hommes de notre époque le langage du bon sens et de la raison!... donner aux âmes une nourriture forte et substantielle, au lieu de leur servir des contes et des romans; chercher dans la vie, dans les arts et dans les sciences, la vérité!... »

Mon cher monsieur Périer, vous mangerez de l'argent dans l'impression de vos préceptes. On ne donnera pas deux sous de votre libre pensée, si vous l'oignez de tant d'évangélisme. Je vous défie de faire vos premiers frais, si, pour dix centimes par numéro, vous tenez au peuple le langage du bon sens et de la raison! Êtes-vous bon! Mais, pour ce prix-là, le peuple, que vous honorez d'une confiance qu'il ne mérite point, se payera au choix et sans balancer toutes les faisanderies de la littérature réaliste, tous les scandales substantiels du genre Bovary. Il se soucie bien de votre prose lustrale, le peuple d'aujourd'hui, pourvu qu'il se divertisse dans un roman bien sale! Vous espérez remettre en honneur l'amour pur de la vérité, dans les arts, dans les sciences, dans la vie? Oh! cette naïveté! *Le Libre Penseur*, aujourd'hui? avec nos servitudes de toutes sortes? avec notre existence au jour le jour? sous le coup imprévu et immédiat de l'amende, de la prison, de la dénonciation? Oh! le beau titre, mais l'affreuse naïveté, mon cher monsieur Périer!

LA SCIENCE PITTORESQUE

ASTRONOMIE, SCIENCES PHYSIQUES ET NATURELLES

N° 1. — Mai 1860. — Paraissant le mercredi. — Paris, 6 fr. — Départements, 8 fr. — 10 cent. le numéro. — 5, rue des Halles.

Rédacteur en chef : Lucien Platt. — *Collaborateurs :* Étienne Lambert, J. de Bagnaux, Ch. J. Pichon, Arthur Ponroy, etc. — *Gérant :* O. Pinel.

Ce journal a pour but de mettre tout le monde à même de comprendre, sans trop de fatigues, les questions scientifiques à l'ordre du jour. En histoire, sa méthode est presque mathématique. C'est d'après l'état et l'aspect des monuments, des races, des coutumes, des mœurs, que ses rédacteurs entendent renouer les anneaux de la chaîne des temps. Vraiment, je préfère cette soudure-là à celle des *jubilés du massacre*, inventée par M. l'archevêque de Toulouse.

Suivant M. Étienne Lambert, un des principaux rédacteurs de cette revue, la démonstration appartient bien plus aux monuments et aux déductions intelligentes, qu'aux textes, qui trop souvent, affirme-t-il, sont des foyers de mensonges, de passions et de préjugés. C'est une opinion que je respecte, mais que je n'approuve pas absolument. Le texte, même celui de Crétineau-Joly ou de Granier de Cassagnac, ne mérite pas tous ces dédains. Tous les flambeaux, soleils ou lanternes, sont utiles en histoire.

Un grand luxe de gravures distingue la publication de M. Lucien Platt. C'est le journal scientifique des gens du monde qui n'aiment pas à être ennuyés. J'en conclus l'exclusion immédiate de M. Arthur Ponroy. Que diable vient-il faire dans *la Science pittoresque*, M. Arthur?

BULLETIN DE LA SOCIÉTÉ MÉDICALE HOMŒOPATHIQUE

N° 1. — 1er mai 1860. — Bureaux, 19, rue Hautefeuille, — Librairie Baillière et fils. — Propriétaire : M. Molin. Un monsieur parfaitement inconnu!

JOURNAL DU JEUDI

LITTÉRATURE — HISTOIRE — VOYAGES

N° 1. — 1er mai 1860. — Paris, 6 fr. — Départements, 8 fr. — Administration, 15, rue Guénégaud.

Éditeur : A. Dugit. — *Rédacteurs :* Alexandre Dumas, Alex. Dumas fils, Émile Souvestre.

L'AUXILIAIRE DU CLERGÉ DES VILLES ET DES CAMPAGNES

REVUE DE LA PRÉDICATION TRADITIONNELLE DANS L'ÉGLISE

N° 1. — Mai 1860. — Prix unique, 15 fr. — Beau, imprimeur, in-8°, 96 pages.

L'*Auxiliaire du clergé* était, d'après le prospectus de ses rédacteurs, une revue mensuelle destinée à donner des modèles de sermons aux ecclésiastiques. Dans le début, le journal était dirigé par l'abbé Vidal, avec le concours d'une société de prêtres. L'abbé en question ayant été tout à coup arrêté et conduit à Mazas, l'abbé Poussin, rédacteur de ladite feuille, lui succéda à l'administration, en qualité de coadjuteur de M° Franquin, greffier près le tribunal de la Seine.

L'*Auxiliaire du clergé* dépeint et jugé par le tribunal correctionnel de Paris le 24 avril 1861, ne ressemblait pas tout à fait à une revue spécialement destinée à initier les prêtres à l'éloquence de Bossuet ou de Bourdaloue. Son rédacteur en chef consacrait la plus belle partie de son temps et de son intelligence au courtage des messes. Nous empruntons ces renseignements à la *Gazette des Tribunaux*.

Antoine-François d'Assises Vidal, ancien directeur-fondateur de *l'Auxiliaire du clergé*, né à Toulon, prêtre du diocèse de Fréjus, interdit des fonctions sacerdotales par suite de son immixtion dans les opérations d'un agent d'affaires qui fut condamné pour usure, débarqua à Paris en 1857. Il ne se présentait pas au monde sous un aspect très-enchanteur; sa soutane était alors si délabrée que les gamins le harcelaient dans les rues. Habitant un garni qu'on lui avait prêté par charité et couchant sur une paillasse sans drap et sans couverture, — c'est l'histoire judiciaire qui parle, — il avait cependant trouvé immédiatement deux anges au milieu de son malheur. Ces deux anges d'occasion étaient deux portières : l'une lui donnait le déjeuner et l'autre le dîner. Mais, si l'abbé Vidal manquait de luxe au début de sa carrière parisienne, il ne manquait pas de génie industriel. Il avait la bosse de l'homme d'affaires, et ce n'est pas de lui qu'on aurait pu dire : sans linge et sans crédit. Les deux angéliques portières ont rendu témoignage de la confiance qu'il inspirait.

Ce fut donc dans cet état et avec ce séduisant entourage qu'il parvint à fonder les *Conférences ecclésiastiques*, pour lesquelles il trouva quinze abonnés-fondateurs à 100 fr. par tête, puis *l'Auxiliaire du clergé*, et la *Caisse des économies du clergé*, opérations montées à l'aide du courtage des messes. C'est toujours la *Gazette des Tribunaux* qui nous donne ces détails édifiants.

Ne trouvez-vous pas un trait de génie et une véritable intelligence de la situation dans la création de cette *Caisse des économies du clergé* et dans sa manipulation pieuse? Il était large, ingénieux et conciliant, cet abbé Vidal! Il émettait des bons de prières comme des bons du Trésor. Aux prêtres sans le sou pour payer leur abonnement, il accordait la faculté de se libérer en intentions de messes. Jamais il ne négligeait de recevoir toutes les sommes qui lui étaient adressées, et le roulement des affaires sacro-financières allait à merveille, tant est grande encore l'innocence du clergé, en matières d'opérations de Bourse. L'intention de messe était cotée à 1 fr. L'ex-abbé Vidal a réalisé de ces valeurs jusqu'à la somme de 53,194 fr. Son système était d'une admirable simplicité. En apparence, sa banque ne fonctionnait ni plus ni moins régulièrement que d'autres. Ainsi M. Vidal, comme un banquier de première force, connaissait à fond l'art de la surcharge et de l'annonce. Il émettait, par exemple, 55,194 intentions de messes, mais il n'en faisait acquitter que 6,654 et il gardait le reste en portefeuille. Quand un ecclésiastique souscrivait pour 60 intentions de messes il ajoutait un 5, ce qui faisait 560; par le même procédé, de 18 il avait 186, de 56 il avait 568, et ainsi de suite. Autre ficelle! Les abonnés à *l'Auxiliaire du clergé* étaient tout au plus au nombre de 250 à 500. En homme de progrès il multipliait le chiffre par 20, et il s'imaginait que ses abonnés étaient pris pour vingt ans. Cet abonnement par anticipation n'était vraiment pas trop mal imaginé. Enfin, rien ne manquait à cette banque, ni fonds social, ni fonds de réserve, ni conseil de surveillance, ni fonds de librairie. Le conseil de surveillance était composé de vingt ecclésiastiques qui ne surveillaient rien, comme à l'ordinaire, et le cautionnement était de 5,000 fr., à venir. Quoique basée sur ces brouillards, la spéculation avait atteint de réelles et brillantes proportions. L'abbé s'était rendu acquéreur d'une maison et d'un jardin de 170,000 fr., et le comptoir d'escompte avait reçu en dépôt 40,000 fr. représentant l'actif. Qu'en pensez-vous? N'était-ce pas une assez jolie manœuvre, pour un ecclésiastique qui avait débuté dans le monde parisien sous les auspices de deux portières? Mais il était écrit dans les desseins de la Providence que l'abbé Vidal aurait un dernier guignon. Le tribunal correctionnel de Paris, septième chambre, présidé par M. Rohault de Fleury, ayant trouvé que cette prospérité d'affaires n'était pas d'une évangélique pureté, a fait justice de ce courtage en intentions de messes.

LE NOUVEL ORGANE

HISTORIQUE, PHILOSOPHIQUE, LITTÉRAIRE

BEAUX-ARTS. — CRITIQUE. — ROMANS INÉDITS. — PARAISSANT LE JEUDI DE CHAQUE SEMAINE

N° 1. — 3 mai 1860. — Paris, un an, 20 fr. — Départements, 22 fr. — Rue Bailli, 2.

Rédacteur en chef : M. Arthur Ponroy. — *Collaborateurs :* Jean de Sologne, A. des Ursins, Louis Tremblay, Dagneau, A. Desaubiers, etc.

Un mot de Jean de Sologne et de M. Ange des Ursins. Ledit des Ursins n'est point un homme de lettres. Je le crois plutôt homme d'affaires. Au nom des lois de notre langue et de notre confraternité, je l'arrête dans *le Nouvel Organe* et je l'expulse de notre société littéraire. Libre à lui de me traiter de gendarme et de se réclamer de Ponson du Terrail ou de Henri Bordeaux !

Madame Lefebvre-Deumier, une femme spirituelle, a vraiment tort de s'appeler Jean de Sologne, — quel triste nom ! — et de se confiner dans les domaines de MM. Arthur Ponroy et Francis Lacombe, car elle a collaboré avec le petit Francis dans *le Mouvement* (ancien *Béranger*), vendu par moi à un officier de santé, à prétentions littéraires, qui a su y manger quinze mille francs en cinq mois.

Ah! ah! eh! eh! oh! oh! *Le Nouvel Organe !* beau titre, par ma foi, et qui donne à penser ! ce n'est pas Villemessant qui aurait inventé celui-là ! ni Amédée de Césena, ni Castille, ni le père Boulé. Pour découvrir et arborer un pareil titre, il faut être d'une force hors ligne, il faut être du tempérament littéraire de M. Arthur Ponroy. Mais que dit *le Nouvel Organe?* Qu'est-ce que *le Nouvel Organe?* Qu'apporte-t-il au monde? Vient-il au secours des hommes et des esprits affaiblis? *Nouvel Organe* de qui? de quoi? parbleu! de M. Arthur Ponroy! à qui et à quoi, voulez-vous que serve un nouvel organe de lettres, sinon à M. Ponroy?

Donc M. Arthur Ponroy a été bien fier le jour de cette entrée en jouissance d'un nouvel organe. Aussi en a-t-il usé et abusé pour inonder chaque numéro des décoctions de sa prose. *Le Nouvel Organe* a donné en entier une recette de *haute littérature* par M. Arthur Ponroy, qui peut faire pendant à la thèse mirifique de Thomas Diafoirus. Devinez-vous ce que Thomas, non, ce que M. Arthur Ponroy proposait pour délivrer la France de toutes les humeurs peccantes du roman-feuilleton et du journal, et pour lui inoculer la passion du beau et du bon? C'était, d'un côté, l'écoulement normal, régulier, méthodique de la littérature pudique; de l'autre, le rétablissement immédiat de la censure, du timbre, du cautionnement pour les journaux littéraires. Qu'entendait-il par une haute littérature? Lui seul le sait! peut-être la sienne! *le Nouvel Organe* devait sans doute offrir à la religion du ministre des types de littérature honnête et modérée. Mais quant à la nouvelle réglementation de la petite presse, il n'y avait pas l'ombre d'une indulgence et d'une pitié dans l'esprit du rédacteur en chef du *Nouvel Organe.* Cette pauvre petite presse devait, selon lui, payer comme la grande. — Voici son raisonnement :

Vous voulez, s'écriait M. Arthur Ponroy, moraliser les journaux? Timbrez-les tous! Les relever dans l'estime publique? Timbrez-les tous! Les rendre intéressants? Timbrez-les sans cesse! Les franciser, les vivifier, les immortaliser? Du timbre, et toujours du timbre! Le timbre est bon, le timbre est moral, le timbre est littéraire! Le cautionnement purge, ennoblit, fortifie, rafraîchit la presse. Quoi! on en est encore parmi nous autres à demander le régime de la liberté, l'abolition du privilége, l'égalité de la presse devant la loi? Des plaisanteries! des bêtises! Prenez du timbre, sans relâche et avec conviction. Vous faites de la critique d'art? timbrez! Vous faites des vers? timbrez surtout! Vous parlez d'astronomie, de minéralogie, de pathologie, d'horlogerie, de céramique, d'opéra-comique, de mélodrames, d'églises et de théâtres? timbrez, pour l'amour de Dieu et pour la sauvegarde de la société! C'est moi qui vous le dis, moi, Arthur Ponroy. Si je prêche ainsi les vertus du timbre et du cautionnement, croyez bien que ce n'est pas sans raisons. On n'a pas travaillé, comme votre serviteur, pendant plusieurs lustres, dans les vraies formes de la littérature décente, pour n'obtenir sur ses vieux jours qu'un prix de consolation, auprès de ses amis. Je ne vous célerai pas la furieuse envie que j'ai de voir l'État créer une *haute littérature,* sous ma coupe et sous mon organe exclusif. Mais pour cela il faut du timbre, beaucoup de timbre. Rien de grand ne peut se faire sans timbre. Toute la littérature pour le timbre et par le timbre!

Le Nouvel Organe est mort, mais M. Arthur Ponroy croit toujours à la souveraine bienfaisance du timbre. On dit même qu'il va faire jouer à la Comédie-Française un drame intitulé : le *Timbre du dix-neuvième siècle,* ou *de l'Influence de la Régie sur les Belles-Lettres.*

LE CENTENAIRE

REVUE DE LA LONGÉVITÉ

MÉDECINE USUELLE, CONSULTATIONS ET TRAITEMENTS GRATUITS, LITTÉRATURE, GASTRONOMIE, HYGIÈNE DES FAMILLES

N° 1. — Mai 1860. — Paris et départements, 12 fr. — Paraissant le 1er, le 10 et le 20 de chaque mois.— 9, rue Mazarine.

Gérant : Aubry. — *Rédacteurs :* Maurice Cristal, P. Flourens, Adèle Esquiros, M. Germa, Ch. Monselet, Laurent Brugerol, Angelo de Sorr, etc.

Le Centenaire ! oui, *le Centenaire* inaugure la médecine et les beaux-arts de la vieillesse ! Faire vivre *bien* et *longtemps*, telle est sa devise. Avec nos mœurs, nos passions, nos misères, l'homme ne meurt pas, il se tue, a dit M. Flourens. La science et l'hygiène doivent prolonger son existence. Instruire, guérir et distraire, voilà le triple programme du *Centenaire*, ami et conseiller intime de l'humanité sur le déclin.

Eh bien, malgré ces consolants aphorismes, *le Centenaire*, conseiller intime, a besoin de croyants à toute épreuve pour faire avaler son dogmatisme scientifique. Il ne recule même pas devant la gaudriole, du moment qu'il s'agit d'agrandir les limites de la vie. La foi robuste est indispensable aux abonnés du *Centenaire*, conseiller intime. A l'effet de distraire ses intéressants néophytes, *le Centenaire*, conseiller intime, a réservé une place à la joyeuse littérature.

M. Maurice Cristal recommande les bains d'air et de lumière quand arrive le joli mois de Mai. La lumière, dit-il, tarit le lymphatisme et cette malsaine accumulation de graisse et d'eau dans les mailles des organes! Traitement que je recommande à M. Paulin Limayrac. Sur la question de la nourriture et du vêtement, M. Cristal n'est pas moins varié en gaie science. Il recommande le dessert chinois. Qu'est-ce que le dessert chinois? Une tasse de thé avec des fraises, imbibées d'un soupçon de kirsch. Le café moka et le café bourbon infusés dans un tiers de crème onctueuse, le tout versé dans un bol de porcelaine, ne font pas mal dans la situation. Cela compose un déjeuner délicieux qui subtilise le cerveau!... Quant aux nippes printanières, M. Cristal se montre d'une prudence extrême. Pas d'enthousiasme pour le pet-en-l'air, avant le retour des hirondelles! Vive le système du pantalon sans bretelles, de la robe sans corset. Guerre aux abus du cosmétique et à la lecture du *Siècle!*

M. Flourens propose, comme modèle de *vie sobre* et même de *vie longue*, l'ultra-centenaire Louis Cornaro. Ce superbe Italien apostrophait ainsi sa patrie : « O malheureuse Italie, ne t'aperçois-tu pas que la gourmandise t'enlève chaque année plus d'habitants que la peste, la guerre et la famine ne pourraient en détruire? » C'était en l'an 1500 que le bon vieux papa Cornaro se lamentait sur ses concitoyens. Quelles n'auraient pas été ses récriminations, s'il avait vécu dans ces dernières années, sous le gouvernement du roi Bomba et du cardinal Antonelli, sous ces gouvernements qui ont résumé tous les siècles de la corruption romaine, quintessencié le mensonge dans leurs actes, atteint le dernier terme de la dégradation morale et politique! Le père Cornaro a vécu jusqu'à cent cinq ans, et depuis trente-cinq ans, il ne se nourrissait que de pain, de mouton, de perdrix et de jaunes d'œufs!

Madame Adèle Esquiros débite dans *le Centenaire*,

conseiller intime, des maximes médico-philosophiques qui ont leur éloquence réaliste. Elle vous dit de sa voix mignonne, cette vigoureuse citoyenne :

« Combattez l'engoncement au cou, aux épaules, à la ceinture; dormez modérément, évitez le *far niente*, prenez une passion, ne faites pas de lard!... Si vous avez un gros ventre, faites-le tomber, en le serrant un peu, mais sans appliquer dessus une emplâtre de gros sel. Prenez garde au poisson : cet animal électrique excite certaines facultés. Les mangeurs de poissons procréent beaucoup d'enfants. L'absinthe et le nénuphar sont les antithèses du poisson ! »

Mais le plus étonnant, le plus réjouissant, le plus charmant, le plus spirituel de tous les rédacteurs du *Centenaire*, conseiller intime, et de bien d'autres organes de la petite presse, c'est sans contredit Charles Monselet. Oui! Charles Monselet fait de la copie dans *le Centenaire*. Il y est tout simplement adorable et impayable. Lisez ses *Lettres sur la gastronomie*, adressées dans *le Centenaire* à une belle dame : c'est le superlatif de la grâce enjouée, de la raillerie épicurienne, de l'éclat de rire mêlé à la lueur des cuisines. C'est à dérider un mort! Monselet s'intitule le nouveau barde des splendeurs de la nutrition. Il aime la vie en raison des moyens qui la prolongent; il honore son corps, il rend hommage à l'essence divine qui le compose. Il ne néglige rien pour l'entretien des rouages de cette machine merveilleuse. Selon lui, un gourmet est un être agréable au ciel. Il aime bien sa *dame*, mais il aime bien aussi les caisses d'ortolans et le vin de Château-Palmer. L'oreille fleurie, la paillette à l'œil, la main épiscopale, lui semblent préférables à l'amour qui pâlit les fronts. Le feu nouveau qu'il préfère allumer, est celui d'un office. Un dîner doit être un poëme comme une robe. La foire aux jambons, qui a lieu tous les ans à la Bastille, est son pèlerinage à la Mecque. Les jambons en guirlandes, de noble figure et d'un beau rouge brun, excitent ses religieuses convoitises. Quand on veut unir la succulence à la logique, on ne doit arroser le jambon de Mayence qu'avec du vin du Rhin, et le jambon de Bayonne qu'avec du vin de Roussillon. Tout est là! Plus sensible que Louis XIV, qui ne voyait dans les agneaux autre chose que des *côtelettes qui marchent*, il ne dédaigne pas le rôti de cette tendre bête. C'est une primeur fugitive qu'il saisit au passage. Il accorde ses suffrages au plat d'*issues d'agneau au petit lard*. Il salue l'alose qui arrive juste à l'heure où commence la défaveur du poisson, mais l'alose pêchée dans la radieuse Loire. Il a l'âme triste jusqu'à la sobriété, après un dîner dans un de ces restaurants de Paris, affreuses et reluisantes boutiques, peinturlurées dans tous les coins, ornées de têtes d'Abeilard et de châtelaines aux yeux de carpe. En homme sérieux qui a autant d'égards pour son estomac que pour son cerveau, il s'afflige de ces détestables et criardes ornementations. Une autre cause qui lui rend le restaurant fastidieux, c'est la pauvreté et la monotonie de la *carte*, qui depuis Louis XVIII n'a pas changé d'une sardine. Il demande l'introduction d'aliments nouveaux dans la cuisine française. *Osons*, s'écrie Monselet! Ne rions plus du *cerf aux confitures* des Allemands, peuple admirable, quand il ne célèbre pas l'anniversaire de la bataille de Leipsick. Sans rêver les *filets de zèbre*, les *côtes léopard nature*, l'*hyène aux champignons*, les *pieds d'éléphant à la poulette*, les *ichneumons* et les *girafes aux petits pois*, pourquoi n'encouragerait-on pas l'innovation? Pourquoi ne pas essayer, par exemple, des sauterelles, des cigales, des demoiselles, des hannetons, des écureuils, des serins, des levrettes, des araignées, des lézards?... Ces volatiles feraient jolie figure sous une barde de lard taillée. En raison de ce qu'on mange avec satisfaction un faisan aux plumes d'or, Monselet ne s'est-il pas avisé un jour de manger un perroquet âgé de plusieurs semestres? C'était par vengeance d'amour! Et Jacquot n'a pas protesté dans les libidineuses entrailles de notre confrère! Les végétaux sont aussi mis à contribution par l'ancien rédacteur en chef du *Gourmet*. Les jeunes pousses, les tendres tiges, les fleurs d'acacia, les bourgeons de saule doivent former la base de nouvelles confitures. Il invective le génie rétrograde ou stationnaire de la salade. Il a foi dans les destinées de la cuisine. Mais il annonce qu'elle aura sa Révolution, sa Terreur! Comme la Papauté, elle doit se dégager des traditions caduques, convoquer, sous la présidence des estomacs révolutionnaires, tout un congrès d'animaux inconnus, de poissons inédits, de végétaux mystérieux, et renier tous les bêtes *Castelfidardos* de la gargote bourgeoise.

La cuisine de l'avenir est élevée par Monselet à la hauteur de la question romaine. Pour clore magistralement son chapitre hygiénique sur la gastronomie, Monselet conseille aux délicats abonnés du *Centenaire*, conseiller intime, de prendre après dîner, dans quelque brasserie allemande, vers minuit, une copieuse choucroute, arrosée de plusieurs bocks sérieux, avec l'épilogue d'un fromage de Munster!

Un des jeunes et fins esprits du journalisme, M. Charles Coligny, a ciselé ces vers, qu'il intitule : *la Chanson de Charles Monselet* :

I

Je n'ai pas connu Cydalise,
Guimard ne m'a pas fait la cour,

Je n'ai pas soupé chez Grécourt,
Je n'ai pas joué chez Soubise :
Mais j'ai vu sur un chevalet
Tous ces tableaux d'un galant âge ;
Ils sont aujourd'hui l'héritage
De l'heureux Charles Monselet.

II

Ce Némorin docte et profane
A la grâce du troubadour ;
Il a rimé pour Pompadour,
Il écrit comme Aristophane.
Mons Cupidon est son valet,
Il retient Phœbus en ôtage ;
L'Olympe prend en héritage
Les vers de Charles Monselet.

III

Ainsi qu'il parfumait la table
Aux soupers de maman Geoffrin.
C'est encor son exquis refrain
Qui rend Turcaret supportable.
Sa verve sort d'un feu follet ;
Grimm n'en avait pas davantage.
Piron eût pris pour héritage
L'esprit de Charles Monselet.

IV

Il adorait Mimi-Chaumière
A rendre Henry Mürger jaloux ;
Mais plus d'un soir, sur ses genoux,
Manon-Bréda vient la première.
Puis, dans son riche mantelet.
Maufrigneuse se le partage...
Elles sont vingt pour l'héritage
Du cœur de Charles Monselet.

V

Si le griffon taille sa plume.
La bergère mène son cœur;
Il fait du style une liqueur.
Il met le champagne en volume.
Couchée en un bleu batelet.
Sa vie est un fleuve du Tage.
Les loups n'auront pas l'héritage
Du galant Charles Monselet.

Le grandiose Épicurien qui vient d'être si artistiquement chanté par Charles Coligny, a illuminé de son heureux éclat de rire les plus graves questions du moment, celles du théâtre, du roman, des expositions des beaux-arts, etc. La question italienne n'a même pas échappé à son coup d'œil scrutateur. Voici une des impressions de Monselet « Retour d'Italie : »

ITALIAM! ITALIAM!...

A Pistoie, en m'éveillant,
Un prurit soudain m'offusque;
Certain insecte grouillant
Vint-il pas se poser jusque

Où mon torse est plus saillant.
Je le saisis d'un air brusque !
Mais je dis en souriant :
« Hé ! c'est la punaise étrusque!

Petit insecte rageur,
Je ne suis qu'un voyageur;
Cherche ailleurs, cherche ta voie ! »

Je dis, et posai sans bruit
Dessus la table de nuit
La punaise de Pistoie.

ITALIAM! ITALIAM!...

LES NATIONALITÉS

MESSAGER DES INTÉRÊTS NOUVEAUX

QUOTIDIEN, POLITIQUE ET LITTÉRAIRE

Mai 1860. — Abonnements : Turin, 32 fr. — France, 40 fr. — Rédaction et publication à Turin : rue della B. V. degli Angeli, 7, maison Dumontel.

Encore un journal français qui vit et lutte à l'étranger pour l'honneur de la France !

Le journal *les Nationalités* est un fier pèlerin de la liberté de la presse. Il est venu au monde en Suisse. Sous le titre de *l'Europe*, feuille politique quotidienne, il est né le 2 août 1859 à Genève, dans la soutane — déchirée par les foudres épiscopales — de M. l'abbé Deléon, un noble cœur, un esprit érudit et courageux, qui osa, au grand scandale du haut clergé de Grenoble, comparer le miracle de la Salette aux prodiges d'Apulée, d'Aristée, de Pythagore et d'Apollonius. Avec un si vaillant rédacteur en chef, cette feuille ne pouvait que défendre les principes libéraux. Henri Monnier, ancien secrétaire général de M. Caussidière, Jules Rouquette, sous la prose vide et dorée duquel le *Monde artistique* et *littéraire* a trépassé ; Clémence Robert, l'esprit vengeur des quatre sergents de la Rochelle, la princesse de Solms, qui n'a pas rougi ses beaux yeux que dans la lecture des œuvres dramatiques de M. Francis Ponsard, et Leymarie, un véritable journaliste, mort dernièrement au champ d'honneur de la presse militante, formaient le premier personnel de la rédaction. Le séjour de la Suisse étant devenu, par l'annexion de la Savoie à la France, peu favorable à sa santé, *l'Europe* transporta ses pénates à Turin. Sous le nom significatif des *Nationalités*, qu'elle prit le 25 janvier 1860 en agrandissant son format, elle se plaça aux premiers rangs des journaux du Piémont. Son hégyre vraiment libérale et libératrice date donc du commencement de 1860. Le *Pungolo* affirmait alors que M. de Cavour était à la fois son inspirateur et son Mécène. En changeant de nom *l'Europe* a aussi agrandi son format. Dans *les Nationalités* collaborent de hardis compagnons du devoir démocratique, des écrivains qui portent au besoin la rouge casaque des garibaldiens avec la même aisance que l'habit à la française. La rédaction de cette feuille est confiée à un comité français à Paris, et à un comité italien à Turin. *Les Nationalités* ont pour but d'accroître les bons rapports entre les deux pays, et de faire triompher, au-dessus des intérêts dynastiques, les intérêts des nations. Les journaux de France citent et invoquent souvent l'opinion des *Nationalités* dans le débat des questions internationales. C'est un hommage rendu à l'autorité compétente de la feuille franco-italienne.

BULLETIN DE L'ENSEIGNEMENT LIBRE

TRAVAUX DE L'ASSOCIATION DES MEMBRES DE L'ENSEIGNEMENT. — BIBLIOGRAPHIE CLASSIQUE. — MÉTHODES. — EXAMENS. — MOUVEMENT ET PERSONNEL DES INSTITUTIONS LIBRES. — CORRESPONDANCES. — NOUVELLES. — VARIÉTÉS. — ANNONCES.

N° 1. — Mai 1860. — Paris et départements : un an, 3 fr. pour les membres de l'Association. — 4 fr. pour le vulgaire. — Paraissant du 20 au 30 de chaque mois. — Bureaux, 2, rue de Marengo.

Rédacteur-gérant : M. Albert le Roy. — *Collaborateurs :* L. Jouve, Le Mansois-Duprey.

Il y avait, du temps de la Bastille, une douzaine de libertés qui ne valaient pas la douzième partie d'une liberté entière; on nommait ces libertés : 1° liberté de la cour; 2° liberté de la terrasse; 3° liberté de s'y promener seul; 4° liberté de l'escalier; 5° liberté d'une fenêtre; 6° liberté d'écrire pour ses affaires; 7° liberté de voir quelqu'un en présence d'un officier; 8° liberté très-rare de le voir sans témoins; 9° liberté d'être malade; 10° liberté de mourir; 11° liberté de transir de froid et de jeûner; 12° liberté de s'ennuyer. Ces quatre dernières n'étaient refusées à personne. Eh bien! nos libertés contemporaines ne sont-elles pas à peu près de la même famille?

LE DRAPEAU CATHOLIQUE

PARAISSANT TOUS LES DIMANCHES

N° 1. — Mai 1860. — Pour toute la France : un an, 10 fr. — Pour l'étranger : un an, 20 fr. — 9, rue Vavin.

Rédacteur en chef : Charles de Bussy (Charles Marchal). — *Gérant* plus ou moins *responsable :* Sempé. — *Collaborateurs :* l'abbé Receveur, Paul de Montrouge...

Le Drapeau catholique était surmonté d'une croix avec cet exergue : *In hoc signo vinces!* Fondé et subventionné par l'abbé Clergeau, ancien aumônier honoraire de M. de Châteaubriand, auteur d'une vie du chantre d'Atala, ancien chanoine de Sens, ancien associé d'Alexandre père et fils, inventeur de l'orgue-transpositeur, ancien fondateur de la Caisse générale du clergé S. G. D. G., ni des tribunaux, ancien directeur des Eaux de Calais, créateur imaginaire du Tir'national, propriétaire, rue des Tournelles, du légendaire hôtel de Ninon de Lenclos, ce journal était consacré à Jésus et à Marie, sous la figure de Charles Marchal (de Bussy). On y houspillait, en style de sacristain, Pierre Leroux, Proudhon, Louis Blanc, le Léonor directeur politique du *Siècle*, la philosophie, la révolution. Cette polémique, ou plutôt, passez-moi le mot, cet engueulement, n'ayant pas le timbre voulu, celui des journaux autorisés à parler politique, *le Drapeau catholique* fut amené devant la police correctionnelle, 6ᵉ chambre, et reconduit à Sainte-Pélagie. Le sieur de Bussy y fut coffré avec le sieur Sempé, gérant, qui faisait depuis longtemps assez mauvais ménage avec le ci-devant. Des questions de caisse avaient allumé, dit-on, cette guerre de sainte famille.

Le journal *le Drapeau catholique* fut remplacé par *la Gazette religieuse*; cette gazette éphémère tomba en héritage à *la Gazette des Campagnes*, autre publication ultramontaine, recouverte d'un vernis de science agricole. Quatre ou cinq cents abonnés échurent ainsi à M. Hervé, rédacteur en chef de cette dernière feuille. L'abbé Clergeau, surpris dans sa foi industrielle, en fut quitte pour un billet de quelques centaines de francs, et la religion catholique pour un honteux journal de moins.

J'espère que l'on n'attend pas de moi la biographie de l'auteur des *Régicides*, de l'*Histoire de saint Vincent de Paul*, et de l'*Histoire de Pie IX*. Ces espèces de biographies demandent à être écrites avec autre chose qu'une plume.

Quant à M. l'abbé Clergeau je me permettrai d'en dire un mot. Cet étonnant abbé Clergeau, quand on lui remet sur la conscience la hampe brisée du *Drapeau catholique*, se répand en excuses, et s'écrie qu'il n'a connu que trop tard l'état des croyances politiques, philosophiques et autres du sieur de Bussy. Ce système de défense est vieux comme Hérode, et sans doute l'abbé n'est pas homme à s'embarquer dans une affaire, sans en connaître à fond les éléments. Mais laissons-lui un instant le bénéfice de ces excuses. Est-ce qu'elles lui serviront de passe-port à travers le vrai monde ecclésiastique? Est-ce avec cela qu'il pourra se faire absoudre d'un industrialisme fleuri de bigoterie dont nous possédons les inénarrables bulletins?

En général, je n'aime pas le prêtre qui rompt avec l'Église. Rarement c'est une merveilleuse recrue pour la société civile. Presque toujours c'est un triste homme. Sans doute le prêtre qui fait acte de vie moderne, d'activité, de liberté, qui comprend le monde et refuse de s'immobiliser dans l'esprit antisocial de sa caste, est digne d'une sympathique attention et a droit aux intelligentes réserves de la critique. Mais, pour entrer dans ce mouvement vital et salutaire, est-il besoin que le prêtre déchire sa soutane? Et monsieur l'abbé Clergeau est-il dans la catégorie de ses confrères qui ont de hautes visées de progrès? Non.

L'abbé Clergeau a fait beaucoup de bruit depuis quelques années et il a été diversement apprécié. L'opinion a eu des cruautés pour le prêtre, et vraiment ce n'était pas raisonnable, il en reste si peu. M. Clergeau est un spéculateur de première force. Intelligence agile, tempérament froid, il ne s'est élancé dans le monde que pour y monter des affaires; il n'a mis de côté sa lourde robe noire que pour nager avec plus d'aisance à travers la spéculation. Voilà l'idéal de liberté, de progrès et de vie qui l'a entraîné hors du temple. Nous le reverrons plus tard à l'œuvre dans les coulisses du journal *l'Orphéon* dont il est le *deus ex machinâ*. Mais que dites-vous d'un abbé de ce modèle, qui s'érige aujourd'hui en moraliste et en protecteur de l'institution chorale?

Le drapeau catholique agité triomphalement par des journalistes interdits! Ah! il y a donc dans la grande armée des écrivains religieux une épouvantable désertion ou une funèbre lassitude? Quoi! l'Église serait condamnée à accepter dans la presse le service de tels mercenaires!

Non; je ne puis encore m'imaginer que l'épuisement des convictions aille jusqu'à l'extinction des courages, que l'énervement des caractères ait pour terminaison l'entière paralysie des orgueils. O catholiques, pleurez donc un peu moins sur les infortunes politiques de la papauté, et indignez-vous un peu plus à la vue des affreux petits polémistes qui s'introduisent à la tête de vos publications pieuses! Faites-y attention! Pendant que vous avez les yeux tournés vers Rome, que vous quêtez à l'horizon des signes de consolation et de délivrance, des effrontés costumés en défenseurs de la foi jouent avec votre langue théologique et emportent les plus saintes choses dans tous les coins obscurs et équivoques du journalisme. Certes! les révolutionnaires enragés qui ont démoli les croix et les cloches des églises sont moins dangereux que ces ravageurs de la presse religieuse. Veuillot, où es-tu? C'est à toi qu'il appartient d'agiter au grand soleil, sur les foules agenouillées, à l'éclair de ton ironie, avec éloquence et liberté, le drapeau catholique, l'étendard des croisés.

REVUE ARTISTIQUE ET LITTÉRAIRE

1re livraison. — 1er mai 1860. — Paris, un an, 8 fr. — Départements, 10 fr. — Mensuelle. — 5, rue de Bréa.

Rédacteur en chef : Louis Auvray. — *Collaborateurs :* Valat, Edmond Douay, P. R. Faiex, L. Félix Savard, W. Batta, Lenoir, Paul Chareau, H. Brevière, Beaufils, P. de Lescaut, H. Bordeaux, Alphonse Pauly, W. Varot. J. Guigard, Louis Rey, etc.

Cette revue est rédigée par d'honnêtes écrivains et de consciencieux artistes. Elle ne fait pas beaucoup de bruit, mais elle est incapable de faire du mal. On sent, derrière sa rédaction substantielle, le travail, le devoir, la peine, la lutte, la résignation, la probité modeste, la foi sincère. Ses hommes de lettres sont presque tous ou peintres, ou architectes, ou statuaires. Ils enseignent ce qu'ils savent, ils se passionnent pour ce qu'ils comprennent et exécutent, bien différents en cela des nombreux critiques d'art, qui n'ont connu l'art que dans leurs rêves d'écoliers ou de gandins. La revue de M. Auvray est l'organe du Comité central des artistes, sorte d'académie composée des hérésiarques ou des vagabonds de l'art libre. Dans ce Comité, on chante et on versifie en attendant des jours meilleurs, on croit peu au génie des grands prix de Rome, et on a raison.

— M. Louis Auvray, statuaire, directeur de la *Revue artistique et littéraire*, administrateur général du Comité central des artistes, est né à Valenciennes. — Après avoir successivement obtenu tous les prix à l'Académie de peinture et de sculpture de cette ville, il fut envoyé par le conseil municipal comme pensionnaire à Paris.

En 1850, il entra à l'atelier des élèves de David (d'Angers); mais ses débuts à l'École des Beaux-Arts furent bientôt arrêtés par une maladie de poitrine, qui l'obligea à quitter l'école et l'atelier pour aller chercher dans sa famille les soins que réclamait l'état de sa santé. Ce ne fut qu'en 1854 qu'il put reprendre sérieusement ses travaux.

Il a exécuté successivement : un *Christ* en bois pour la chapelle d'un château des environs de Cambrai; — *Euterpe*, statue en plâtre; — et les bustes de Félix Auvray, peintre d'histoire, élève de Gros; — Charles Eisen, peintre et dessinateur; — Victor Ducange, auteur dramatique; — Saudeur, général de brigade, pour le musée de Valenciennes. Au Salon de 1835, le buste en plâtre de Saly, sculpteur du roi Louis XV, ayant été remarqué, M. le ministre de l'intérieur accorda, à titre d'encouragement, un bloc de marbre à M. L. Auvray; et, en 1857, il exécuta le petit fronton du théâtre et les cariatides de la façade de l'hôtel-de-ville de Valenciennes.

M. Louis Auvray a encore produit le buste en marbre du sculpteur Saly, ceux en plâtre du peintre Watteau et du statuaire Milhomme, commandés par la ville de Valenciennes; les bustes et les médaillons en bronze des jurisconsultes Pothier et l'Hospital; un grand nombre de dessins pour gravures sur bois, des lithographies, une série de médailles en bronze des hommes célèbres nés à Valenciennes; la statue du chroniqueur Jean Froissart, exposée au Salon de 1859; *le Commerce et l'Abondance*, groupe en pierre pour la place du Marché, à Valenciennes; le *Maréchal Fabert*, statuette (musée de

Metz), et *Henri IV*, statue commandée par le ministre de l'intérieur.

En 1841, le gouvernement ouvrit un concours pour le tombeau à ériger à Napoléon Ier. Tous les artistes furent invités à y prendre part; beaucoup de peintres et de sculpteurs s'associèrent à des architectes pour l'exécution de leurs projets; M. Auvray fit lui-même l'architecture et la sculpture des deux projets qu'il a présentés au concours, l'un en plâtre et l'autre dessiné au lavis. Ce dernier n'était d'ailleurs que le complément du premier.

Sur quatre-vingt-un projets envoyés au concours, ceux de M. Auvray furent choisis avec ceux de MM. Visconti, Baltard, Duc, Duban, H. Labrouste, Lassus, Isabelle, Petitot, De Bay, Gayrard et Deligny, Triquetti, Dangoy, Canissié, Bouchet, Feuchères, Van Cléemputte, Seurre, Gauthier et Morey, pour un examen spécial du jury, qui avait déjà éliminé les plans de MM. Nicolle, Horeau, Lenoir, E. Lacroix, Gilbert, Cavelier, Foyatier, Étex, Klagmann, Louis Rochet, Oudiné, Dantan, A. Dévéria, Maindron, Jacquot, Desprez, Guersent, Daumas, Lévêque, etc. Le projet de tombeau pour Napoléon Ier, conçu par M. Auvray dans un esprit tout français, vient d'être publié en un album dont Sa Majesté Napoléon III a daigné agréer la dédicace.

A la suite de ce concours, M. Auvray a exécuté le buste en marbre du compositeur Lesueur, pour le palais de l'Institut; — le buste monumental de l'abbé Sicard, commandé en marbre par la ville de Fousseret; la statue en pierre de Jean de la Vacquerie, pour la façade de l'hôtel-de-ville de Paris; — *Sainte Cécile*, statue en pierre, commandée par le ministère et exposée au Salon de 1845; — le buste en marbre de Jean Froissart, exécuté en 1846 pour le musée de Versailles ; — le buste en marbre de Watteau, exposé au Salon de 1846.

En 1847, M. Auvray abdiqua momentanément son titre d'artiste pour se faire chef d'atelier chez un de ses frères qui avait entrepris la construction d'un grand nombre de wagons du chemin de fer du Nord. Dans cette mission difficile à cette époque d'agitation révolutionnaire, il sut, par sa fermeté et sa bienveillance, mériter la sympathie des ouvriers et les éloges de M. le préfet de Valenciennes, M. le baron Petit de Lafosse.

Cet artiste est auteur de plusieurs grandes compositions restées à l'état de projet, et dont les journaux ont donné des descriptions : 1° un projet de monument en l'honneur de l'héroïque défense de la ville de Valenciennes en 1793 ; — 2° d'un monument à la mémoire du chroniqueur Jean Froissart ; — 3° d'un monument à Jean de la Vacquerie, président du parlement de Paris ; — 4° un monument au compositeur Lesueur ; — 5° enfin un monument à Watteau, le peintre des fêtes galantes.

Les derniers ouvrages exécutés par ce statuaire sont : le buste en marbre de l'abbé Sicard, exposé au Salon de 1852, et le buste en marbre de l'abbé de l'Épée, exposé en 1855, tous deux commandés par l'institut des Sourds-Muets ; — le *Génie de l'Astronomie*, groupe en pierre, pour la façade du nouveau Louvre ; — le buste en marbre du compositeur Lesueur, exposé en 1857 et destiné au foyer du théâtre de l'Opéra ; — le buste en marbre de Watteau, commandé pour le musée du Louvre, et exposé en 1859, en même temps qu'une *Tête de jeune femme*, étude en marbre achetée pour la loterie de cette exposition ; — deux statues en marbre pour la cour du Louvre : une *Cérès* et une *Vénus sortant des eaux* ; — enfin une reproduction en marbre du buste de Lesueur, commandée pour le musée de Versailles.

Il nous reste à parler de M. Louis Auvray comme homme de lettres.

A dix-neuf ans il était l'auteur de quelques pièces de poésies qui lui valurent les encouragements des personnes auxquelles il les communiqua. Plus tard, il fut à Paris le correspondant de *l'Écho de la frontière*, du *Courrier du Nord* et de *l'Impartial*. Il a été l'un des collaborateurs de la *Revue des Beaux-Arts*, de *l'École du Peuple*, et, aujourd'hui, il l'est encore de *l'Europe artiste*. Il est directeur de la *Revue artistique* depuis la fondation de ce recueil.

On a de M. Louis Auvray : *Allocutions maçonniques*, brochure in-8°; — *Délassements poétiques d'un artiste*, un vol. in-12 ; — *Salon de* 1854, un vol. in-12 ; — *Salon de* 1855, id.; — *Salon de* 1857, id.; — *Salon de* 1859, id.; — *Salon de* 1845 (sculpture), id.; — *Salon de* 1852, id.; — *Salon de* 1853, id.; — *Exposition universelle de* 1855 (les artistes et les industriels du département du Nord), id.; — *Salon de* 1857, id.; — *Les Envois de Rome et les Concours de l'École des Beaux-Arts* (1858), id.; — *Salon de* 1859, id.; — *Salon de* 1861, id.

Il rédige dans la *Revue artistique* les chroniques des beaux-arts et les comptes rendus des expositions.

— M. Paul Chareau (pseudonyme, Paul Ben), chef d'institution de 1819 à 1842. — Fondateur de l'École spéciale de commerce de Charonne, où, le premier des universitaires, il avait établi l'enseignement professionnel.

Journaliste de 1842 à 1856. — Il a débuté dans le *Globe*, a été rédacteur en chef du *Journal de Caen*, de 1845 à 1847, puis l'un des rédacteurs de *l'Époque*, depuis son origine jusqu'à sa chute, et rédacteur principal de *l'Estafette* de 1848 à 1856. — Collaborateur au *Musée des Familles*.

Il a publié : de *l'Éducation au XIXe siècle*, 1 vol.; — Traduction en vers des fables et poésies de Lessing, 1 vol.; — *le Fils du fermier*, 2 vol.; — *l'Étoile de Blankenberghen*, 3 vol ; — *la Science du vivre*, 1 vol.; — *Inspirations belges*, 1 vol.; — *Nouveaux Apologues*, 1 vol.

Collaborateur à la *Revue artistique et littéraire* depuis son origine, il y publie des apologues et des études littéraires.

— M. Jacques-Pierre Valat, ancien recteur. — Mémoires publiés par l'Académie des sciences, lettres et arts de Bordeaux : — Philosophie des sciences positives; — Études sur Descartes (ses œuvres et son influence); — Études sur Copernic ; — Vues sur l'organisation du travail ; — Objet et méthode de l'économie politique.

Il a publié dans la *Revue de la Gironde :* — Études littéraires sur les œuvres et les monuments; — Études sur le libre-échange ; — Traité d'arithmétique (1858); — Plan d'organisation hygiénique des collèges; — Études sur les Facultés des lettres, des sciences et de médecine; — Études sur les règlements des Sociétés de bienfaisance maternelle; — Nature et loi du progrès; — Essai historique sur les sophistes grecs ; — Venise ancienne.

Il est chargé de la partie scientifique et philosophique dans la *Revue artistique et littéraire*.

— M. Edmond Douay, professeur au collége Sainte-Barbe. — Il est l'un des collaborateurs du *Magasin pittoresque*; il a publié un volume intitulé : *l'Ame des écoliers*.

Il fait, dans *la Revue artistique et littéraire*, les articles critiques et philosophiques sous ce titre : *Hommes et Choses*.

— M. Paul-Rémi Faiex est auteur de *la Chasse aux proverbes*, comédie en un acte et en prose; — *les Fous*, fantaisie philosophique en un acte et en vers.

Il rédige dans *la Revue artistique et littéraire* les comptes rendus des principaux théâtres.

— M. Louis-Félix Savard a publié ses premiers articles, en 1858, dans *le Gourmet*, dans *l'Indicateur de Seine-et-Marne*, où il était chargé des chroniques parisiennes, et dans *le Bon Diable*, journal du Caveau, qu'il a rédigé presque en entier du 4 novembre 1858 au 15 décembre 1859. — Il a collaboré successivement au *Foyer* (1858 et 1859), au *Journal de tout le monde* (1859), au *Rasoir du Figaro* (1859), au *Figaro-Programme* (1859-1860), à la *Revue des Beaux-Arts* (1858, 1859 et 1860), au *Diogène* (1860), à *l'Orchestre*, où il a rédigé les échos des théâtres pendant l'année 1860, au *Gaulois* (1859, 1860 et 1861), à *la Causerie* (1861), etc. — Attaché au *Messager des Théâtres et des Arts* depuis février 1859. — Rédacteur en chef du *Foyer* depuis le mois d'août 1861. — A obtenu, en août 1861, pour un Mémoire sur le baron Larrey envoyé au concours, le prix de biographie proposé par la Société académique des Hautes-Pyrénées.

Il est chargé des comptes rendus des théâtres dans *la Revue artistique et littéraire* depuis sa fondation.

— M. Alphonse Pauly — a collaboré à *la Revue des Beaux-Arts* et à *l'Europe artiste*; — a publié un *Aperçu de l'histoire de la gravure en médailles*; — une *Notice sur Louis-Michel Petit*, graveur en médailles.

Il rédige dans *la Revue artistique et littéraire* la notice nécrologique et la revue bibliographique.

— M. W. Batta, compositeur de musique, professeur d'harmonie, auteur de : *la Reine est là*, opéra en un acte, exécuté à la Haye en 1852; — *les Pénitents rouges*, opéra en deux actes, exécuté à Dijon en 1857; — *les Bretons*, symphonie-oratorio en trois parties, exécutée à Rennes en 1854; — *Inès ou la Fiancée espagnole*, opéra en deux actes, exécuté à Rennes en 1854; — *l'Inondation*, cantate exécutée à Paris en 1856; — solféges, messes, saluts, quatuors, romances.

Il est chargé de la revue musicale dans *la Revue artistique et littéraire*.

— M. Louis Rey, artiste peintre-décorateur. — On lui doit : les restaurations de la grande coupole de l'église Saint-Roch; — la décoration en plantes et fleurs médicinales du musée appelé *Physiciennes-Hall*; — la décoration d'une maison appartenant à M. Watson-Goudon (portraitiste célèbre); — des spécimens des différents styles décoratifs, peintures ayant figuré comme produits à l'Exposition universelle de Londres de 1851. — A participé aux travaux de peintures décoratives des monuments publics.

Il est chargé des comptesrendus des arts industriels pour *la Revue artistique et littéraire*.

LE TRÉSOR DE LA MAISON

RECUEIL COMPLET ET USUEL DES CONNAISSANCES UTILES, ARTISTIQUES
ET LITTÉRAIRES.

N° 1. — Mai 1860. — Paris et départements, 6 francs. — Paraissant une fois par mois. — Rue du Pont-de-Lodi, 5.

Sous la direction d'Eugène Pick (de l'Isère).

Rédacteurs spéciaux : Mesdames Adèle Esquiros, Aline Grandval, de Marsan; MM. les docteurs de A. à Z.... — *Rédacteurs fantaisistes* : Paul Nibelle, Charles Coligny.

— *Rédacteurs forcés par le ciseau :* Thiers, Victor Hugo, Laurent (de l'Ardèche), Norvins, Arsène Houssaye, Méry, de Barante, etc.

LES BONS ROMANS

N° 1. — 8 mai 1860. — Un an, 8 fr. — 5 centimes le numéro. — Le journal paraît le mardi et le vendredi. — Administration : 26, passage Colbert.
Directeur : Émile Aucante. — *Collaborateurs* : A. Dumas, A. de Lamartine, R. de Balzac, E. Sue, J. Sandeau, O. Feuillet, H. Mürger, Th. Gautier, Méry, Ch. de Bernard, E. Souvestre, V. Hugo, G. Sand, A. de Musset, F. Soulié, J. Janin, A. Karr, A. Dumas fils, E. Scribe, P. Féval, etc. — *Dessinateur* : Foulquier.

Toutes ces publications débutent invariablement par cette annonce : *A nos lecteurs!* La rédaction des *Bons Romans* est, d'après cette nomenclature, assez splendidement composée. Eh bien! malgré l'éloquence suffisante de tous ces noms, M. Aucante n'a pas cru pouvoir se dispenser de glisser la sienne à ses clients. Il va, dit-il, condenser dans une bibliothèque véritablement utile la fleur des livres célèbres et constituer au profit de tous un véritable Panthéon de bonnes publications. Remarquez-vous comme on élève depuis quelque temps, à tous propos, et de tous côtés des Panthéons? Le siècle de Havin et de Nadar en est plein. La caricature rêve une lumineuse immortalité. Gros-René veut monter et rayonner sur des coupoles! Prudhomme et Macaire aspirent à coller leurs images, enluminées par l'art de Daguerre, dans le passepartout d'une étoile. Républiques et royautés déménagent et emménagent les os de leurs grands hommes, suivant les vicissitudes de la popularité et des révolutions. Chaque parti, chaque gouvernement, chaque religion, a sa fausse clef pour ouvrir le temple de la gloire. Mais où est l'éternel et inviolable Panthéon, celui dont on ne viole pas les augustes sépultures, dont on ne change pas la base et la cime? Où est l'Immortalité fermée à l'intrigue et aux maçons? Où est le Tabernacle défendu à Loriquet, à Giboyer, aux Jésuites de la Démocratie et aux granitiques ganaches de la Légitimité?

LE NATIONAL

JOURNAL POLITIQUE QUOTIDIEN

N° 1. — 15 mai 1860. — France, 72 fr. — Italie, 56 fr. — Bureaux de rédaction et de publication à Turin; rue Della B. V. de gli Angeli, 7, maison Dumontel. Bureaux à Paris, rue de Grenelle-Saint-Honoré, 57. — Adresser ce qui concerne la rédaction à M. Edouard Pierre.

Ne vous grattez pas les oreilles, messieurs du comité de Lecture! Ce n'est ni *le National*, ni son fantôme! mais c'est un journal français qui paraît à l'étranger! Non! que dis-je? en Italie. Il défend vaillamment la cause de l'indépendance de la Péninsule et de l'alliance française. Il nie l'Angleterre, comme puissance libérale. Pour toutes ces patriotiques et positives raisons, il doit prendre rang dans l'histoire de notre presse nationale.

Le National italien réalisait généreusement son titre. Il abandonnait à la caisse des secours pour l'indépendance de la Sicile tous les bénéfices des abonnements de l'Italie. Quel beau début pour un journal qui n'avait guère d'autre commandite que sa foi! Qu'est-ce donc que M. Léonor Havin, le fictif représentant de la presse libérale française, à l'inauguration de la statue de Manin, a versé à l'Italie, comme orateur et comme fermier général du *Siècle?*...

LES GRANDS ET LES PETITS PERSONNAGES DU JOUR
SCÈNES D'INTÉRIEUR DE NOS CONTEMPORAINS

1re Livraison de 16 pages de texte, avec gravures. — 26 mai 1860. — Prix de chaque portrait, 50 centimes. — 8, rue du Choiseul.

Directeur-propriétaire : J. B. Giraldon.

Ce Giraldon est celui de la *Chronique universelle illustrée*. La publication énoncée ci-dessus est une sorte de dictionnaire des grands et des petits contemporains par un des plus petits qui semble être Giraldon. C'est à peu près l'idée de M. de Loménie : « Biographies des hommes illustres, par un homme de rien. »

Les collaborateurs de cette œuvre anecdotique sont ceux de la *Chronique universelle illustrée :* Louis Veuillot, Pontmartin, H. de Riancey, Ch. Coligny, Eugène Veuillot, Edmond Texier, Saint-Albin, Georges Bell. M. J. B. Giraldon, dont le fils barytonne en italien à Londres sous le nom de Giraldoni, affirme dans son prospectus qu'il entrera sans personnalité, sans calomnie dans tous les replis du caractère et de la vie de ses sujets. Sans calomnie, c'est possible ! mais sans personnalité ! Ah ! vous êtes incroyable, M. J. B. Giraldon !

MAISON CH. CALLEBAUT

N° 1. — Juin 1860. — Bureaux, 6, rue de Choiseul. — Journal de l'industrie. — Machines à coudre américaines. Système Singer. (Voir *le Siècle*.)

MONITEUR DES VILLES ET DES CAMPAGNES

N° 1. — 10 juin 1860. — 14, rue Jean-Jacques Rousseau.

LE TEMPS
ILLUSTRATEUR UNIVERSEL
PARAISSANT LE DIMANCHE ET LE JEUDI

N° 1. — Juin 1860. — Paris, un an, 20 fr. — Départements, 25 fr. — Bureaux, 17, faubourg Montmartre. Prix du numéro, 20 centimes.

Rédacteur en chef : M. Ph. Busoni.

Directeur de la partie artistique : M. Gavarni.

Le Temps inscrivait parmi ses collaborateurs : MM. Ernest Legouvé, Alphonse Karr, Prévost-Paradol, Arsène Houssaye, Amédée Pichot, E.-D. Forgues, E. Géruzez, Adolphe Joanne, J. P. Sthal, Léon Halévy, Ludovic Halévy, Ch. Terrien, Henry Monnier, Edmond et Jules de Goncourt, Ch. Bataille, N. Fournier, G. de Montheau, Arthur Arnould, Saint-Germain Leduc, Gustave Desnoiresterres, Dupinez, H. Maret, Éd. Plouvier, A. Rivière, Ferré, Paul de Lascaux, etc.

Dessinateurs : F. Ferat, Reede, Lacroix, Camille Rogier, Lecoutour, Jules Lecœur. — On lisait dans le Prospectus :

« *Le Temps, illustrateur universel,* a réalisé parmi les publications illustrées une des plus étonnantes révolutions du bon marché. Les vingt et un premiers numéros de ce journal, qui se distingue par la variété, la valeur de ses articles et de ses gravures, comprennent trois cent quarante-quatre dessins sur les événements présents et la matière de plus de trois volumes in-8°. »

Hélas! la vaste publicité sur laquelle reposait cette feuille et les courriers de Charles Bataille ne l'ont pas sauvée d'une mort subite. *Le Temps* ne paraît plus depuis longtemps. M. Ph. Busoni qui l'avait fondé pour faire concurrence à *l'Illustration* où pendant plusieurs lustres il avait tenu l'emploi de chroniqueur, a disparu dans sa chute. Vous rappelez-vous M. Busoni, l'éternel Busoni de l'éternel courrier de *l'Illustration* sous la direction de Paulin? Eh bien, c'est ce Busoni-là!

J'aime mieux *le Temps* rédigé par M. Nefftzer. Saluons!

PETIT GUIDE DANS LES THÉATRES

N° 1. — Juin 1860. — Indication, appréciation, critique, programme des spectacles. — 6 fr. — Kugelmann.

JOURNAL DES PUISSANCES OCCULTES

ET DE LEURS MANIFESTATIONS

N° 1. — Juin 1860. — Prix d'abonnement : 12 fr. par an. — Administration, 55, rue Pigale.

Directeur-rédacteur en chef : U. J. Brasseur, en inspiration et collaboration des êtres invisibles, et de plus administrateur du *Moniteur de la Toilette*. — *Trésorier :* M. J. E. H. Castro, commis d'agent de change, auteur de *l'Hygiène dans la nourriture et dans la gymnastique*. — *Secrétaire :* M. J. Chrétien, ingénieur civil.

Ce journal a pour objet : « D'examiner, de réviser, de discuter tous les faits antiques, modernes, actuels, produits et remarqués dans les cours de magie, chiromancie, nécromancie, magnétisme, somnambulisme, spiritisme, spiritualisme, tournomanie, cartomancie, hypnotisme, et de déduire *les effets industriels* résultant de l'intervention des causes occultes dans les destinées de l'humanité. » (*Sic.*)

Le *Journal des puissances occultes* est donné comme prime aux abonnés du *Moniteur de la Toilette*. Quel diable de rapport peuvent donc avoir ces deux journaux?

M. U. J. Brasseur, ce tournomane, n'a pas encore atteint la célébrité de Gagne, mais il a un bien joli son de timbre! Parmi ses publications invisibles nous citerons : *Les Ames et les Humains* ou communications de l'autre monde, recueillies et commentées pour le triomphe de la morale et le bonheur de la société. — *Enseignement de la vraie doctrine du magnétisme. — Le Moniteur de la Toilette. — Aurores boréales. — Fonctions créatrices. — La Médecine des invisibles. — Direction des aérostats.*

Les *Esprits frappeurs* ont eu leur chevalerie. Il y a quatre ou cinq ans j'ai fait partie de la croisade qui les défendait à leurs débuts dans l'ébénisterie. J'ai traversé les boulevards avec mon guéridon pour aller plaider leur cause dans des soirées parsemées de flammes de punch et de jolies femmes. J'ai ferraillé de la plume contre mes incrédules confrères, en l'honneur du cancan des meubles et de la paralysie subite des aiguilles de pendules. Dieu! que j'en ai vu des attaques de nerfs et de bon sens, des jambes et des cœurs croisés sous les tables à rallonges! Pendant un an, deux fois par semaine, j'ai pu assister aux révélations de bien étranges doctrines et de bien jolis pieds! Oh! les ravissantes prophétesses! oh! les remuantes pythonisses qui me coudoyaient pendant toute une soirée, consacrée à la science et à la morale! Vraiment, on n'était jamais plus de ce monde que lorsque l'on évoquait l'autre!

L'histoire des Esprits frappeurs mériterait d'être écrite par un Brantôme ou un Bussy-Rabutin. Aujourd'hui que sont-ils devenus, ces cénacles et ces trépieds? Charmantes jeunes femmes qui souleviez si lestement l'acajou et la passion, qui faisiez invisiblement chanter les cœurs et les pianos, où avez-vous porté vos priviléges et vos souverainetés? Votre souvenir a été à peu près mon seul bien d'ancien adepte. Je n'entends plus guère parler des Esprits frappeurs. Est-ce que cet art-là tomberait aussi dans le marasme? Des zélés et des convaincus restent sans doute debout sur cette large brèche faite à la raison de tant de gens. Les Esprits frappeurs comptent toujours parmi leurs fidèles croyants et leurs doctes défenseurs le comte d'Ourches, le baron de Guldenstubbe, Delamarre, trois bénédictins de la Kabbale, Allan Kardec, le doctrinaire du spiritisme, Cahagnet (d'Argenteuil), qui a publié sur la question une dizaine de volumes, encyclopédie terrifiante, dont il m'a fait cadeau. Mais à côté de ces pères de la doctrine, qui voyons-nous d'intéressant et d'original? Il y a partout dégringolade dans le crédit des Esprits frappeurs. Home a perdu sa puissance. Delaage a perdu son feuilleton du *Constitutionnel*. Le spiritisme, comme la photographie, dégénère en basse opération. Il tombe dans Z. Piérart, le rédacteur de la *Revue spiritualiste*, dans U. J. Brasseur, le directeur du *Moniteur de la Toilette*, et se termine à Gagne, rédacteur en chef de *l'Uniteur du monde visible et invisible*, et avocat des fous. Ce n'est plus généralement qu'un phénomène de cabinet de consultation. Le somnambule banal a remplacé le *médium* aux yeux ouvertement adorables. L'oracle salarié a supplanté la libre grâce de la prophétie en toilette de femme du monde. Bicêtre s'enrichit de sujets qui ont pris au sérieux la lecture des journaux spiritistes, et il sera bientôt aussi nécessaire de défendre à ces feuilles-là la distribution de leurs légendes homicides que certains poisons au commerce. Le spiritisme est à l'âme ce que l'absinthe est au corps. Le spiritisme et l'absinthe ravagent cruellement la démocratie.

LE CRÉDIT COMMERCIAL

JOURNAL DES FAILLITES

PUBLIANT TOUS LES RENSEIGNEMENTS INDISPENSABLES AU COMMERCE DE PARIS ET DES DÉPARTEMENTS. — PARAISSANT TOUS LES DIMANCHES.

N° 1. — 8 juin 1860. — Abonnement : Paris, 12 fr.; départements, 16 fr.; étranger, 20 fr. — 8, rue du Sentier.

Directeur-gérant : A. Agenet. — *Rédacteur en chef :* J. Paradis.

Le Crédit commercial a commencé d'abord par se sous-intituler d'une façon assez paradoxale, *Journal des faillites!* Aujourd'hui il a remplacé ce sous-titre par celui de *Journal de la finance, du commerce et de l'industrie.* Il comprend une agence de renseignements et de contentieux. L'abonnement à cette agence est de 60 fr. payables d'avance. Quelle occasion !

LE PORTEFEUILLE DU DESSINATEUR

JOURNAL DE L'ENSEIGNEMENT THÉORIQUE ET PRATIQUE DU DESSIN

N° 1. — Juillet 1860. — Abonnement pour Paris, 12 fr.; pour les départements, 14 fr.; 1 fr. la livraison. — Bureaux, 28, rue des Grands Augustins. — *Directeur :* Ch. Wild. — Dessins par MM. Eug. Deshayes, Sauvageot, Galetti, Pottin, J. Carot, Hubert-Clerget, J. F. Grobon, Fichot,

Gaildrau, L. Pelletier, H. Le Secq, Néraudau, Belloguet, Lehnert. Sujets par T. Keraval.

PRESSE SCIENTIFIQUE DES DEUX MONDES

REVUE UNIVERSELLE DU MOUVEMENT DES SCIENCES PURES ET APPLIQUÉES

N° 1. — 16 juillet 1860. — Prix de l'abonnement, 25 fr. — Paraissant le 1er et le 16 de chaque mois, par livraison de 100 pages. — Rue Richelieu, au Cercle de la Presse scientifique.

Directeur : M. J. A. Barral. — *Collaborateurs :* MM. Victor Meunier, Félix Foucou, docteur Caffe, Barthe, Breulier, Dumoncel, Komarolf, Mareschal.

Voici ce que dit M. Charles Sauvestre, de *la Presse scientifique :*

« Il manquait en France un recueil qui pût faire connaître périodiquement et d'une manière complète les découvertes et les progrès des sciences. Les savants des divers ordres restent trop étrangers à ce qui n'est pas de leur spécialité. D'un autre côté, il faut quelquefois plusieurs années pour qu'un mémoire important publié en Allemagne, en Russie, en Danemark soit connu en France, même des personnes qui s'occupent du sujet traité. Enfin il restait à créer une publication complète qui tînt le public au courant de tout ce qui se fait dans l'ordre scientifique.

« C'est pour combler ces diverses lacunes qu'il vient de se fonder au Cercle de la Presse scientifique, rue Richelieu, 21, une nouvelle revue des sciences sous la direction de notre collaborateur M. J. A. Barral. »

Je ne pouvais mieux dire que M. Sauvestre. On parle bien quelquefois dans *l'Opinion nationale !*

LA FRANCE MILITAIRE ET MARITIME

ROMANS, NOUVELLES, ANECDOTES, IMPRESSIONS DE VOYAGE, BIOGRAPHIES

N° 1. — 22 juillet 1860. — France, 2 fr. 50 c. — 5 centimes le numéro. — Hebdomadaire. — 71, rue Caumartin.

M. Beauvallet dirige cette fabrique d'histoires. Un aigle plane sur son frontispice. MM. Jahyer, Riou, Darjou, sont les dessinateurs de ces étoffes.

ANNALES DU CONSERVATOIRE DES ARTS-ET-MÉTIERS

PUBLIÉES PAR MM. LES PROFESSEURS

1re Livraison. — Juillet 1860. — Bureaux, 15, quai Malaquais. — In-8° de 200 pages. — Paraissant tous les trois mois. — 16 francs par an.

Directeur : Ch. Laboulaye.

LA FRANCE NOUVELLE

HEBDOMADAIRE

N° 1. — 28 juillet 1860. — Rue des Halles-Centrales. — Démolie.

Directeur : M. Ch. Legrand. — Journaliste financier et industriel.

JOURNAL DE LA SOCIÉTÉ DE STATISTIQUE DE PARIS

N° 1. — Juillet 1860. — 16, rue de la Sourdière. — Grand in-8°. — Mensuel. — 32 pages. — 10 francs par an. — 50 c. le numéro.

LE MESSAGER DE PARIS

POLITIQUE, COMMERCIAL ET LITTÉRAIRE

N° 1. — 21 juillet 1860. — Paris, 5, rue Coq-Héron.
Rédacteur en chef : Hippolyte Castille. — *Collaborateurs :* Doinet (Alexis), Olivier (Raoul), De Malarre, Eugène Paz, Genret, D. Fontaine, Duranty.

M. Hippolyte Castille a pris possession du *Messager* le 21 juillet 1860. Le premier numéro de la nouvelle combinaison n'a paru que le 26. Le 6 août, changement de format et nouvelle disposition des matières. Le journal se débattait déjà sur son lit d'agonie. Le 21 septembre 1860, il rendait son âme à l'épicier. Il fut *porté en terre* sans tambour ni trompette! Pour alimenter cet organe frappé de caducité, M. Hippolyte Castille le bourrait de temps en temps d'une énorme tartine dans le style de M. Jourdan. Cette abondance de nourriture ne lui a pas profité. Sous la direction de M. Castille, le tirage n'était que de cinq mille exemplaires. Cependant, pour attirer l'abonné, M. Castille avait essayé d'une combinaison truculente. Il ne s'agissait tout simplement que de rendre chaque abonné propriétaire d'un *domaine,* au bout de quelques années. La combinaison n'a pas eu de suites devant notaire.

— M. Doinet (Alexis) a été rédacteur principal (en quoi? du *Messager* ; rédacteur en chef de la même feuille sous le petit père Boulé, le président propriétaire du journal; rédacteur en chef du *Moniteur du Calvados;* rédacteur en chef d'une feuille des environs de la Loire. En récompense de ses services plus ou moins signalés dans la presse départementale, il réussit à entrer au *Messager*

de M. Boulé. Les deux personnages ne vivaient pas en
bons compères. M. Alexis Doinet rêvait des splendeurs,
comme rédacteur en chef. Le petit père Boulé lui octroyait pour tout luxe un vieux fauteuil défoncé, dans un
bureau tapissé de papier à chandelle. Alexis Doinet, toujours en cravate blanche, traînait son petit Boulé, comme
disait Villemessant, à travers les mille vicissitudes de sa
nouvelle carrière de journaliste-retour du Calvados. Au
moment de la mutation, c'est-à-dire quand le journal
passa dans les mains d'Hippolyte Castille, il était dû un
reliquat d'appointements à M. Doinet. Le petit père Boulé
prétendait avoir des motifs particuliers pour ne pas payer
l'éloquent Alexis. Mais l'intervention d'un haut personnage
aurait, à ce qu'il paraît, forcé le petit père de solder exactement ses gages à Alexis. De là hostilité sourde entre Doinet d'une part, Castille et Boulé de l'autre. En définitive,
le journaliste caennais ne brillait guère dans cette galère. La besogne d'Alexis se réduisait la plupart du temps
à des entrefilets, réflexions ou commentaires collés au bas
des articles de fond des grands journaux, reproduits par
le *Messager*. Il rédigeait aussi quelques petites nouvelles
à la main, sous le pseudonyme de Toby Flock. Pas fortes
les nouvelles! Au physique, rond, chauve, l'air toujours
gelé: au moral, doux, poli, obséquieux; fort sur l'Amérique du Nord qu'il connaît sur le bout du doigt. A voir
son front dénudé, on croirait presque qu'il a été scalpé
par un Indien des montagnes rocheuses.

— M. Olivier (Raoul), secrétaire de la rédaction. Beau
garçon, mais c'est tout. Son entrée à la rédaction du *Messager* a eu lieu grâce à une part de 8000 francs qu'il avait
l'intention de prendre dans l'affaire. Doinet, Alexis, l'avait
racolé en province. N'ayant pas la plus élémentaire
idée du journalisme, il avait fini par s'imaginer qu'il

était le véritable auteur des articles de fond qu'on lui faisait signer à titre de secrétaire de la rédaction. Du reste, il n'est pas le seul de ce tonneau-là, comme dirait Firmin Maillard ! On raconte que, lorsque son nom parut pour la première fois dans le journal, il courut chez un lithographe commander des cartes de visites ainsi conçues : « Olivier (Raoul), secrétaire de la rédaction du *Messager*, de Paris. » Il se prenait tellement au sérieux, qu'il alla un jour trouver M. Grandguillot, qui, voyant vite à quelle boursouflure il avait affaire, lui cassa l'encensoir sur le nez.

— M. De Malarre. Encore un intéressé du *Messager*, imposant ses articles, touchant à toutes les questions, les ignorant toutes, empiétant sur les droits du rédacteur politique, du rédacteur littéraire, du rédacteur financier, se targuant de son titre d'intéressé pour faire avaler au lecteur une prose indigeste et des articles de fond qui en manquaient complétement.

— M. Paz (Eugène), rédacteur de la partie économique et financière : 28 ans. A débuté dans le journalisme par des articles littéraires publiés dans *le Courrier Français. Le Journal des Mines* lui doit aussi des articles économiques. A été collaborateur du *Journal des Actionnaires*. Au *Messager*, il rédigeait en dernier lieu la revue économique et le bulletin financier. Une des rares et fières honnêtetés du monde de la Bourse. Brave cœur, esprit droit, nature franche, talent nerveux. Aujourd'hui il s'occupe spécialement de finances.

— M. Duranty. Poëte barbu, hirsute, maigre, essoufflé, croyant à son infaillibilité, comme tous les réalistes de brasserie et tous les brasseurs du réalisme. Il a été chargé par M. Castille d'assaisonner en ragoût un roman excessivement socialiste, que ce dernier avait fait paraître en

1850. Il l'a si adroitement remanié, que son rédacteur en chef, pour le récompenser, lui a donné cent francs! Pendant deux mois il s'était livré à cette cuisine, pour gagner cette somme fabuleuse.

— M. Genret. Le Boniface de l'endroit. Ancien procureur du roi sous Louis-Philippe. Connaissant parfaitement son métier, composant au besoin le journal à lui tout seul. Petit, gros, joufflu, dodu, couleur de tomate; nature apoplectique, mais de l'esprit en diable! A collaboré à *la Gazette des tribunaux*, sous la direction de Willis, à *la Silhouette*, au *Corsaire*, à des journoux de modes, au *Conservateur*, à *l'Assemblée nationale*, à *l'Estafette*, au *Courrier de Paris*. Avocat, il a brillamment plaidé plusieurs affaires qui ont eu l'honneur d'être inscrites dans les recueils judiciaires. Il a eu pour client Chodruc-Duclos. Son désintéressement connu de plusieurs chefs de bande lui avait aussi concilié la confiance de ces *messieurs*. L'avocat Genret n'a jamais eu un accusé tué sous lui. Un jour on lui demandait : « Et lorsque vous étiez procureur du roi? — Oh! alors, répondit Genret, c'était bien différent, la société réclamait des exemples! »

— M. D. Fontaine. Administrateur du journal. Auteur principal de la combinaison. Ancien rédacteur du *Journal des Actionnaires*.

LA VILLE DE PARIS

JOURNAL DE L'ADMINISTRATION, DU COMMERCE, DE L'INDUSTRIE, DE LA LITTÉRATURE ET DES CHEMINS DE FER. — PARAISSANT LE SAMEDI SOIR.

N° 1. — 21 juillet 1860. — Paris, 12 fr. par an; départements, 14 fr. — Un numéro, 25 centimes. — Rédaction et administration, 63, rue Pigale.

Rédacteur en chef : Louis Richard. — *Collaborateurs :* Henry Vié, Eugène d'Auriac, Charles Friès, Juvet, Antonin Mulé, de Grisonne, J. E. Castro, Léon Mingelle, etc. — *Secrétaire de la rédaction :* Hyacinthe Giscard. — Timbré.

Le Journal de Paris a donné naissance à cette feuille. *La Ville de Paris* a été fondée avec une partie des épaves de la galère du *Journal de Paris* de 1858. L'éphéméride parisienne s'y épanche en longues colonnes. Ce journal est fait avec des rognures de tous les journaux. Il vit d'annonces et de réclames. Il édite à sa quatrième page les plans du parc du Vésinet, et célèbre, sur tous les rhythmes, les métamorphoses de ce bois enchanteur.

M. Louis Richard, ex-collaborateur du *Corsaire* (où, quand et comment?...), chevalier de l'ordre du Christ de Portugal (quelle éblouissante couleur sur un paletot gris!), est un écrivain qui s'est élevé à la pénultième puissance de la didactique municipale. Il excelle dans l'examen des questions de petite et grande voirie, de tarifs de chemin de fer, d'expropriations, d'assainissement, de boulevards, d'égouts collecteurs, de routes militaires, d'aqueducs. Il est docteur ès-rues de Paris. L'article d'édilité est sa rossinante, son idéal, son va-tout. Et quel style *ad hoc!* jugez-en par cet échantillon ; il s'agit de la construction d'une nouvelle salle d'Opéra : « ... Notre opinion, nous l'avons déjà dit, n'est pas celle de l'administration, et nous ne comprenons pas comment elle s'obstine à ne pas vouloir faire entrer dans le plan d'ensemble du projet de l'Opéra l'ouverture de grandes artères se ramifiant avec d'autres artères déjà existantes, lesquelles aboutissent aux quartiers excentriques, au lieu de se renfermer, comme elle persiste à le faire, dans une donnée étroite et mesquine, en pivotant dans un cercle infiniment trop restreint pour la splendeur d'un monument comme l'Opéra?

« On dirait que l'administration, obéissant à une volonté supérieure, semble ne se livrer à l'étude de ce projet qu'avec contrainte et sans amour. »

De l'amour, ô mon dieu! a propos d'Opéra, de plâtres et de moellons? Qu'est-ce que l'amour vient donc faire dans ces maçonneries et ces architectures?

Après avoir pris, dès son apparition, le sous-titre de journal de l'administration, *la Ville de Paris* l'a remplacé de gré ou de force, à son quinzième numéro, par celui de : *Journal de la France nouvelle*.

Journal de la France nouvelle! Comme c'est sonore, éclatant, rayonnant, et cliché! Comme cela allume l'abonné! Comme cela éclaire l'avenir! *Journal de la France nouvelle!* Voyons ce que tu vas dire et chanter : sans doute la liberté, la fraternité, l'art, la vie, la renaissance des vertus politiques, le retour des dieux et des déesses, la transfiguration des races bourgeoises, l'anéantissement des photographes, la suppression des verrues, des chaînes Pulvermacher, des orgues de barbarie, des cantates républicaines du père Havin, la dispersion des derniers troubadours de la romance, de la diplomatie et de la légitimité? Non! rien de toutes ces belles et urgentes réformes, rien que le moellon et la manière de s'en servir! Rien que les architectes et les maçons! La lumière, M. Richard ne la voit guère que dans la diffusion du gaz. L'espace, la liberté, pour lui consistent en élargissement de rues et de trottoirs. La force, la santé, la vie, dépendent principalement à ses yeux de la création de nouveaux squares! Ce qui fait que *la Ville de Paris* n'est pas plus le journal de la France nouvelle qu'elle n'était le journal de l'administration.

Journal de la France nouvelle! Vous vous pavanez sous ce titre! Et vous n'avez pas encore demandé, ô épurateur de la rue, ô évangéliste de la salubrité, la construction d'un Ghetto dans la capitale, pour y enfermer les violentes impudeurs du théâtre, du journalisme et du trottoir? C'était pourtant de votre ressort et de votre devoir, cette réclamation. Des artistes, des agents-voyers, des entrepreneurs de bâtisses économiques, des agents de police et des disciples d'Esculape, nous en aurons toujours assez. Ce qu'il nous faut en supplément, pour la sauvegarde de la civilisation et pour la sécurité des familles, puisque l'Académie des Sciences morales est impuissante à arrêter ces ravages, c'est un quartier maudit bien muré au soleil, à l'honnêteté, aux regards de l'enfant, c'est un arsenal de carcans pour ces opprobres entortillés de soie, c'est un hospice d'aliénés et d'incurables pour les défenseurs du droit divin. Vous vous appelez le *Journal de la France nouvelle*, et vous croyez que l'assainissement sera complet, la liberté parfaite, l'embellissement merveilleux, quand les cocodès, les gandins, les biches, pourront circuler en toute franchise, quand les fumistes et les pompiers seront privés d'ouvrage, quand M. Vautour se pavanera dans ses immenses phalanstères hors de prix! Ah! que vous me paraissez en retard avec la véritable économie et la sérieuse édilité!

La Ville de Paris, journal de la France nouvelle, paye ses rédacteurs et son loyer. Constatons cette charmante anomalie. Elle vient de fusionner avec *la Construction* et *le Moniteur des travaux publics*. Elle cherche à s'entourer d'illustrations littéraires. Dans ce but, elle a fait appel à tous les Cochinats du continent et des îles. Quoi qu'il en soit, je préfère l'ancien *Journal de Paris* de 1858 : je regrette Isambard, Merlieux, Bourdet, Lascaux, Casagnary, tous les enfants du délire en prose et en vers, en statistique et en peinture. Jules Mahias, tu as reconquis mon cœur, depuis la mort de ton canard!

Au mois de novembre 1861, M. Louis Richard a été traduit en police correctionnelle pour avoir transformé sans autorisation *la Ville de Paris* en journal politique. Bourdilliat et Vallée, imprimeurs, furent condamnés chacun à un mois de prison et 100 francs d'amende, Louis Richard, à deux mois de la même peine et 200 francs d'amende. *La Ville de Paris* supprimée ne laisse aucun vide dans la presse utile.

LE LÉGISTE

JOURNAL MENSUEL, JUDICIAIRE ET LITTÉRAIRE, EN VERS ET EN PROSE.

N° 1. — Août 1860. — 3 fr. par an.

Rédacteur en chef : Aristide Le Roux, avocat praticien.

Le Légiste est exposé chez Delavier, rue Notre-Dame-des-Victoires. Ce phénomène de drôlerie est visible tous les huit jours aux carreaux de la boutique. Je croyais que personne ne pourrait rivaliser pour la platitude avec la prose de M. de Biéville, et pour l'amphigouri avec M. Henri Bordeaux, rédacteur en chef de *la Fine Causerie* et du *Conseiller des Artistes*. Il ne faut jurer de rien, surtout en matière de journalisme. En voici la preuve. M. Aristide Le Roux entreprend dans *le Légiste* de publier le Code civil en vers. Il ouvre à cet effet auprès des lecteurs une souscription de dix mille francs! Il promet en récompense des choses singulières, car il a, dit-il, *l'audace débraillée de la pratique des lois*. Le Code romain paraîtra aussi en vers, quand M. Aristide Le Roux aura de l'argent. Un peu de courage à la poche, amis lecteurs. Vous souscrivez à bien d'autres bouffonneries qui ne valent pas celle-là. Que *l'Opinion nationale* s'avise demain de mettre en vers les articles de MM. Adolphe Guéroult et Alexandre Bonneau, je parie que l'on s'arrachera ces immenses rapsodies. Mais le Code civil mis en vers par M. Aristide Le Roux! songez-y! comme cela doit être prodigieusement cocasse! Vous en doutez? Lisez donc l'invocation qu'il adresse dès le premier numéro à la *Muse du journaliste*, afin de trouver des vers dans le Code Napoléon!... Cette Muse loge au plus haut des cieux, à ce que dit M. Aristide, qui la prie d'en descendre. Voilà une nouvelle Muse dont on ne soupçonnait guère l'existence et qui ferait bien mieux d'établir ses pénates parmi nous, avec la liberté de la presse. M. Aristide met ensuite en hémistiches les effets des lois, la fin d'une *cause grasse* (?) et les actes de l'état civil. Écoutez ce commentaire desdits actes :

> L'état civil est un acte au Français concédé
> Pour lui donner des droits en toute hérédité,
> Se vanter, s'il en a, du beau nom de son père,
> Prouver qu'il est époux ou bien célibataire ;
> Cet acte fait son rang, et, s'il est contesté,
> On ne peut l'en priver qu'après avoir jugé.
> Puis il est délivré, pour quiconque demande,
> Sur timbre seulement, mais sans aucune offrande,
> Tout extrait d'un registre, en style déterminé ;
> Moins il est en français, mieux il est engeancé.
> Éloignés du pays, les braves militaires,
> Des biens abandonnés sont toujours titulaires ;
> Grâce à ces états, le Français au lointain
> Obtient de son consul les bienfaits tout soudain !

Et vous ne souscrirez pas, joyeux lecteurs?

LA CHRONIQUE UNIVERSELLE ILLUSTRÉE

1re Livraison. — 10 août 1860. — Paraissant chaque mois en une livraison de vingt à vingt-quatre pages in-4° jésus. — Prix de l'abonnement, Paris, 20 fr.; départements, 25 fr. — Bureaux, 8, rue de Choiseul.

Directeur : J. B. Giraldon. — *Rédacteur en chef* : M. Louis Veuillot. — *Rédacteurs* : de Pontmartin, Philarète Chasles, Eugène Pelletan, Edmond Texier, Jules Janin, Théophile Gautier, Ch. Coligny, de Riancey, Fiorentino, Charles Monselet, Alex. de Saint-Albin, de Lauzières, Poujoulat, Albert de Lasalle, vicomte de Valmont, vicomte de Rosny, D. de Sezanne, A. de Belloy.

Voici ce que chante le prospectus :

« En dehors de toute préoccupation louangeuse ou chagrine, on convient généralement que le monde moderne a pris un développement gigantesque; qu'un mouvement immense s'y manifeste, prêt à aboutir au bien ou au mal, suivant qu'il sera bien ou mal dirigé. Peut-on dire que les nombreux journaux *illustrés*, répandus aujourd'hui dans toutes les classes, répondent à ce mouvement, sachent le résumer et le régler, soient assez largement conçus, assez finement exécutés pour que le lecteur y apprenne ce qu'il ignore, y retrouve ce qu'il sait, en fasse, pour ainsi dire, l'*album*, le manuel ou le programme des découvertes, des aventures, des arts, des curiosités, des œuvres, des événements contemporains? Nous ne le croyons pas : ces publications incorrectes portent la trace des deux fléaux de notre temps : la spéculation et l'improvisation. Ébauches artistiques d'une exécution médiocre, essais littéraires sans plan, sans principes et sans méthode, voilà ce que l'on y rencontre. Aucun sujet n'est vu de haut : tout est pris par un angle étroit, par le petit côté; sous prétexte d'amuser un public frivole, de refléter en courant l'anecdote ou le commérage d'hier, on néglige tout ce que des publications pareilles devraient offrir de sérieux et d'élevé; on oublie que, pénétrant partout, passant dans toutes les mains, admises sur la table de famille, elles font presque partie de l'éducation publique, que leur tâche est de parler à l'esprit et au cœur, de hausser le niveau des intelligences, de faire circuler, sous une forme attrayante, variée, populaire, ce sentiment moral qui est au monde extérieur ce que l'âme est au corps, et sans lequel toutes les merveilles de l'industrie, de l'imagination et de l'art ne sont que lettres mortes, suggestions sensuelles ou leçons de matérialisme.

« Ces quelques lignes disent assez ce que nous voulons et ce que nous espérons faire : c'est cette lacune que nous voulons combler; c'est ce programme que nous espérons remplir. Convaincus qu'il n'existe aucune publication illustrée qui réponde à cet idéal, nous avons eu la pensée de publier LA CHRONIQUE UNIVERSELLE ILLUSTRÉE, après nous être assuré le concours d'artistes et d'écrivains éminents.

« Nous tiendrons, en un mot, nos lecteurs au courant du grand mouvement du monde actuel, et les travaux que nous publierons seront constamment écrits en dehors de toute espèce de coterie, de passion, de colère et de ces misérables petits intérêts qui ne servent qu'à altérer trop souvent la vérité sous la plume systématiquement hostile ou louangeuse de la critique. »

Nous approuvons pleinement cette flagellation de l'art ordurier. Le ministre des finances cherche une nouvelle assiette d'impôts. Qu'il frappe d'un timbre exceptionnel les plates spéculations du burin et du pinceau. Que tous les gâcheurs de l'illustration, et tous les menus plaisantins du journal à cinq centimes, payent patente ! Que tous les éditeurs de saletés dans les prix doux soient lourdement taxés ! Oh ! oui, nous faisons écho, et de grand cœur, aux idées insurrectionnelles de *la Chronique* contre les violations impunies de l'œil et de l'esprit du lecteur.

Mais *la Chronique* elle-même est-elle bien en dehors de toute espèce de coterie, de passion, de colère, de critique systématiquement hostile ou louangeuse? Peut-on répondre de sa haute indépendance avec MM. Veuillot, de Pontmartin, de Riancey, Fiorentino, Poujoulat, Eugène Pelletan? Magnifiques talents, mais flottants caractères ! Superbes plumes, mais convictions pleines d'équivoques ! Le régulateur de ces convictions est souvent une balançoire.

M. de Pontmartin, qui signe gentiment Théodule, dans *la Chronique*, n'est pas un caballero de la critique, encore moins un Chérubin. Qu'il fasse les doux yeux au passé, qu'il préconise Louis Veuillot, Guizot, Montalembert, Alfred Nettement, Lacordaire, Lamartine, Laprade, Joseph Autran, l'histoire, la philosophie, la politique écrite au flambeau du catholicisme, aux verres de couleur du puritanisme, au ver luisant de la prosodie classique, je ne saurais l'en blâmer; mais, pour Dieu, en sa qualité de bon chrétien, qu'il ne refuse pas toute âme et toute valeur à About, La Bédollière, Arsène Houssaye, Taxile Delord, Caraguel, Paradol. Je vous assure, monsieur de Pontmartin, que ces garçons-là, qui ont déjà bien du malheur de n'être pas de vos amis, sont loin de mériter le rétrécissement moral que vous voulez leur infliger. Ils ont du bon et du mauvais comme vous, dans un autre genre. Ils sont brochuriers et pamphlétaires, vous l'êtes aussi. Où est le mal d'être traité de pamphlétaire? Tout le monde ne peut pas faire un pamphlet. J'estime, monsieur, que le pamphlet que l'esprit bourgeois méprise tant et si grossièrement est une bonne chose de temps en temps. En somme et au fond, ce n'est pas autre chose que la vérité violente, implacable, ardente, héroïque, armée de sarcasmes, environnée d'éclats de rire, culbutant les vertus conventionnelles et les phraséologies pudibondes de la société moderne. Ah! oui, le pamphlet fait peur à nos méthodiques et scrofuleux marchands de morale et de liberté. Aussi je vous défie, monsieur de Pontmartin, de vous ériger en censeur sévère des mœurs bourgeoises, de vous passionner pour la vérité, pour le droit, pour la liberté, sans être traité aussitôt de pamphlétaire. Vous en savez quelque chose avec vos *Jeudis de madame Charbonneau*.

Ne nous envoyons donc plus, entre écrivains, ces appellations maladroites, laissons ce banal système de flétrissure à M. Prudhomme ou à Bridoison. Et puis convenons, pour l'honneur de notre profession et de la vérité, que l'esprit littéraire n'est pas si désespéré qu'on veut bien le dire, qu'il y a encore des littérateurs, des écrivains, des penseurs à notre époque, que la noblesse des lettres ne s'est pas réfugiée entièrement dans le passé ou dans ses représentants. Le chroniqueur occupe certainement beaucoup trop l'attention de notre public, et la littérature gourgandine a usurpé de bien belles places au soleil : Aspasie-Finette et Cléopâtre-Rigolboche ont accaparé de bien jolis gandins du journalisme. *Le Siècle* s'étale démesurément sur le forum démocratique. *L'Opinion nationale* abuse toujours d'un peuple d'imbéciles qui croit à la vertueuse indépendance de ses doctrines. Mais cette littérature, cette politique, cet érotisme, toucheront bientôt à la dernière période de leur consomption. Le jugement dernier arrive pour la chronique aux confitures d'*anas*, pour l'orgie aux *pieds de mouton* ou aux pieds de *biches*, et pour tous les vilains merles de la presse pseudo-libérale. On revient d'Eugène Sue, de Mürger, de Béranger; on est revenu de Cousin et de Lamartine. Je vous assure que le cancan combiné du *Siècle*, du *Casino*, de l'*Opinion nationale*, influe très-faiblement sur la marche inflexible de la destinée humaine. A l'écart de cette génération replète ou mécontente, de ces mascarades épuisées, de ces extinctions de dignité, de foi, de bravoure intellectuelle, il se forme lentement, mais sûrement, un robuste parti de penseurs et d'écrivains qui cachent encore leur vaillance et leur mot d'ordre, mais qui sauront, à l'heure voulue, se montrer, vaincre et commander. Alors vous verrez s'envoler au vent du mépris toutes ces réputations surfaites ou volées, tous ces bouts de popularité, toutes ces ficelles de renommée, tous ces travestissements de l'Art et du Progrès. Un rayon de liberté, et la littérature donnera une moisson de fleurs et d'épis.

La Chronique universelle illustrée a eu des intermittences dans son apparition. Aujourd'hui elle s'associe à une photographie. Elle a sans doute trouvé qu'il était plus économique de donner en prime un cliché de Pierre Petit qu'un chef-d'œuvre de Rubens. Le rédacteur en chef a été dans l'origine M. Louis Veuillot. Il ne signait pas en cette qualité, il n'a signé que comme simple rédacteur. A côté de Louis Veuillot, le non moins célèbre Coligny a fait pétiller sa plume poétique. Les portraits et la vie des grandes illustrations à notre époque appartenaient dans *la Chronique* à Ed. Texier et Taxile Delord. Le journal est la propriété de M. J. B. Giraldon. Après une interruption de plusieurs mois, *la Chronique universelle* reparut avec Théophile Sylvestre pour rédacteur en chef. De Louis Veuillot elle est tombée à Texier, et de ce dernier à Théophile Sylvestre. Le premier article de *la Chronique* est de Jules Noriac, sous la signature de Giraldon. Ce Giraldon n'est en résumé qu'un opiniâtre racoleur de copie, qui flagorne les écrivains de tous les partis, et qui, sous prétexte d'originalité, insère dans sa Chronique de vieux bois qu'il se fait expédier de Londres.

On me prête souvent de ridicules projets de résurrection. On suppose que je veux le rachat de tous les esclaves de notre monde plumitif. J'affirme que je n'ai nulle envie de travailler au salut des coolies de la presse et de la littérature contemporaine. La dernière séance de la Société des gens de lettres, où on a préféré Chadeuil à Victor Hugo, suffirait pour me dégoûter d'un semblable rêve. Il est complétement inutile pour l'art et la civilisation que tous les hommes de lettres sortent de la misère et vivent, que tous les ouvriers en ressemelage d'articles, embauchés au *Hanneton*, au *Diogène*, au *Boulevard*, à la *Revue pour Tous*, au *Père sans Gêne*, au *Conseiller des Artistes*, etc., soient appelés à d'autres destins. Lors même que la France serait privée de MM. Gustave Naquet, Delvau, V. Cochinat, Jules Le Sire, Jules Prevel, Seguy, Flan, Blum, Wolf, Dunan Mousseux et autres minuscules agitateurs, la littérature en irait-elle plus mal? Il y a des hommes de lettres dont il faut user la souche. On dit qu'il est bon que tout le monde vive! mais non! Il n'y a pas nécessité à ce qu'une multitude de journaux et de journalistes rampent et grouillent au soleil. Croit-on que, si on étouffait ce monde-là, il y aurait deuil pour la vie et la liberté?

Mais dans notre république littéraire je connais des

écrivains que je voudrais voir monter plus vite au grand jour et à la fortune, et dans ce nombre prédestiné, Charles Coligny, qui réjouit, quand on le connaît, le cœur et l'esprit de ses amis. Il n'a pas encore mis tout l'ordre qu'il faudrait dans le roman de sa vie et dans sa conduite littéraire. Mais évidemment son talent a pris corps et armure. A lui de prendre maintenant son rang de combat parmi nous. Coligny doit signifier son veto absolu aux poignées de mains de tous les alités et de tous les gluants de la petite presse. Il le faut. Il lui reste bien quelque obstination dans le noctambulisme, et quelque pacte occulte avec l'esprit d'estaminet; mais je crois que depuis l'année dernière son intelligence et son cœur ont monté en grade. Il a de ces recueillements dans le maintien et dans la pensée qui dénotent autre chose qu'une vulgaire réconciliation avec l'économie de l'existence. On ne l'entend plus apostropher le matin les masques, les reverbères, et verser autant de médisances sur la tête des femmes. Cela tient-il à la morale ou à l'amour en action? Moi qui ai demandé dans mon dernier livre une femme de bonne volonté pour sauver ce poëte, je ne serais pas fâché de connaître si elle existe, la Béatrice de la *Vita nuova* de Charles Coligny.

Un feuilleton de *la Presse*, signé Pierre de L'Estoiles (Arsène Houssaye), nous annonçait que Coligny se rangeait des Saphos et des Pindares de la brasserie. C'est vrai. Notre fantaisiste est en pleine métamorphose. Il porte en tout temps de belles culottes et des paletots de cent vingt francs! Il ne veut avoir des yeux et des lèvres, des cris nocturnes et des sonnets monorimes, que pour les vraies déesses. Il les cherche partout, il les invente et les renferme dans les éblouissants harems de son imagination. Malvina Blanchecotte, Olympe Audouard, la marquise de Païva, Hortense Damain et d'autres belles adorables ont été poursuivies par ses platoniques réclames dans toute la presse. Mais la plus adorée, la plus célébrée, la plus idéalisée, la plus grande et la plus incomparable, dans les souvenirs, dans la prose et dans le cœur de Charles Coligny, c'est madame la princesse Marie de Solms. Pour lui, c'est un culte, une poésie. Il y a tant de femmes qui ne sont que des philosophies! Vraiment la princesse de Solms est une religion qui pourrait en remplacer d'autres, à notre époque de concordats. Pour les splendeurs et les trésors de cette religion-là, Charles Coligny se convertit en perpétuel dithyrambe. Ne touchez pas à madame la princesse de Solms! Coligny serait capable de vous rouer d'épithètes malsonnantes, de vous appeler Cochinat.

Cependant n'allez pas croire que Coligny consente jamais à jouer Ruy-Blas. Il aime surtout les femmes pour l'art, et aujourd'hui il les regarde en face. Amant volontiers de toutes les marquises, il ne voudrait pas être le valet de la plus belle reine du monde. Ce Franco-Espagnol me semble un peu trop habile Parisien pour cela. L'esclavage n'est pas son fait, à moins qu'il ne voie des esclaves et des Cléopâtre à ses pieds. Amour et labeur promettent de se disputer ce nouvel homme. Les affections semblent aussi faciles chez lui que le travail, et l'excuse qu'il pourra donner un jour d'avoir chanté la bohème de Mürger sera d'avoir rêvé la bohème d'Alfred de Musset. Naturellement disposé aux fictions et à la galanterie, connaissant par cœur l'histoire amoureuse de tous les peuples, il écrit et s'apprête à publier demain *l'Histoire de Mademoiselle de Montpensier*. Il compte faire pour elle ce que M. Cousin a fait pour *madame de Longueville*. On ne peut pas savoir si Charles Coligny aura plus tard le fauteuil de l'illustre père de l'éclectisme, mais il veut prouver au romantique académicien que Mademoiselle de Montpensier, la Grande Demoiselle que vous savez, a été la principale héroïne de la Fronde, et non pas cette duchesse de Longueville, trop surfaite par les historiens et les chroniqueurs.

Le voilà donc lancé en gentille barque de publicité et de camaraderie, cet enthousiaste encore bien conservé. Jules Janin et Arsène Houssaye sont ses dieux propices. Le voilà libre et superbe, débarrassé du monde-crapaud du journalisme, de cette cohue de petits poseurs qui vont à tous les enterrements des hommes de lettres ou des artistes, croyant prendre ainsi rang dans la littérature. Je crois son talent propre à bien des choses : au journalisme, à la critique, et surtout au poëme et au roman. Pour être journaliste, le bon côté de son esprit est vif et brillant. Pour être critique, il n'y a que lui qui ne s'étonne pas de son érudition facile et de ses phrases chaperonnées de noms et de dates. Mais il fera bien d'étudier dans Carrel et Proudhon les hautes sciences de la discussion et de l'ironie. Poëte, c'est un ciseleur minutieux et charmant. A l'inauguration du *Salon des fleurs*, aux Tuileries, où il était allé avec Arsène Houssaye, l'Impératrice lui ayant demandé des vers, il se mit à assortir pour Sa Majesté la plus riche et la plus fraîche improvisation. On l'a vu égrener des chapelets de sonnets monorimes sur les tables indiscrètes de la *Maison-d'Or*, après souper, en compagnie de Roger de Beauvoir, qui filait des complaintes sur Jud en vingt-trois couplets, et de Charles Monselet, qui alignait en acrostiches tous les prénoms féminins du calendrier. Joie et liberté à ces derniers poëtes qui savent encore reconduire leur muse aux flambeaux!

LA GAZETTE DES VOYAGEURS

GUIDE DES ÉTRANGERS DANS PARIS ET LES ENVIRONS

N° 1. — 30 août 1860. — Paris, 10 fr.; départements, 12 fr.; — un numéro, 25 cent.; — la ligne, 2 fr. — Hebdomadaire. — Place de la Bourse.

Gérant : Aucher. — *Régisseurs des annonces :* Ch. Lagrange et Cerf. — *Chroniqueur judiciaire :* Ch. Desfontaines. — *Critique dramatique :* Pierre Buxereuilles.

C'est une immense feuille qui peut servir de couverture et de coussin en chemin de fer. Guider les voyageurs dans le labyrinthe parisien, éviter aux touristes des tracasseries et des procès avec les maîtres d'hôtels et les administrations, initier l'étranger aux superlatives littératures des frères Cogniard, Dennery, Gandon, Latour-Saint-Ybars, tel est son but. Elle publie un tableau alphabétique des omnibus et des chemins de fer, un catalogue des musées et des monuments, une carte de Paris et des environs. Il n'y manque que le diorama du Casino-Cadet et la description du muséum politique de *l'Opinion nationale*.

INTERNATIONAL TIMES

ANGLAIS-FRANÇAIS

SCIENCES, INDUSTRIE, COMMERCE, LITTÉRATURE, BEAUX-ARTS, THÉATRES.

En réalité, un tas d'annonces anglaises sur les quatre faces.

Un an, 16 fr. — 73, rue de Provence.

Gérant responsable : Delarue.

LA NOUVELLE

JOURNAL QUOTIDIEN DU SOIR, POLITIQUE, COMMERCIAL ET LITTÉRAIRE.

N° 1. — 1er septembre 1860. — Abonnement : un mois, 4 fr. 50 cent.; — trois mois, 15 fr. 50.; — un numéro, 15 cent. — Administration et rédaction : 10, rue du Faubourg-Montmartre.

Rédacteur en chef : Amédée de Césena. — *Collaborateurs :* Hippolyte Castille, Achille Denis, Lucien Duval (duc de Rovigo), Albert Blanquet, Xavier Eyma, Jules Rouby, Jules Boucher, Jacques Valserres, de Blain, Luthereau, Ch. Gruel, Ch. Mazeau, avocat au conseil d'État et à la Cour de cassation, Georges Valchère. — *Administrateur général :* Victor Laroche.

La Nouvelle a vu le jour au *Café de mon oncle*, au coin du boulevard Montmartre. C'est là qu'on en a chuchoté les premiers articles et combiné la couleur. Ses rares débuts, à la poste et dans les kiosques, n'ont pas été exempts d'embarras, qui n'étaient pas précisément ceux d'Harpagon couvant sa cassette. Dès le numéro 1er de son sanglot conservateur, ce journal d'ordre a été atteint d'un hoquet consécutif d'inanition politique et financière. Mais, grâce aux dieux protecteurs de l'innocence d'Amédée et à l'imagination de M. Jules Rouby, *la Nouvelle* put prolonger pendant quelques mois tous ses genres de tirage. Ce providentiel Jules Rouby, peiné, comme un bon jeune homme, de voir son patron relancé sans cesse dans les sérénités de sa pensée transcendante par cette bête question d'argent, avait fini par collectionner à travers les vastes champs de l'industrie toute une flore de commanditaires. Quelques dizaines de mille francs récoltés ainsi, nous dit-on, en échange d'annonces, à travers des pharmaciens, des marchands d'eau de Cologne, des fabricants de machines à coudre, des inventeurs de caoutchouc, de cirage, de panamas, etc., permirent à *la Nouvelle* de se maintenir quelques jours de plus à l'arrière de quelques kiosques. Mais il était écrit que, malgré toutes les combinaisons charitables du commerce et de la direction de la presse, *la Nouvelle* ne guérirait pas d'un article de politique internationale publié dans son premier numéro par M. Amédée de Césena. En effet, elle a rendu le bon tirer et non l'esprit, après quatre mois d'existence.

Ah! qu'il était beau! qu'il était beau! le trop immortel auteur du *Triomphe du peuple*, le jeune et immaculé rédacteur en chef de *la Nouvelle!* Comme M. Granier de Cassagnac, son chef de file en convictions politiques, il placardait son nom en lettres presque aussi voyantes que le titre, aux deux corniches du journal. Elle devait concentrer en elle tous les journaux, cette *Nouvelle* de fallacieuse espérance! Suppléer *le Droit* et *la Gazette des tribunaux*, synthétiser quotidiennement *le Siècle, le Constitutionnel, les Débats, la Patrie, la Presse;* donner les nouvelles vingt heures avant toutes les autres feuilles. Mais jamais on n'a vu feuille plus mal fichue! Villemessant a prétendu qu'elle ne s'était distinguée qu'en disparaissant sept fois par semaine et en donnant les nouvelles vingt heures après les autres. Je prétends qu'elle avait un autre cachet, ou, si vous aimez mieux, un autre pompon, celui de la foi et de la science politique de M. de Césena. On a attribué trop absolument au vide de la caisse l'extinction de *la Nouvelle*. J'affirme, et j'ai tout lieu de croire, qu'elle a succombé fatalement à la peine du premier article de M. de Césena. Il y a des journaux irrévocablement condamnés dès leur premier numéro. M. de Césena n'a pu impunément écrire sur Garibaldi cette phrase : « Ce n'est pas une intelligence ! » Quand on inaugure un journal avec une pareille injure, on doit tôt ou tard la payer de quelque manière. M. de Césena ne pouvant passer celle-là au compte d'un spirituel paradoxe, *la Nouvelle* s'en est trouvée mortellement obérée. Mais paix aux mânes politiques de ce journal et ne troublons pas le quiétisme de M. Amédée de Césena !

LES VEILLÉES DE LA CHAUMIÈRE

JOURNAL HEBDOMADAIRE ILLUSTRÉ.
ROMANS, NOUVELLES, LÉGENDES POPULAIRES, ANECDOTES, FASTES MILITAIRES,
VOYAGES, HISTOIRE, HYGIÈNE, AGRICULTURE,
INDUSTRIE, ÉCONOMIE DOMESTIQUE, CHRONIQUE DE LA SEMAINE.

N° 1. — 1ᵉʳ septembre 1860. — Paris, 4 fr. ; départements, 5 fr. — Le numéro 5 centimes. — 11, rue Rousselet.

Gérant : Pierquin. — *Rédacteurs* : J. Berlioz, (rien d'Hector), de Beaurepaire, Jules de Lamarque, Louis Pascal, Théodore de Narvo, Théophile Fragonard, madame Claudia, etc.

Ce journal adopte et publie les conclusions de la circulaire adressée le 1ᵉʳ juillet 1860, aux préfets par M. le ministre de l'intérieur. Reste à savoir s'il l'observe dans toute sa rigueur. Je ne suis pas fâché de reproduire ce document et de l'examiner en toute liberté de conscience. Le voici dans sa teneur puritaine :

« Monsieur le préfet, ce n'est pas seulement pour le maintien de l'ordre que l'administration a reçu de la loi sur la presse des pouvoirs spéciaux, c'est aussi pour la défense de la morale publique.

« Le roman-feuilleton qui, dans les colonnes inférieures

d'un journal, blesse les sentiments honnêtes, fait autant et peut-être plus de mal que les excitations politiques qui, dans les colonnes supérieures, tenteraient d'agiter les esprits.

« Cette littérature facile, ne cherchant le succès que dans le cynisme de ses tableaux, l'immoralité de ses intrigues, les étranges perversités de ses héros, a pris de nos jours un triste et dangereux développement. Envahissant presque toutes les publications périodiques, profitant de cette périodicité même pour tenir chaque jour en suspens et pour aiguillonner sans relâche l'ardente curiosité du public, c'est à profusion qu'elle ne cesse de répandre les inépuisables fantaisies de l'imagination la plus déréglée. Les journaux sérieux se sont laissé aller à lui donner asile; elle pénètre avec eux jusque dans l'intimité du foyer domestique, et, une fois admise ainsi dans la famille, ni la jeunesse ni l'innocence n'y sont à l'abri de sa contagion.

« Ce n'est pas tout : à côté des feuilles politiques lui prêtant leur publicité en échange des abonnements qu'elle peut attirer ou retenir, nous avons vu surgir une foule de petites publications uniquement consacrées à l'exploitation de cette littérature malsaine, et la livrant chaque semaine à vil prix, par centaines de mille exemplaires, à l'avidité des lecteurs.

« Pour qui conserve encore quelque respect de la décence et du bon goût, un tel débordement est déplorable; il est plus que temps d'y mettre un terme. L'intelligence du peuple a droit à des aliments meilleurs, et il ne faut pas plus corrompre les cœurs que pervertir les esprits.

« J'appelle donc sur ce point, monsieur le préfet, votre plus vigilante attention ; contre les feuilles politiques, le décret de 1852; contre les autres, les lois sur la distribution et le colportage des imprimés fournissent tous les moyens d'une répression efficace. D'ailleurs, pour les journaux qui ont le sentiment de leur dignité, de leurs obligations envers l'honnêteté publique, l'avis que vous leur donnerez suffira, j'en suis certain. Quant à ceux, s'il en est, qui, par l'amour d'un gain plus facile, ou par l'impuissance de s'élever plus haut, persisteraient dans de telles publications, usez envers eux de toutes les sévérités administratives; et, s'il le faut, vous rappelant qu'il est des lois pénales protectrices de la morale publique, livrez-les en vertu de ces lois, à la justice des tribunaux.

« Recevez, monsieur le préfet, l'assurance de ma considération très-distinguée.

« *Le Ministre de l'intérieur,*

« Billault. »

On ne m'accusera pas d'indulgence pour le roman-feuilleton tel que le pratiquent les sieurs Ponson du Terrail, Capendu, Henri de Kock, Léon Beauvallet, et autres mécaniciens de la littérature facile. Je partage les sévères dédains qu'elle inspire à M. le ministre. Je serai de toutes les guerres dirigées par la critique et l'administration contre ces dérèglements de la langue et de l'imagination. Mais ce serait se tromper étrangement sur la valeur de ces romanciers et de ces écrits que de supposer qu'ils agissent profondément sur l'esprit des masses et de les considérer comme les pires destructeurs de la famille, de la jeunesse, de l'innocence, de la religion. La corruption ou la désorganisation des principes religieux et sociaux, dont se plaint M. Billault, ne vient pas entièrement de cette explosion de barbarismes et d'impudeurs. Le cerveau populaire était déjà malade avant l'absorption de ce haschisch romantique. Et puis le feuilleton est aujourd'hui tombé en désuétude. Il n'y a plus guère que l'inutile et inféconde race des portières et des ouvreuses de loges, qui se livre avec passion à ces lectures. La jeunesse et l'intelligence aspirent d'autres poisons dans l'air de la publicité. Une plus grande école de perversité s'ouvre à l'esprit des masses. Cette école, c'est celle du théâtre, de la littérature dramatique sans cœur et sans âme, de l'apostasie politique. La morale publique, les majestés de la langue, les religions du peuple, sont bien autrement attaquées, souffletées, tournées en ridicule tous les jours, par nos dramaturges en vogue et nos baladins du *Constitutionnel* et du *Pays*. La littérature de M. A. de Laguerronnière, aurait-elle donc l'insigne honneur d'être classée parmi les meilleurs morceaux d'éloquence libérale? M. Limayrac serait-il destiné à figurer dans la flore de l'esprit français? M. Crétineau-Joly, ce coléreux insulteur de la Révolution, qui vilipende la gloire de nos triomphes sociaux et politiques, est-il moins coupable et moins dangereux qu'un Ponson quelconque?

La circulaire de M. le ministre contre le roman-feuilleton est excellente, sans doute, mais elle a besoin d'un supplément. Puisque le pouvoir prend si énergiquement la défense de la morale publique, contre le débordement des du Terrail, pourquoi ne compléterait-il pas son système de défenses nationales, en encaissant les strophes réactionnaires du journal *la France* et les zèles comiques de tous les Léotards de la presse officieuse? On veut garantir le peuple de la contagion des mauvais écrits, très-bien! mais je déclare que la loi du colportage ne suffira pas à la répression. Encore moins amènera-t-elle la renaissance des lettres, la luxuriante floraison des beaux-arts. Vous voulez la vie, la santé, la grandeur du peuple? croyez-vous atteindre à cette ère féconde en vous bornant à anathématiser le roman-feuilleton, à décréter de simples mesures de rigueur contre une littérature malsaine! Laissez souffler sur les nations les chaudes idées, respirer les consciences, lutter les vrais écrivains, et il n'y aura aucun danger du côté des rez-de-chaussées du *Siècle* et de *l'Opinion nationale*, du *Constitutionnel* et du *Pays*. Laissez-nous nous armer contre les licences du livre et les triboulades du journal de toute la puissance de nos mépris, laissez-nous la liberté de répondre à des faquins qui ne sont redoutables que parce qu'ils se déguisent en défenseurs de l'ordre, et nous compléterons votre grande œuvre de salubrité. Je me permets de recommander ces réflexions à M. Billault, orateur du gouvernement.

Publication nationale illustrée. — Relation complète et authentique.

VOYAGE DE L'EMPEREUR ET DE L'IMPÉRATRICE

DANS LA NOUVELLE FRANCE

SAVOIE, NICE, TOULON, MARSEILLE, CORSE, ALGÉRIE.

N° 1. — 4 septembre 1860. — 10 centimes le numéro. — 15 centimes dans la province et dans les gares. — Livraisons, illustrées de plusieurs belles gravures. — *Éditeur* : Gustave Havard.

« Chaque livraison, dit l'éditeur du *Voyage de l'Empereur*, contient le récit détaillé, jour par jour, des fêtes et des réceptions officielles, les discours et les réponses de Sa Majesté, des appréciations historiques sur les contrées récemment annexées, qui méritent à tant de titres d'être connues, non moins que notre glorieuse conquête d'Afrique, cette fille de la France, qui va saluer aujourd'hui pour la première fois un souverain français. »

M. Gustave Havard ajoute : « Chacun voudra lire ces descriptions remarquables dues à des écrivains de premier mérite *qui sont partis à la suite de l'Empereur.* » M. Gustave Havard voudra-t-il bien nous apprendre ce qu'il entend ici par ces mots : *premier mérite?* Par exemple, M. Paulin Limayrac a été du fourgon des historiographes qui ont suivi Sa Majesté. Quel est donc le *premier mérite* de ce Babinet politique? Est-ce d'avoir attribué à l'un des Napoléons des influences atmosphériques? Ne se rappelle-t-on pas la fameuse phrase de M. Paulin Limayrac, affirmant dans *la Patrie*, avec l'aplomb de conviction qui le distingue, que le soleil ne peut s'empêcher de sourire à toutes les fêtes impériales? Où diable la flatterie va-t-elle prendre des couleurs! Il me semble que la plus belle illustration du voyage impérial a été l'enthousiasme naturel des populations, et non l'encensoir avarié de M. Paulin Limayrac.

REVUE D'ÉCONOMIE CHRÉTIENNE

ANNALES DE LA CHARITÉ.

N° 1. — Septembre 1860. — Prix de l'abonnement' Paris, 10 francs. — Départements, 12 francs. — Étranger, 15 francs. — La livraison, 2 fr. 50 cent. — 29 rue Cassette.

Gérant : A. Le Clère, imprimeur. —*Rédacteurs :* A. F. Ozanam; vicomte de Melun, ancien député; le R. P. Gratry, Augustin Cochin, auteur de l'*Abolition de l'esclavage;* Antonin Rondelet; Alexis Chevalier; Adolphe Husson; A. de Richecour; Casimir Leconte; A. Goffin; Fernand Desportes, etc, madame Raoul de Navery, auteur d'*Aglaé*, du *Choix d'une Femme*, de *Monique la Savoisienne*, du *Chemin du Paradis*, etc.

La *Revue d'économie chrétienne* paraît mensuellement par livraison de 192 pages, format de la *Revue des Deux-Mondes*. Elle continue la tradition de cette presse ultramontaine dont *l'Univers* était la belliqueuse avant-garde. Cependant on doit lui savoir gré de sa franchise et de sa dignité dans la discussion. Elle tient le drapeau catholique, d'une main qui n'a rien de commun avec celle de l'abbé Clergeau ou de l'abbé Pillon du *Rosier de Marie*. Elle reconnaît la souveraineté d'une autre parole de vie qui est la parole fixée et multipliée par la presse. Elle emprunte à ce pouvoir révolutionnaire ses meilleures armes pour défendre l'Église et l'Immaculée-Conception. La littérature et la science ne sont pas bannies de ses colonnes comme de celles du *Journal de Saint-Joseph* et de *la Semaine Religieuse*. Elle célèbre les martyrs de Castelfidardo avec assez de pudeur. Son courrier des œuvres de charité et des congrégations, est d'une éloquence amère. On voit défiler dans cette chronique écrite avec des larmes et des chiffres, les mystères douloureux de la civilisation. Dieu merci! nous sommes encore loin des horribles tableaux du paupérisme anglais! L'art de la bienfaisance fait de nombreux miracles en France!

Certainement si le catholicisme se bornait désormais à ces miracles-là, nous pourrions lui pardonner ceux de saint Benoît Labre et l'élévation du frère Léotade aux honneurs du martyre. La femme, cette intelligence et cette force créatrice que l'ultramontanisme veut séquestrer dans le cercle d'une dévotion béate, dans l'empire ténébreux du confessionnal, est toujours l'adorable héroïne des œuvres de charité. C'est une autre Genèse d'amour et de lumière, que le dévouement des dames patronesses, pendant la saison d'hiver à Paris. Les plus aristocratiques se font marchandes au profit de la misère, dans des loteries qu'elles organisent. Jupes de molleton pelucheux pour les mères de famille, pantalons de bon drap pour les ouvriers, couvertures pour les lits d'enfants, gilets de tricot, bas de laine, chaussures d'hiver, elles remuent toute une lourde garde-robe, de leur main finement gantée. Elles poétisent la charité, elles idéalisent l'aumône, elles mettent une irrésistible grâce dans le secours en nature. Pour être secouru à domicile par ces muses de la poétique miséricorde, si j'étais riche, je voudrais être pauvre !

La *Revue* nous donne la liste des associations de chaité, à Paris, et l'historique de leurs œuvres. La Société philanthropique est la plus ancienne. Elle date de 1780. Depuis 1801, elle a établi onze fourneaux où l'on distribue au prix de cinq centimes des portions alimentaires qui reviennent à la société à plus de dix centimes. En 1812, le chiffre des portions distribuées au peuple souverain s'est élevé jusqu'à quatre millions; en 1817, à un million huit cent huit mille; en 1832, à un million deux cent cinquante mille. La Société des Amis de l'Enfance se charge des jeunes garçons pauvres de la ville de Paris, dès l'âge de huit ans et leur donne une éducation professionnelle. L'Œuvre de la Miséricorde soulage les pauvres honteux du département de la Seine. Malheureusement cette société a des ressources trop restreintes : ses soulagements ne sont que des palliatifs. La Société de Charité maternelle vient au secours des femmes en couche. Son budget atteint près de cent mille francs de recette. Le nombre de ces mères de famille est de plus de douze cents. L'Œuvre des Faubourgs se développe aussi, depuis l'annexion des barrières. Elle consiste à visiter les mansardes de l'ouvrier. Les services rendus par ces associations à la classe indigente, sont infinis. Quel dommage que l'esprit de confrérie se fasse une machine politique d'une bonne œuvre, que la fausse religion vienne se loger au cœur de ces généreuses institutions!

Mais qu'est-ce que l'économie chrétienne? Il ne me paraît pas, d'après l'abbé Gratry, que ce soit la fin de l'intolérance en matière religieuse, la ruine du commerce d'amulettes qui s'étale à la porte des églises, la suppression de l'industrie des anathèmes et des indulgences, la fermeture des couvents conspirateurs, l'épuration de ces maisons pieuses qui extorquent des legs aux vieilles filles opulentes. Ah! si c'était seulement l'économie de l'insolence et du mensonge dans la presse ultramontaine!...

La rédaction de la *Revue* est certainement honnête et modérée, mais elle en est encore à prophétiser avec de Maistre, la reconstruction de la science à l'aide de la grâce, sur les ruines du panthéisme. Elle attend des vertus mystiques de la croix, la conversion des gentils du libre examen. Son œil est tourné vers les mirages du ciel, où Constantin a cru voir un labarum.

Et nous, en 1862, nous ne croyons pas que la science ait jamais été plus forte, plus saine et plus féconde, depuis qu'elle a secoué la domesticité de la foi théocratique. Nous ne comprenons l'économie chrétienne, que dans la simplicité du culte et dans l'indépendance des âmes. Nous ne voulons plus à aucun prix, de la féodalité des sacerdoces. Nous voulons encore élever des autels, mais à la femme, racheter et renouveler le monde! mais par son amour.

L'ÉCOLE DU PEUPLE

JOURNAL HEBDOMADAIRE
HISTOIRE, LITTÉRATURE, SCIENCES, AGRICULTURE, DROIT PUBLIC, HYGIÈNE, ARTS INDUSTRIELS.

N° 1. — Septembre 1860. — Paris, 6 francs. — Départements, 8 francs. — Le numéro, 10 cent. — Bureaux : rue Git-le-Cœur, 10 ; et rue Garancière, 8.

Directeur-Gérant : Théodore Six. — *Collaborateurs :* Pierre Vinçard, Évariste Thévenin, Jacquin, H. Brevière, graveur, Eugène Flachat, ingénieur civil, Gaston, avocat, E. Mulatier, docteur Eugène Léger, Ch. L. Duval, Henri Forneron, L. Fortoul, Alphonse Pagès, Bertaud, Louis Auvray, Gustave Dumont, Théodore Leclerc, P. Doré, Georges Duchêne, docteur Yvan, Théodore Chateau, Arsine Délieuvin, Paul Lacombe, Louis Jourdan, Ch. Fretin, Jules Claretie, P. Lachambeaudie, Ch. Gunther fils, d'Agneau, Oscar Mondelet, Louis Roger, Daniel Mondy, Cyprien Marius, Alfred Assolant, Félix Mornand, Stanislas Vilcoq, etc.

L'École du Peuple a été fondée par une société d'ouvriers et d'hommes de lettres. Elle est destinée spécialement, dit son programme, a réorganiser les connaissances humaines jusque dans les mansardes et les chaumières. Sa devise est : *Détruire l'ignorance.* Elle veut que Lyon, Marseille, Mulhouse, Lille, Bordeaux, Strasbourg, possèdent par la lecture, l'instruction que Paris reçoit par la parole. Elle accueille donc et insère tous les faits se rapportant à l'enseignement gratuit, tels que cours, conférences, fondation de salles d'asile, d'écoles communales, et de toutes les institutions ayant pour objet l'éducation et l'instruction des enfants et des adultes.

L'École du Peuple a été, à son septième numéro, envahie par la discorde. Le comité de rédaction composé de MM. Jacquin, ingénieur, préparateur à l'École centrale, secrétaire de M. Perdonnet, président-fondateur de l'Association Philotechnique, Pierre Vinçard, ancien rédacteur de *la Presse*, et Évariste Thévenin, a dû battre en retraite devant l'insurrection d'un comité d'ouvriers fondateurs, composé des citoyens Daniel Mondy, charpentier, Gautier, mécanicien, Dufossé, ciseleur, Lainé, tapissier, Barthélemy, typographe. M. Théodore Six, le pusillanime directeur, céda devant cette dernière coalition en acceptant la démission de trois hommes de talent, et les immortels principes de 89 triomphèrent encore une fois de la noblesse!

L'École du Peuple est pavée de fraternelles intentions. Les éblouissantes devises : liberté, égalité, fraternité, solidarité, communauté, sont accrochées à chaque article. Mais l'enseignement qu'on y donne est décousu, incomplet, prétentieux et très-souvent ennuyeux. Il est convenu dans ce comité directeur d'ouvriers, qu'on doit tout rapporter à l'honneur et à la gloire de la démocratie. Vous aimez le droit, la liberté, le travail, la science, l'honneur, le progrès, cher lecteur! Voulez-vous bien vous taire! si vous n'êtes pas démocrate aux yeux de ces aimables défenseurs des droits de l'homme, si vous ne pensez pas et si vous n'écrivez pas comme eux, vous n'êtes qu'un idiot ou un aristo. Chez ces ouvriers-là, on croit toujours avec rage à la sainte blouse, à la sainte révolution démocratique et sociale, au saint droit au travail, à la sainte émancipation des cordonniers et des servantes. Voilà les sources pures où *l'École du Peuple* prend d'ordinaire ses inspirations et son style, sa poésie et sa prose.

Défions-nous de ces travailleurs qui montent emphatiquement dans des tribunes et dans des chaires, sur des bornes et des amphithéâtres, sous prétexte de progrès. Ce sont presque toujours des ouvriers postiches, des ouvriers envieux et pervertis. La révolution de 1848 a été pleine de ces orateurs, et qu'a-t-elle enfanté ? La véritable école du peuple, n'est pas celle que dirige M. Théodore Six, flanqué de son grand vicaire M. Pagès. L'école du peuple devrait être à la fois un forum et un temple. On ne trouve rien de cela, 10, rue Git-le-Cœur.

P. S. Ce journal vient de mourir d'une fluxion de rédaction socialiste non timbrée. Encore un bon titre qu'on a gâché ! Ces républicains sont d'une gaucherie !...

L'UNION DES MODES

JOURNAL POUR HOMMES.

SPÉCIALEMENT CONSACRÉ AUX RENSEIGNEMENTS DES MODES LES PLUS NOUVELLES.

Publié le 5 de chaque mois, par L. Fournier et fils, *fondateurs-gérants.*

N° 1. — Septembre 1860. — Paris, 5 fr. ; Départements, 6 fr. — Bureaux, 8, rue Villedo-Richelieu.

Le sieur Fournier (L.), fondateur-gérant de *l'Union des modes,* journal pour hommes, coud sur son premier numéro ce petit avis :

« Je ne saurais trop recommander de se mettre en garde contre les chevaliers d'industrie qui pourraient se dire mes voyageurs ; je vous préviens que je n'ai aucun voyageur que moi et mon fils, toujours porteurs d'un passeport et papiers de famille, dont vous devez exiger la présentation, à défaut d'être suffisamment renseignés ; de même que mes bulletins de recette porteront toujours mon timbre et ma signature. »

Ainsi c'est bien entendu, le sieur Fournier (L.) fondateur-gérant de *l'Union des modes*, journal pour hommes, s'est choisi lui-même pour son propre voyageur. Attention donc au timbre et aux papiers de famille de mossieu ! Le sieur Fournier est aussi, conjointement avec mossieu son fils — un garçon de belle espérance — professeur fondateur-gérant du journal *le Tailleur*. Ici le titre de *professeur de journal* remplace assez avantageusement celui de *rédacteur en chef*. Ne pourrait-on pas l'appliquer avec autant d'à-propos à d'autres journalistes ? Que de gens qui n'écrivent qu'avec des ciseaux !

Quel triste métier que celui des gazetiers d'emprunt, qui découpent, qui collent, qui signent, tantôt ici et tantôt là ! Quel sort que celui de tous les hommes de peine qui se traînent à travers toutes les cuisines de la presse, toujours prêts à cirer les bottes aux rédacteurs en pied qui les emploient, et à se moucher dans le pan d'habit des rédacteurs en chef qui s'en vont ! Autrefois, du temps de Turenne, on se vendait aussi. On passait lestement d'un camp à un autre ; mais on payait de sa personne. Que voulez-vous que risquent ces journaliers du journalisme ? Du talent ? lequel ! Leur nom ? quel cliché ! Leur avenir ? ils n'en auront jamais ! Ils sont vraiment bien taillés pour les services domestiques qu'on leur réclame. Ils signent à volonté, c'est ce qu'il faut. On les salarie, c'est tout. On les embauche ou on les jette à la porte, tout est dit. Plus ils vieillissent dans un journal et plus ils sont impossibles ailleurs. Ils n'ont rien à espérer de la longueur de leurs dévouements, quand arrive la grève. Et cependant si vous les entendiez ! comme ils sont fiers d'eux-mêmes et dédaigneux du pauvre monde ! comme ils croient en leur puissance ! Ils sont à la chaine, à la tâche, à la corvée, à la merci des fluctuations de la féodalité d'une administration, et ils appellent cela de l'honneur, de la gloire, de la vocation littéraire, les malheureux ! Ils sont payés et traités comme des manœuvres, et ils s'intitulent journalistes, les idiots ! Oui ! n'ont-ils pas la manie de rire des épiciers et des calicots; de se croire bien au-dessus des rayons de la mélasse et de la cotonnade ! Je ne professe pas la moindre sympathie pour cette dernière fraction de la France démocratique : mais, tels qu'ils sont, ces citoyens-là, ces épiciers et ces calicots, avec leur laideur et leur fatuité, je les crois encore plus respectables et plus utiles que tous ces terrassiers du journalisme.

C'est sans doute en contemplant ces misères que M. Émile de Girardin s'est écrié : « Tout n'est que vanité dans le journalisme ! » Mais sa théorie de l'impuissance et de l'impunité de la presse ne peut même pas être appliquée d'une manière absolue à ces perversités de la signature et du coup de ciseaux.

GAZETTE RELIGIEUSE

N° 1. — 9 septembre 1860. — Même prix et même denrée que *le Drapeau catholique*. — *Rédacteur en chef*: Charles-Marchal (de Bussy). — *Financier de l'œuvre*: l'abbé Clergeau. Voir pour d'autres renseignements sur ce dernier la maison Alexandre père et fils, facteurs d'orgues et le photographe Trinquart.

La *Gazette religieuse* qui avait recueilli le fonds de commerce du *Drapeau catholique* abandonné par l'abbé Clergeau, ayant cessé de paraître au bout de quatorze numéros, la *Gazette des campagnes*, autre feuille non moins commerciale mais présentable, dirigée par le libraire Josse, fut servie en échange aux abonnés.

La presse religieuse nous donne quelquefois de curieuses statistiques, comme celle-ci :

« Le monde catholique renferme 1,007 évêchés ou prélatures possédant la juridiction épiscopale sous divers titres, vicariats apostoliques, juridiction abbatiale ou territoires *nullius diocesis*. Ces 1,007 diocèses ou circonscriptions de territoire, qui portent un autre nom, se subdivisent de la manière suivante : 681 pour l'Europe, 128 pour l'Asie, 29 pour l'Afrique, 146 pour l'Amérique, 25 pour l'Océanie. L'Europe possède 2 patriarches, 484 évêques, 45 concathédrales, 15 abbés ou prieurs avec juridiction quasi-épiscopale, 6 chapelains militaires, 18 vicaires ou délégués et préfets apostoliques. Il y a en Asie 6 patriarches, 3 archevêques, 54 évêques, 65 vicaires et préfets apostoliques. L'Afrique a 10 évêques et 19 vicaires et préfets apostoliques. L'Amérique a 22 archevêques, 115 évêques et 9 vicaires apostoliques. L'Océanie a 2 archevêques, 12 évêques, 8 vicaires apostoliques et 1 préfet apostolique. »

Mais il est une autre statistique non moins intéressante que l'on ignore assez généralement, c'est celle de la milice des journaux catholiques. L'Église a sa grande et petite presse, ses journalistes de toute catégorie. On connaît la première, qui compte d'éminents écrivains et de redoutables polémistes. On ne se doute pas de l'obscure prolixité de la seconde. Ses rédactions et ses agences se trémoussent au fond des sacristies, des confessionnaux, des catéchismes de persévérance, et s'installent même à côté des bénitiers. C'est inimaginable tout ce qui s'y débite d'économie politique et sociale, de raillerie impudente et gratuite à l'adresse du gouvernement, de la démocratie, de la liberté, de la philosophie, du progrès; tout ce que l'on compose de petits bouquets à Saint-Louis XVI, à Dieudonné de Chambord, aux saints martyrs de Castelfidardo, à toutes les belles séditieuses du noble faubourg, dans cette petite presse qui se détaille à la porte des églises de Paris ou qui s'expédie par ballots aux bonnes âmes de la province.

Disons tout de suite que la vraie littérature religieuse n'a rien à démêler avec celle-ci. C'est le journalisme béat dans son essence la plus pénétrante, dans son sensualisme le plus traître. Sous le patronage de nombreux disciples de l'abbé des Genettes, ce mysticisme ardent court les oratoires, les boudoirs, les couvents, les associations religieuses, les écoles cléricales, les paroisses. Parmi les innombrables publications qui propagent cette dévotion hystérique, nous distinguons à Paris *les Petites Lectures, la Bibliothèque de Lille, la Bibliothèque Saint-Germain, l'Art Chrétien, la Médecine Chrétienne, la Jeune fille Chrétienne, la Bibliothèque chrétienne, la Femme chrétienne, la Philosophie des lois au point de vue chrétien*, etc.; mais les deux publications périodiques qui ont le plus d'abonnés et d'audace, s'intitulent *la Semaine religieuse*, dont le directeur-gérant est M. A. Coupart, et *le Rosier de Marie*, dirigé par l'abbé Pillon (de Thury) avec le concours d'une société d'ecclésiastiques. *Le Rosier de Marie* porte ce sous-titre : *Journal en l'honneur de la sainte Vierge*, et cette devise : *Tout par Marie, rien sans Marie!* Vraiment on n'ose croire à l'épaisseur bigotte de cette rédaction et à l'industrie qui s'agite sous les images et les idées de sainteté! N'a-t-on pas été jusqu'à inventer *l'Almanach de la sainte Vierge* au plus bas prix? Ne croyez pas que je plaisante, lecleur. Le plan de cet almanach qui devait combattre dans les campagnes au profit de l'Église et de l'abbé Pillon, le succès populaire du *Petit Liégeois* et de *Mathieu Laensberg*, a été savamment exposé dans le numéro 254 du *Rosier de Marie*. On s'autorisait pour cette publication, des amoureuses bergeries du premier almanach catholique dont la première édition date de 1488. Mais une sage défense ministérielle de laisser pénétrer dans les établissements d'instruction publique *l'Almanach* du *Rosier de Marie*, lui enleva la plus belle fleur de son succès.

Et vous croyez, gens de peu de foi, que nous sommes loin du Paganisme, en l'an de grâce 1862 ! Vous avez entendu dire en sermon, que les idolâtres avaient été vaincus par le Galiléen, et que ce qui en restait avait niché piteusement dans les colonnes du *Siècle*. Hélas! oui, la démocratie est tombée en adoration devant de nombreux pierrots. Mais que cette idolâtrie est pâle à côté de celle qui règne dans le journalisme cagot. Qui en veut du miracle, des indulgences, des images bénies, à tout prix? Avancez, messieurs et mesdames. *La Semaine religieuse* et *le Rosier de Marie* en tiennent pour toutes les dévotions et toutes les bourses.

Voici la maison Bouasse-Lebel qui vous offre en images à 4 francs, *le Divin Bercail, les Brebis Fidèles, le Bon pasteur* retirant la brebis des épines, ou la tenant sur les épaules, un assortiment varié de chapelets, reliquaires, bénitiers, un *Chemin de la Croix d'oratoire* avec quatorze stations indulgentiées, un *mois de saint Joseph* en métal bronzé, argenté ou doré, un *calendrier religieux* à surprise, une *Bergerie du Seigneur*, une *Barque de Salut*, un *Chemin de Croix portatif*, des *Statues en plastique* à 4 francs la douzaine, un *Nouveau passe-*

partout pour conserver les rameaux, des *Stéréoscopes religieux*, des *Almanachs* encore *à surprise*, S. G. D. G., des *Chapelets de Jérusalem*, etc., etc. Cette maison Bouasse-Lebel a perfectionné au-delà de toute croyance, la spécialité de la matérialisation des idées de piété. La maison Périsse frères, et Peaucelle-Coquet rivalisent aussi pour ce genre d'affaires. La vente des *Mois de Marie* est considérable. Voyez et choisissez dans l'assortiment. Voici des *Mois de Marie*, par le R. P. Huguet, par un prêtre de Saint-Sulpice, par madame la comtesse Drohojowska, par mademoiselle Tarbé des Sablons, par M. Biou, par M. Pouget, par l'abbé Herbet, par Henri Rocher, par l'abbé de Sambucy, par l'abbé Bletton, par l'évêque de Rhodez, par les abbés de Bussy, Coulin, le Tourneur, Lasalle, Georges, Pioger. Voici le *Mois de Marie* des âmes intérieures! J'en oublie et des plus précieux.

Oh! non le paganisme n'est pas mort sous l'écroulement des colysées et des sphinx orientaux. Mais toutes les religions ont leurs abîmes de ténèbres. Au-dessus de ces décadences du sentiment religieux, l'immortelle vérité plane dans des hauteurs inaccessibles au négoce.

L'ÉCHO DE PARIS

JOURNAL LITTÉRAIRE, ARTISTIQUE, COMMERCIAL, SCIENTIFIQUE, MILITAIRE ET DOMINICAL.

N° 1. — 23 septembre 1860. — Paris et départements, 20 fr. — Un numéro, 20 centimes. — 25, boulevard Beaumarchais.

Rédacteur en chef: M. de Saint-Bonnet. — *Collaborateurs*: De Grouber, A. Montrosier père et fils et Cie, Dubois de Gennes, Armand Lebailly, Benjamin Gastineau, Michel Loyal, J. Rouyer, H. Villa, Jules Levallois, Llaunet, Le Mansois-Duprey de Savary.

Le journal offre (sans *blague*) 65 fr. de primes aux abonnés pour lire M. de Saint-Bonnet.

LE MIROIR PARISIEN

JOURNAL DES DAMES ET DES DEMOISELLES.

N° 1. — 1ᵉʳ octobre 1860. — Paris, un an, 10 fr. — Départements, 12 fr. — Administration, 13, boulevard Sébastopol. — Mensuel.

Jolie, honnête et utile publication.

GALERIE DES CONTEMPORAINS

Texte sous la direction de Dollingen, avec portraits en pied photographiés par Disdéri, photographe de Sa Majesté l'Empereur, de Leurs Altesses Impériales le prince et la princesse Napoléon, de Son Altesse Impériale la grande-duchesse Marie de Russie, etc., et des théâtres impériaux.

1ʳᵉ Livraison. — Octobre 1860. — 1 fr. 75 c. la livraison, texte et photographie.

La *Galerie des Contemporains* publie deux livraisons par semaine et forme par an quatre volumes de luxe. — Boulevard des Italiens, 8, et rue Vivienne, 48.

M. Dollingen, ex-rédacteur en chef-propriétaire de la *Gazette de Paris*, vendue à M. de Villemessant, qui n'a pu rien en faire, entrepreneur d'annonces commerciales, a pour complice éternel M. Philibert Audebrand. L'un ne va pas sans l'autre. M. Philibert Audebrand est à M. Dollingen, ce que M. Alexis Grosselin est à M. Léonor Havin, ce que le prince de Polignac était au baron Stok du *Constitu-*

tionnel. De ces accouplements d'intelligences sont nées les *chroniques* malingres de la feuille officieuse, les béotiennes troisièmes pages du *Siècle* et les études biographiques de la *Galerie des Contemporains*. Dans son prospectus assez nettement rédigé, M. Dollingen prétend que la photographie avait besoin de l'éclairage d'un texte, que l'art et l'histoire du jour (oui! du jour!) devaient se compléter en se donnant fraternellement la main! Après cela vient l'antienne à Disdéri, l'inventeur du portrait-carte, et un pied de nez aux drôlesses équivoques, aux biches vulgaires, aux Marco non consacrées par la gloire, qui voudraient faire reproduire leurs museaux. Ah! très-bien, monsieur Dollingen. J'approuve votre rigorisme, mais je ne partage pas votre phraséologie et toute votre opinion sur M. Thiers.

Vous dites : « *C'est lui qui a pacifié* la Vendée, en faisant arrêter la duchesse de Berry; *c'est lui qui a fait* placer la statue de Napoléon sur la colonne et ramener à Paris les cendres du prisonnier de Sainte-Hélène; *c'est lui qui a fait* achever la Madeleine, l'arc de Triomphe et le palais du quai d'Orsay; *c'est lui qui a fait* construire les fortifications et voter les lois de septembre; *c'est lui qui a* dirigé toute la campagne réformiste de 1847, qui a amené le 24 février 1848!... » J'aurais des réponses sanglantes à vous adresser, monsieur l'historien, à propos de ce pacificateur de la Vendée, de ce geôlier d'une courageuse princesse, de cet embastilleur de Paris et de la liberté, de ce réformiste qui voulait faire communier le peuple sous les deux espèces du veau froid et de la salade; mais je m'arrête avec gaieté devant la naïveté de vos illusions, et avec respect devant l'éminent auteur de l'*Histoire du Consulat et de l'Empire*.

Sous ce titre : *Une Fête de famille*, le *Figaro* qui se

défend sans cesse d'être un puffiste, a élevé à Disdéri une colonne herculéenne de réclames. Il paraît que saint André a l'honneur d'être le patron de ce collaborateur du soleil! Un soir, les salons de Deffieux ont servi de tribune à des improvisateurs, malheureusement sans retouche. La maison Disdéri compte quatre-vingt-huit employés. Le quatre-vingt-huitième agent de cette usine a porté à Disdéri un toast en ces termes :

« A Disdéri! à notre excellent et très-ami patron!

« A celui dont l'expérience nous guide, dont le courage nous sert d'exemple, dont les recherches laborieuses élèvent, améliorent, ennoblissent notre profession! A l'homme dont le talent nous honore tous et d'ouvriers que nous étions nous fait artistes! A Disdéri, le photographe de l'Empereur, et l'empereur des photographes! »

Disdéri a répondu :

« Mes amis, mes chers coopérateurs, je vous remercie des chaleureux sentiments que vous venez de m'exprimer. Je bois à vous tous, je bois aussi à la mémoire de ceux qui nous ont précédés dans la carrière et à qui nous devons la découverte et les premiers perfectionnements : je bois à Daguerre, à Niepce, à Talbot. »

Disdéri a eu le bon goût, dans sa réponse, de protester contre ces idolâtriques formules de la louange et de faire rayonner dans son discours les noms des pères de la photographie. Très-bien, mais il a eu tort d'être silencieux sur le titre assez risqué d'empereur des photographes! Celui d'initiateur est déjà burlesque. Non! la photographie ne sera jamais une puissance. Le photographe ne sera jamais ni un initiateur ni un artiste. Je lui tiens compte de toutes ses qualités relatives, de toute son intelligence, de tout son savoir faire, de son genre de manipulation, de sa science de la pose, de son observation des phénomènes de la lumière, de son fini d'arrangement de fracs et de crinolines; mais, quoi qu'il fasse et chante, ce n'est qu'un opérateur, c'est-à-dire l'antipode de l'artiste, le singe du poëte, le contrefacteur du génie, l'épicier de la gloire, le damné vassal des immortelles lois de la nature, l'esclave révolté mais immobile des lois physiques du soleil. La photographie sera toujours une économie de temps, de couleur et de talent.

Ces réflexions ne m'empêchent pas de reconnaître dans l'œuvre collective de MM. Disdéri et Dollingen une supériorité d'exécution matérielle, une remarquable fidélité de ressemblance, une rigoureuse honnêteté de prix, une élégante et délicieuse métamorphose de l'*art* photographique. Cette *Galerie des Contemporains* est pour les familles un musée économique, charmant et portatif.

LE TRAITÉ — THE TREATY

Seul journal commercial politique anglo-français, avec une partie imprimée en *français* et une partie en *anglais*. Huit pages d'impression contenant la matière de deux grands journaux.

Publié en vue de développer le commerce international, sous le patronage des éminents économistes qui ont préparé la conclusion du traité de commerce et de puissants manufacturiers.

1° La partie en français contient : Revue du commerce anglais. — Études et appréciations de ses produits, spécialement de ceux indiqués par le traité de commerce. — Discussion sur tous projets de réforme commerciale et de traités de commerce. — Correspondances des principales villes d'Angleterre et de ses colonies. — Nouvelles commerciales et politiques. — Bulletin commercial et cours des marchandises sur tous les marchés anglais. — Bulletin financier, cours des valeurs à la Bourse de Londres. — Tableau comparatif des monnaies, poids et mesures des deux pays. — Revue agricole. — Bulletin et cours des mines.

2° La partie en anglais traite, en suivant le même programme, du commerce et des *produits français*.

Publicité spéciale du *Traité :* Les Annonces sont publiées *en anglais* ou *en français*, au choix des commerçants. Le *Traité*, écrit dans les deux langues les plus répandues et ayant des correspondances dans toutes les villes importantes du globe, sera lu et compris dans le monde entier. Il est à ce point de vue le *seul journal universel*.

Abonnements pour la France, l'Algérie et l'Angleterre : 3 mois, 6 fr.; 6 mois, 11 fr.; 1 an, 20 fr. — Annonces, 75 cent. la ligne; réclames : 1 fr. 50. — Traduites et publiées en anglais, 5 cent. de plus par ligne.

Adresser tout ce qui concerne la rédaction : au Secrétaire du *Traité*, 4, Bouverie Street, Fleet Street, Londres. — A Paris : Aux Bureaux du journal *l'Echo du Commerce*, 5, rue Coq-Héron; et dans les autres villes chez les libraires et aux bureaux de poste.

N° 1. — 3 octobre 1860. — *Rédacteur en chef* : Klotz Rowsell.

M. Klotz Rowsell est Suisse. En cette qualité, il a été le Barnum du fameux projet d'excursion des volontaires anglais à Paris : projet tombé dans *la Manche*, à la suite d'un avis contraire du *Times*, du *Morning Post*, du *Globe*, du *Daily Telegraph*, du *Punch* et, disons-le franchement, en vue des fantasmagoriques scènes qui devaient éclater dans le double défilé des héros de Lafayette et de Lord Elcho, sur nos boulevards. L'idée première de cette excursion dérive du voyage des gardes nationaux parisiens à Londres, sous l'immortelle république de 1848. M. Klotz Rowsell, qui est dévoré d'ambition comme tout démocsoc helvétique, avait épousé cette idée pacifique avec rage. Sous prétexte de faire fraterniser gardes nationaux et riflemens, de combattre la gallophobie, de favoriser en tous sens les développements du traité de commerce entre la France et l'Angleterre, M. Klotz Rowsell avait imaginé cette immense mascarade. Les plans étaient arrêtés, et les enthousiasmes commandés.

Les volontaires de la Grande-Bretagne, mis sur leur *trente et un*, ficelés comme des piqueurs, devaient aller passer un, deux ou trois jours à Paris, moyennant 25 à 30 francs, aller et retour. La garde nationale de la Seine, harnachée comme pour les grands jours, devait les recevoir à la gare du Nord, au grand air de : *Ohé les petits agneaux!* Une ripaille (pardon, c'est le vrai mot) les aurait réunis fraternellement chez quelque Ramponeau de barrière. Là, on aurait *toasté* sans pommes cuites et sans gendarmes, mais non pas sans hoquets et sans *goddam*, à tous les génies protecteurs du progrès international. Lord Palmerston et les membres du Comité de la Paix, n'auraient pas manqué d'échanger là-dessus des compliments politiques. Déjà tout était astiqué, préparé, agencé, arrêté pour ce train de plaisir. La police française autorisait, le duc de Cambridge approuvait, le très-honorable Sidney Herbert, ministre des armes anglaises, confirmait, le baron James de Rothschild facilitait ce pèlerinage. Le président du conseil d'administration de la compagnie du Nord, en protecteur éclairé des arts, accordait sur ses tarifs, à ces Télémaques britanniques, une réduction de prix sensiblement inférieure à celle accordée aux orphéonistes français pour leur excursion à Londres.

Mabille, le Casino, Bullier, Barthélemy, le Vauxhall, Valentino apprêtaient leurs plus énergiques cancans. Le baron Taylor songeait à offrir à la curiosité des insulaires, le spectacle d'une messe à grand orchestre. M. Havin méditait un article comme il n'en sait pas faire. Cham taillait ses crayons. Nadar pointait ses objectifs. Villemessant se léchait la langue.

Quel dommage au point de vue du vaudeville et de la charge, que nous n'ayons pas eu la visite de tous ces *Esquires!* Voyez-vous ces deux grandes bouffonneries des temps modernes, les gardes nationaux et les riflemen se consolant ensemble! Quelles consommations d'âneries, de *moss*, de *beautiful* et de *brandy!* La muse des Cogniard, des Blum, et de tous les Iroquois du Vaudeville, se serait peut-être retrempée dans des flots de bonnes bêtises internationales? Hélas! serons-nous longtemps encore condamnés à l'ironie de ces croque-morts qui ne mènent que le deuil de leur esprit, à l'interminable et indéfinissable plaisanterie des *Limayrac*, des *Havin*, des *Pied de mouton*, et du *Pied qui r'mue*?

M. Klotz Rowsell ne se console pas de sa défaite, mais il obtint à ce propos, dans le *Times* et la société anglaise, le plus formidable succès de *Welcherie*. Une polémique s'engagea entre lui et différents rédacteurs de la presse de Londres. Il s'en suivit un feu croisé d'injures sur tous les tons.

Ses adversaires attaquaient en anglais. M. Klotz ripostait en français de la Suisse. A sa vue l'anglais se couvrait de *shoking!* Plusieurs traducteurs lancés à la recherche de la syntaxe de M. Klotz Rowsell ne sont pas encore revenus de leur expédition.

Ah! que de matelots perdus dans la nuit noire!

PAILLASSE

JOURNAL DES THÉATRES.

N° 1. — 28 octobre 1860. — Petit in-folio à deux colonnes. — *Paillasse* a fait sa pirouette d'adieu dès le numéro 1.

LA CONSTRUCTION

N° 1. — 1er novembre 1860. — Un an, 20 fr. — 1 fr. 25 cent. le numéro.

Directeur : A. Brussant, ingénieur, ancien directeur de forges et fonderies, directeur du *Journal des Mines*. — *Collaborateurs* : Godineau de la Bretonnerie, E. Duponchel, Clément Constant, Philippi.

Ce journal s'occupait de docks, de magasins, de greniers conservateurs des grains, de reconstructions parisiennes, de bains de mer à Paris, d'architecture de l'avenir, de la création d'un futur temple de la Paix, destiné aux assemblées d'un congrès nommé par le suffrage universel de tous les peuples.

La Construction s'est complètement affaissée au 4e numéro. Les matériaux de cette démolition sont retombés sur le journal *la Ville de Paris*.

LES ROMANS CHOISIS

N° 1. — Novembre 1860. — 5 centimes le numéro. — 4 francs par an. — 123, rue Montmartre. — Réimpression des *Cinq centimes illustré*.

JOURNAL DU CLERGÉ ET DE LA NOBLESSE

THÉOLOGIE, HISTOIRE, LITTÉRATURE, BIOGRAPHIE, GÉNÉALOGIES,
BLASONS, LÉGENDES, BALLADES, CHRONIQUES, NOUVELLES NOBILIAIRES,
BEAUX-ARTS, MODES, THÉATRES.

N° 1. — Novembre 1860. — Paris et départements, un an, 12 francs. — Le numéro, 1 fr. 50 cent. — 9, place des Petits-Pères.

Rédacteur en chef: M. Henri de Sauclières avec la collaboration de MM. Fourquet d'Hachette, H. Nicholas, Eugène Chapus, J. Dufresnoy, de plusieurs marguilliers et écloppés de Castelfidardo. Voici le *laïus* du *Journal du clergé*.

« Montrer la grandeur de la noblesse européenne, toujours et partout la première au combat comme à la tête de tout progrès, de toute civilisation, de toute grande entreprise, toujours et partout s'associant avec enthousiasme pour le salut commun ; parler de sa gloire, de ses vertus, de son dévouement, souvent si sublimes ; chercher à rétablir le prestige et le respect qu'elle inspirait autrefois, telle est la pensée qui a présidé à la création de ce journal, et pour que cette pensée soit complète, nous suivrons, en même temps, avec le plus grand soin le mouvement religieux qui tend de plus en plus à reprendre son empire parmi les classes supérieures de la société. »

M. Henri de Sauclières, ancien courtier d'assurances, est un somnambule de la féodalité et de la théocratie. Il se trompe naïvement ou perfidement d'époque. Tristes roués que ces hommes d'affaires de l'ancien régime ! M. de Sauclières ne dédaigne pas de défendre le trône et l'autel, avec une arme d'origine révolutionnaire, avec l'instrument libéral aiguisé par l'esprit voltairien, avec le journal, cette invention du diable!

M. Henri de Sauclières a la prétention de mettre en relief la grandeur et la suprématie de la noblesse européenne. Rude tâche à laquelle il succombera. Chaque promesse de son programme est une illusion; chaque mot de son symbole, est un anachronisme. L'ancienne noblesse a presque partout déserté les grandes causes de la civilisation, du progrès, du droit. Elle clabaude, elle boude, elle geint, elle se frappe épileptiquement la poitrine et le front, quand passe la Liberté. Elle sombre, par le cœur et par la tête. On ne la trouve plus guère qu'en prières et qu'en larmes, accroupie dans son préjugé, cristallisée dans son fétichisme, sous la chaire de messeigneurs de Lyon et de Poitiers. Ses enthousiasmes ne vont pas au delà d'un dithyrambe épiscopal contre la Révolution française ou d'une charge funambulesque d'un Tiengou contre le principe des nationalités. Que me parlez-vous de sa gloire, de ses vertus, à cette heure? Qu'avons-nous besoin de ses services et de ses présents helléniques? Sa gloire, telle que vous l'entendez, consiste en croisades ridicules. Ses vertus sont les violentes et imprudentes négations de la vie moderne. Ne venez pas me surfaire sa bravoure. Le premier savoyard ou alsacien venu, en uniforme de soldat, ne lui cède en rien sur le champ de bataille. En face de l'ennemi, le manant de la conscription vaut un Montmorency. Ce paysan inculte et sans linge, se bat et se couvre d'honneur, aussi bien qu'un descendant des chevaliers de Malte. Le drapeau tricolore est son splendide armorial.

Non! monsieur de Sauclières, l'ancienne noblesse n'est plus dépositaire des rares trésors de la bravoure. Les destinées des peuples s'accomplissent sans son con-

cours et le monde marche sans son autorisation. Vous ne
rétablirez ni le prestige ni le respect qu'elle inspirait jadis, parce que pour cela faire, il faudrait rétablir d'abord
sa constitution, sa raison fondamentale, sa conscience
primitive, sa foi, son dogme. Or, aujourd'hui votre noblesse ne croit plus en elle-même. Sa religion est auss
éphémère et fragile que son héroïsme. Sa prière est un
déplorable mélange de bigoterie et de politique. Quand
elle encombre les églises, c'est pour y organiser le plus
souvent, sous les emblèmes de la piété, la résistance à
la loi; quand elle enterre ses morts, c'est pour entourer
sa poltronne sédition de la défense d'un linceul; quand
elle fait sonner ses oboles dans la tirelire du denier de
saint Pierre, c'est pour ameuter l'ignorance des multitudes, en faveur du principe vermoulu du Pouvoir Temporel de la Papauté.

Mais dans toute cette comédie péniblement machinée,
absence complète de feu divin, de foi vaillante, de charité et de générosité. Rien du génie chrétien! où l'avez-vous donc vu, le mouvement religieux que vous nous
prophétisez? dans quelle classe supérieure de la société?
Est-ce dans la banque? dans le commerce? dans le
Jockey-Club? dans l'industrie des houilles et des cotons?
Est-ce au Palais? à l'Institut? à l'Opéra? à la Caisse des
chemins de fer? au Crédit mobilier? à la Bourse? chez les
agents de change? chez les actionnaires du chemin de
fer de Graissessac? chez nos grands industriels de la
presse? Que je serais charmé de contempler un Rotschild
absorbé par la prière, un ministre prosterné dans la
cendre et le cilice, un agent de change abîmé dans la
vue de Dieu, un huissier audiencier en commerce extatique avec l'Esprit-Saint, un Havin ou un Grandguillot roulé dans une chasuble, un Granier de Cassagnac

touché par la grâce! hélas! Le seul phénomène de piété et d'illuminisme qu'il nous ait été donné d'admirer depuis un temps immémorial, a été cetainement le manifeste adressé à la bonne ville de Marseille par M. de Maupas, sénateur, commissaire extraordinaire dans les Bouches-du-Rhône. M. de Maupas n'y allait pas par quatre chemins ! C'est sur l'intervention du ciel qu'il comptait expressément pour pacifier le conseil municipal et l'autorité préfectorale. A cet effet il a adressé à la Providence une de ces invocations qui resteront dans les annales des sauveurs du monde.

Troun de l'air! Bagasse!

La partie religieuse du *Journal du clergé et de la noblesse*, est confiée à un ecclésiastique qui s'échappe périodiquement de la vie de retraite à laquelle il a plu à Notre-Seigneur de l'appeler, pour se consacrer à des travaux littéraires !!!

Ne vous dérangez donc pas, ô saint homme, et soignez en paix sous une double douillette votre hypocondrie!

Non! Je n'ai jamais rien vu d'aussi plat que son *Traité de dévotion envers Marie*. *La Semaine religieuse*, ce canard de la foi, qui se vend dix centimes à la porte des églises de Paris, peut seule rivaliser avec les articles de piété confectionnés dans le *Journal du clergé et de la noblesse*. Toute la littérature de ce romancier du sanctuaire se résume en divagations sur l'art de dire le chapelet. Il n'y est question que d'embûches du démon, de messages d'archanges, d'âmes liquéfiées de bonheur, de talismans qui font fuir l'enfer ! Impossible d'analyser cette prose visqueuse, cette sotte langueur, ce mysticisme outré, cette idiote idolâtrie, ce matérialisme opaque, cette invasion d'une religiosité nauséabonde. Tout le journal s'en ressent.

Un autre écrivain de sacristie invite le lecteur à venir faire un tour dans les *galeries de l'éternité!* Ce doit être une bien monotone promenade. Quels sont donc les rafraîchissements que le cornac offre au touriste? Plus loin le même entrepreneur de voyage au long cours nous dit que « pour voir clair dans le péché originel, il faut nettoyer son cœur comme le cristal d'une lunette... Et, ajoute t-il plus loin, de même que quand notre chemise est sale, il faut la passer à la lessive et au savon pour la blanchir; de même quand notre âme est salie par les vices, il n'y a pas d'autre moyen pour la blanchir que *l'eau de la grâce de Dieu.* »

Retenez bien ce procédé, âmes souillées par le péché. Il y a à votre portée de *l'eau de javelle céleste!* Toutes ces belles découvertes ont pour complément obligé, un anathème à la France qui a laissé, dit M. Nicholas, crouler, à sa *honte éternelle, le trône de Saint-Louis*, et une ode à M. Bec-de-Lièvre, ce Vauban pontifical qui mettait le siège devant des auberges piémontaises!...

THE INDUSTRIAL MESSENGER

JOURNAL ANGLO-FRANÇAIS

ORGANE DE L'INDUSTRIE ET DES BREVETS D'INVENTION, PARAISSANT
TOUS LES JEUDIS.

N° 1. — 8 novembre 1860. — Paris, 20 fr.; départements, 25 fr.; étranger, 50 fr. — Administration, 96, rue de Bondy.

Directeur-gérant : T. Girard. — *Collaborateurs :* Ph. Mercier, Serres, A. Ricard, E. Michal, S. Castela, J. Veillars.

Voici l'épître aux Béotiens!...

« Créer un organe de publicité, qui fasse connaître les inventions utiles et les avantages que l'industrie ou le commerce peuvent en retirer; mettre sous les yeux des négociants, fabricants, capitalistes ou hommes de science les ressources nouvelles que peuvent renfermer les découvertes qui se produisent dans toutes les branches de l'industrie; offrir aux capitalistes cherchant à placer leurs fonds d'une façon lucrative les connaissances nécessaires pour apprécier eux-mêmes l'avantage de l'exploitation des idées ou inventions que nous aurons à développer.

« Tel est le but que se propose notre journal....

« Notre journal sera donc avant tout une étude raisonnée et approfondie des améliorations que chaque jour apporte dans les procédés manufacturiers, et dans la création de nouveaux moteurs, instruments ou tous objets; étude développée et consciencieuse, considérée au point de vue de l'application la plus utile et la plus prompte, et débarrassée autant qu'il sera possible de ce que la science pure offre de trop abstrait.... »

Dans le premier numéro du *Messenger*, on lit un article sur le *mal de mer et son préservatif*, avec cette épigraphe : « Le mal de mer est un vertige résultant principalement de la perte incessamment renouvelée de l'équilibre. »

L'auteur de cet axiome, M. Neveu-Deroterie, docteur en médecine à l'Ile-Dieu, étant donc scientifiquement convaincu que les mouvements d'inclinaison sont la seule cause du mal de mer, a décrété, d'après ces données, la construction d'un *fauteuil de mer*, destiné à prévenir les perturbations du centre de gravité, à maintenir une immobilité relative, et a constaté officiellement que les personnes placées dans cet appareil n'ont pas éprouvé la plus légère indisposition, même par de très-mauvais temps!...

Puisque l'on a trouvé le parfait moyen de voyager sans nausées sur l'onde amère, ne serait-il pas possible de se servir du même procédé, c'est-à-dire du même fauteuil pour éviter les désordres des phénomènes nerveux qui se déclarent quand on lit *le Constitutionnel?* Je soumets ce problème de pathologie politique à M. Neveu-Derolerie.

Il ne m'est guère possible de retracer ici tous les effets qui caractérisent le mal qui résulte de la lecture d'un article de M. Paulin Limayrac. Généralement, à la première audition de ses variations, on est dans un état de vertige continuel; à des intervalles plus ou moins rapprochés, on a chaud, puis froid; on bâille, l'eau vient à la bouche, le cœur fait mal, et l'éternuement se produit, accompagné et précédé d'une affreuse douleur dans les nerfs et d'une violente agitation dans les épaules.

En esquissant en quelques lignes la théorie de ce mal, on comprendra facilement la nécessité d'un préservatif. Le roulis et le tangage des opinions de M. P. Limayrac se combinant entre eux, produisent des mouvements mixtes, et ce sont ces mouvements incessants qui soulèvent le cœur de la critique et qui abrutissent l'œil de l'abonné. Le problème étant ainsi clairement posé, il faut, pour le résoudre, trouver un appareil, couchette, fauteuil ou cabriolet, dans lequel on n'ait conscience ni du roulis, ni du tangage, ni des mouvements mixtes de ces opinions et de ces fidélités, et qui permette de conserver un équilibre stable, la sérénité ou le dédain, quelles que soient les inclinaisons politiques du personnage.

Inventez-nous ça, hommes de l'art! et vous serez bénis de tous les hommes affaiblis par la lecture de M. Paulin Limayrac!

REVUE DE L'EMPIRE

JOURNAL UNIVERSEL DÉDIÉ AUX VILLES ET AUX CAMPAGNES.

Décembre 1860. — Paris et départements, 12 fr. — 16, rue Hautefeuille.

Rédacteur en chef : Emile Muraour. — *Collaborateurs:* Alfred Duq, vicomte Henri de Lantenay, Élias Martin, Gustave Huriot, Gustave Graux, Jules Levasseur, Waldemar Munsch, H. Ducastel, F. Combes, Émile Fleury. — *Directeur-gérant :* A. Lebigre-Duquesne.

M. Muraour est un étudiant en médecine de la huitième ou dixième année. Il a été *interne* à Bicêtre. (Je recommande au compositeur de ne pas mettre d'accent aigu sur l'*e*.) Il en est sorti pour fonder sa Revue. Quelques-unes de ses productions sont signées *Mura*. On le dit auteur des *Veillées de l'Empire* et d'une brochure intitulée : *Réponse d'un docteur blanc à un docteur noir*, brochure qui ressemble trop, pour ses arguments scientifiques, à un décalque de celle publiée par M. le docteur Fauvel contre l'infortuné Vriès.

Il est question depuis quelque temps de fonder une littérature impériale. Dans la *Revue des races latines*, le sieur Hugelmann en a dessiné le devis et défini le but, avec une incroyable autorité de principes. On sait que M. Hugelmann a été le collaborateur d'un nommé Ch. Marchal (de Bussy).

Dans la *Revue des races latines*, le sieur Hugelmann, qui, par parenthèse, n'a pas fait long feu dans le *Journal de Bordeaux*, demandait donc que cette littérature vînt combattre le libéralisme, auquel il a voué une haine de Visigoth. Il rêvait des Magenta et des Solférino poétiques, des Mac-Mahon littéraires. Hélas! en fait de Solférino et de Mac-Mahon de ce genre, cette littérature ne compte que *la Revue de l'Empire, le Journal des médaillés de l'Empire, le Pays, journal de l'Empire*, et ne produit que des Troimonts, des Vitu, des Muraour, des Hugelmann, des Limayrac et des Gourdon de Genouillac. Quel carré d'hommes à poil!

Mais pour peu que cette tribu de chasseurs de chevelures libérales guerroie encore contre la Révolution, on sera forcé de doubler le bataillon des agents de la salubrité et des sapeurs-pompiers. La plupart de ces journalistes à la tâche et à la journée sont faciles à reconnaître : ils sont décorés d'un ordre étranger quelconque, ce qui leur donne à cause de leurs plaques et de leurs rubans multicolores une étonnante ressemblance avec les bardes et les commissionnaires de la place publique.

Depuis le 21 décembre 1862, *la Revue de l'Empire*, transformée en journal politique, agricole et financier, paraît tous les dimanches dans le format et dans l'esprit du *Constitutionnel*. Dévoué à la conservation intégrale du coton et des nègres, M. Muraour souffle éperdument dans la trompe du vieux journal esclavagiste.

La *Revue de l'Empire* cultive aussi les Muses. Nous recommandons au lecteur friand d'une nouvelle Poétique, le morceau publié dans le numéro du 10 janvier par un monsieur Raballet de Champlaurier. Mais si l'on veut notre opinion, la voici.

Quand de pareils vers se mettent dans un journal... je ne vous dis que ça!

REVUE NATIONALE ET ÉTRANGÈRE

POLITIQUE, SCIENTIFIQUE ET LITTÉRAIRE.

1re livraison. — Tome 1er. — 10 novembre 1860. — Publiée par M. Charpentier, les 10 et 25 de chaque mois — 160 à 200 pages d'impression. — Prix de l'abonnement : Paris, 30 fr.; départements, 36 fr. — Chaque livraison séparée, 2 fr. — Bureaux, 19, rue de l'Arbre-Sec.

Propriétaire-gérant : Charpentier. — *Rédacteurs* Théophile Gautier; Eugène Yung; Paul de Musset; Charles Louandre; Louis Ulbach; Arnould Frémy; Ch. Caboche; Ch. de Mouy; E. de Pressensé; Paul Brenier; J. J. Weiss; E. Forgues; H. Taine; E. Bersot; Cuvillier Fleury; Alfred Mézières, de la Faculté des lettres de Nancy; Guardia; Dehérain; Brullé, de la Faculté des sciences de Dijon; Jules Girard, membre des conférences à l'École normale; Émile Saisset, de la Faculté des lettres de Paris; Géruzez; Henri Martin; Arthur Arnould; Louis de Loménie, du collége de France; Édouard Laboulaye, de l'Institut; Victor Foucher, conseiller à la Cour de cassation; Prosper Mérimée, de l'Académie française; Taxile Delord; Louis de Ronchaud; Théophile Lavallée; E. Deschanel; Clément Caraguel; Chéruel; Saint-Marc Girardin, de l'Académie française; Patin, de l'Académie française; Coste, membre de l'Institut; E. Legouvé, de l'Académie française; Feuillet de Conches; Jules Simon; Erckmann-Chatrian; Émile Lamé; Daniel Stern; Edmond Texier; A. Desplaces; T. Filon, inspecteur de l'Académie de Paris; Saint-René Taillandier, de la Faculté des lettres de Montpellier.

L'enseigne de la *Revue nationale* est toute rayonnante,

mais elle est incrustée dans la porte d'une boutique de libraire. M. Charpentier agit comme un vrai séducteur, nous le savons, avec son idée d'offrir aux quatre mille premiers souscripteurs une prime de quatre volumes à choisir dans sa bibliothèque. Les noms qu'il a fait miroiter sur la couverture de sa Revue, sont aussi pleins de promesses. M. Louis Ulbach, dans un ancien accès d'enthousiasme pour M. Charpentier, a prétendu que ce corps de rédaction garantissait, au point de vue politique, un libéralisme sans frénésie ni faiblesse; au point de vue littéraire, une moralité sans tache; au point de vue scientifique et économique, une préoccupation utilitaire beaucoup trop négligée ailleurs. Mais à voir de près le fond et la forme de cette Revue, je doute qu'elle soit plus littéraire, plus morale, plus libérale, plus nationale, plus utilitaire et plus utile que les autres. M. Charpentier est sans doute un écrivain politique de belle venue. Il prophétise et évoque avec une noble autorité. Mais sérieusement est-il appelé à diriger cette académie de beaux esprits qui figurent dans sa rédaction ?

La *Revue nationale* a succédé au *Magasin de librairie*, du même éditeur.

LE MONITEUR DES LOCATIONS

INDICATEUR SPÉCIAL

DES APPARTEMENTS, LOGEMENTS ET MAGASINS A LOUER DANS PARIS, MAISONS DE CAMPAGNE A LOUER OU A VENDRE, APPARTEMENTS MEUBLÉS.
1er ET 15 DE CHAQUE MOIS.

N° 1. — 1er décembre 1860. — Un an, 8 fr. — Administration, rue de Rivoli, 150. — 50 centimes le numéro, comme le tribut du portier après minuit. Trop cher! trop cher!

Propriétaire-gérant : B. Caumont.

« Afin de tenir les Propriétaires au courant des mutations de prix qui surviennent à chaque instant dans les loyers des divers quartiers de Paris, *le Moniteur des Locations* donne, sous le titre de *Chronique de l'Édilité* toutes les nouvelles concernant les expropriations pour cause d'utilité publique, les ouvertures des nouveaux boulevards ou rues, les améliorations opérées par les soins de l'Administration municipale, tous les faits enfin qui peuvent et doivent intéresser soit messieurs les propriétaires, soit messieurs les locataires. »

Pourquoi M. Paulin Limayrac n'écrit-il pas dans *le Moniteur des locations* ?...

L'ART MUSICAL

PARAISSANT TOUS LES JEUDIS.

N° 1. — 6 décembre 1860. — Paris, 1 an, 25 fr.; départements, 30 fr.; étranger, 35 fr. — 21, rue de Choiseul.

Directeur : M. Léon Escudier. — *Rédacteurs* : Scudo, Ralph, Gamma (Escudier), Oscar Commettant, Louis Desnoyers, William Steinberg, comte de Pontécoulant.

On peut dire que l'histoire de ce journal, sans être intimement liée à celle de *la France musicale*, en découle jusqu'à un certain point. La chronique parisienne s'est beaucoup occupée des deux frères Escudier, mais elle n'a pas tout dit sur ces deux puissantes notoriétés du monde musical. Je vais ajouter quelques nouveaux coups de crayon à leurs portraits.

La *France musicale* a été fondée à la fin de décembre 1857. A cette époque il n'existait réellement qu'un journal de musique appartenant à un éditeur allemand du nom de Maurice Schessinger : c'était la *Revue et Gazette musicale*, laquelle avait succédé au journal de M. Fétis, qui a eu un certain crédit et qui s'appelait la *Revue musicale*. Le journal de M. Maurice Schessinger défendait à peu près exclusivement l'École allemande. Son drapeau était Meyerbeer. Il était éditeur des *Huguenots*, de *Robert le Diable*, de *la Juive*, qui se rattachaient à cette école.

MM. Marie et Léon Escudier n'avaient à cette époque aucune relation dans le commerce de musique, ni parmi les artistes. Ils débarquaient de la province. Ils firent par hasard la connaissance d'un écrivain des plus distingués et des plus originaux, J. Maurel, qui leur souffla l'idée de faire un journal de musique. Il n'y avait qu'une petite difficulté, c'est que MM. Escudier et Jules Maurel réunis, n'avaient pas de quoi faire un premier numéro. Un hasard providentiel, — le hasard est toujours providentiel! — vint les tirer d'embarras. Ils avaient publié différents travaux dans la *Revue du Nord*, de fantastique et joyeuse mémoire. Mais l'argent était rare à la caisse de ladite *Revue*. Depuis six mois ils s'adressaient vainement au cœur du caissier qui répondait invariablement qu'on attendait, pour régler le prix de la copie, l'arrivée du directeur qui voyageait en Amérique! Enfin, le lendemain du jour où il avait été question d'un journal musical avec Jules Maurel, Marie Escudier monte à la *Revue*, logée place de la Bourse, et en descend aussitôt tout joyeux. Il avait touché une somme de 150 francs! On peut assurer que c'est à ces premiers 150 francs que les frères Escudier doivent attribuer la première cause de leur prospérité.

Mais autre difficulté : pas de logement pour le journal.

Les deux frères étaient casés, hôtel du Mecklembourg, rue Laffitte, dans une petite chambre où pouvaient tenir à peine un lit, une chaise et une table. D'autres auraient reculé devant la froide éloquence de cette situation, mais les deux frères avaient la jeunesse et la foi.

Les trois futurs critiques, Jules Maurel, Marie et Léon Escudier, se réunirent et décidèrent immédiatement qu'il fallait faire le premier numéro. En effet, en un jour tout fut arrêté, rédaction et administration, et le 3 décembre, le premier numéro de *la France musicale* fit son apparition.

A la première heure de cette mémorable journée, on frappait à la porte des splendides bureaux. Les deux frères étaient couchés dans le même lit. Grand était leur embarras. Il ne leur restait en partage qu'une redingote. Donc un seul pouvait décemment se lever pendant que l'autre attendait dans les draps et *vice versâ*. Mais qui pouvait venir à sept heures du matin les réveiller? Enfin, l'un des deux frères se décide à sauter du lit. C'était, — ô hasard encore providentiel! — un abonné, un véritable, qui se présentait, avant qu'ils eussent reçu de l'imprimerie le numéro miraculeux. L'abonné entre; nouvel inconvénient pour lui offrir un siège. Les deux chaises étaient prises par des pantalons, des gilets et une foule de paperasses. On lui demande son nom. Il fait d'abord de longs éloges du journal que n'avaient pas encore lu les directeurs et finalement il se nomme. On procède solennellement à son inscription sur le registre d'honneur.

Mais le frère Escudier, — il ne faut pas oublier qu'il n'y en avait qu'un debout, — ne connaissant aucun artiste, aucun musicien, a l'imprudence de demander comment s'écrivait : Zimmerman ! A cette question compromettante l'autre s'élance du lit et écrit le nom du grand artiste.

Zimmerman se retire. Joie bruyante des deux frères. Tableau : ils se recouchent.

A dix minutes d'intervalle on frappe de nouveau. C'était le tour du frère qui ne s'était pas levé, à endosser la redingote d'audience et à ouvrir la porte.

Encore un abonné! encore une célébrité! c'était Henri Bertini le pianiste. Dans l'espace d'une heure, de sept à huit heures, *la France musicale* marchait déjà à la tête de quatre abonnés qui étaient : Zimmerman, Bertini, Th. Labarre et François Bazin. Le numéro arrive enfin! les deux frères ne se doutaient guère qu'il avait produit un si grand effet dans Paris.

Dans ce numéro révolutionnaire les rédacteurs s'étaient franchement posés en face de l'école allemande. Rossini était leur Dieu, et l'école italienne leur culte. Leur profession de foi avait été si nette, si ardente, et leur allure si carrée, que tous les poltrons de la musique, et ils sont nombreux, s'étaient réveillés en sursaut. Dès ce jour-là, le succès de *la France musicale* fut assuré et ne fit que grandir. La lutte entre les deux écoles continua chaudement. La terreur régnait chez les Allemands. Parmi les champions de ces derniers, brillait l'auteur des *Hussards de la garde*, Blanchard, ami de Jules Maurel, qui lui prêtait souvent ses bottes. Ce qui n'empêchait pas les deux amis de s'éreinter réciproquement dans *la France musicale* et *la Revue et Gazette musicale*. L'année suivante, *la France musicale* arrivait à un degré de prospérité que n'avait encore atteint aucun journal de musique. Parmi les principales causes de ce succès, on peut aussi comprendre les fameux concerts qui furent donnés gratis aux abonnés et dans lesquels figuraient les célébrités du jour : Tamburini, Rubini, Lablache y ont chanté pour la première et unique fois, à Paris, le trio de *Guillaume*

Tell en italien. On y entendait MM. Viardot, de Bériot, Thalberg et d'autres grands artistes qu'on ne retrouve plus dans nos concerts à grande réclame.

Un des premiers collaborateurs actifs et fanatiques de la *France musicale* a été le comte de Pontécoulant, qui a suivi Léon Escudier à *l'Art musical*. Le comte de Pontécoulant est de l'âge du chevalier de Saint-Georges. Castil-Blaze a longtemps collaboré au journal des frères Escudier. Nous donnerons un jour la biographie du comte de Pontécoulant et de l'auteur de *Pigeon-vole*.

Pendant de longues années, Marie et Léon Escudier ont donné au monde un bel exemple de fraternité. Ils ne se quittaient pas. Quand on apercevait de loin la tête de l'un, on était sûr de voir presque aussitôt poindre le chapeau de l'autre. C'était vraiment digne des temps bibliques, cette amitié et cette union ! Mais le temps est un grand modificateur et la musique très-souvent une déesse de la discorde. J'affirme et je peux prouver qu'il n'y a pas de monde plus divisé que le monde musical. L'accord qu'il enfante est plus extérieur qu'intérieur. La société des musiciens se ressent peu de l'harmonie qu'elle fait pénétrer par la voix et l'instrument dans la foule. Dans notre troisième volume nous reviendrons sur cet étrange phénomène.

Les deux frères modèles avaient donc vécu pendant vingt-trois ans de la même pensée, de la même musique, de bonheurs et de désagréments communs. Pendant huit ans ils avaient rédigé solidairement le feuilleton musical du *Pays*. Des circonstances sur lesquelles il ne nous appartient pas de nous appesantir sont venues changer la nature de leurs relations. Un acte notarié entre les deux frères mit fin à cette longue intimité de deux cœurs et de deux esprits qui s'étaient si bien entendus. Marie conserva la propriété de *la France musicale;* Léon, celle de l'édition de musique. Mais, comme dit le proverbe, *qui a bu boira.* Léon Escudier fit bientôt paraître un nouveau journal, *l'Art musical*, et choisit pour rédacteur principal M. Oscar Comettant, le défenseur obstiné du *Docteur noir* et du *Saxophone.*

Au bout d'un an, *l'Art musical* éprouvant le besoin de fortifier sa rédaction, M. Oscar Comettant fut remplacé par M. Scudo. Il est assez curieux de voir aujourd'hui à *l'Art musical* le critique qui n'a pas cessé d'attaquer Verdi dans la *Revue des Deux Mondes.* Mais il faut avouer qu'il n'a pas épargné Wagner. M. Scudo est l'indépendance et la conscience poussées à l'extrême. Célibataire, sans grands besoins, il vit pour son travail libre. Il tient peut-être trop aux morts. Mais il n'idolâtre jamais la petitesse des vivants. Ses jugements ne sont pas toujours infaillibles, mais ils sont empreints d'une science profonde et d'une liberté inaltérable.

L'existence de *la France musicale* a été très-agitée. Aujourd'hui sa rédaction est sage comme une image. Elle est gouvernée avec tact et mesure par la haute expérience de Marie Escudier, qu'on vient dernièrement de décorer en qualité d'homme de lettres. Mais, jadis, quelle arène et quelle scène que cette *France musicale!* Quel mouvement et quelle passion! Léon Escudier a eu au moins pour sa part vingt duels, sur le tapis. On dit qu'un trombone allemand lui a planté une balle dans la cuisse, au nom de l'école de Meyerbeer.

Les incidents curieux abondent dans la vie des frères Escudier. Il y a, entre autres, l'histoire de la première représentation de *Pigeon-vole*, opéra-comique de Castil-Blaze, dont je ne veux pas écourter l'incomparable drôlerie, et qui sera racontée ailleurs, dans tous ses détails.

Mais la meilleure de toutes les pièces comiques jouées par les deux frères, a été leur rôle politique en 1848.

La musique se faisant alors dans les rues, Marie et Léon transportèrent leur activité à l'Hôtel de Ville. Aides de camp du général Courtais, recouverts d'uniformes étincelants, ils sillonnaient la capitale sur de grands gringalets de chevaux, portant çà et là les proclamations du général. Le vieux Courtais n'était pas ferré sur l'éloquence militaire, mais ses deux aides de camp étaient de première force pour la confection des harangues. C'étaient eux qui rédigeaient ces folles proses. Le père Courtais apprenait cette copie par cœur, et s'il lui échappait dans le récit la moitié de la composition, il la remplaçait par le cri bien senti de : Vive la république ! Un soir, le général Courtais apprend que *le National* prépare contre lui pour le lendemain un article foudroyant. Que faire ? Aller dans la nuit au *National* empêcher l'apparition de ce pamphlet. On y va ! les frères Escudier et le général entrent dans les ateliers de composition du journal. Il faisait sombre. Le premier objet contre lequel le général se heurte, c'est la forme du journal, qu'on allait descendre aux imprimeurs, et qu'il met en pâte. Encore un hasard providentiel ! MM. Escudier s'en aperçoivent et donnent le signal d'une retraite précipitée. Le lendemain *le National* ne paraissait qu'à cinq heures du soir, sans qu'on ait jamais su la vraie cause de ce retard extraordinaire.

La politique tapageuse a encore accaparé les deux frères aux beaux jours du *Réveil*, qui s'est élevé jusqu'au chiffre de 1500 abonnés. Mais l'allure cassante de M. Granier de Cassagnac et de Barbey d'Aurevilly leur ayant attiré un nombre trop illimité d'ennemis, ils y renoncèrent pour se consacrer exclusivement à la musique. C'est à MM. Escudier, qui ont fondé l'édition à *la France musicale*, que Verdi doit la plus belle chandelle de ses premiers succès en France. L'enthousiasme des deux journalistes pour le maestro était si grand, que le premier ouvrage qui fut exécuté, *Ernani*, le fut à peu près aux frais des deux écrivains. Le public ne goûta pas d'abord la partition. A la troisième représentation on supprima le deuxième acte comme faisant longueur. Cette amputation ne découragea pas nos deux confrères, dont la foi indomptable vint à bout des oppositions, et Verdi a glorieusement triomphé en France.

Aujourd'hui les deux frères Escudier ont complétement rompu la paille ! Léon poursuit la gloire de l'édition de musique et s'y enrichit. Marie arrive à la prospérité et aux honneurs par le journalisme. Le courage, la persévérance, l'esprit d'initiative ne lui ont jamais fait défaut. Après avoir longtemps collaboré au *Pays*, il s'en est séparé pour fonder, avec M. de Cassagnac, *la Nation*, dont il est une des influences et un des remarquables talents.

Le père Pellion, qui gérait la *Revue du Nord*, dont M. de Saint-Priest était le rédacteur en chef, ne payait ses collaborateurs qu'en nature. Le matin, c'était un pain d'un sou, le soir, c'était une invariable pâtée de gruau. Quand les frères Escudier avaient bien travaillé, le père Pellion se mettait en frais d'amabilité et de récompense. Il les emmenait le dimanche avec sa famille, une femme et trois enfants, à Saint-Cloud, en coucou, et leur payait pour cinq centimes de coco.

N'oublions pas, dans cette rapide esquisse, de rendre hommage à la mémoire du gérant de la *Revue du Nord* et à celle de Jules Maurel, deux étonnants types du journalisme de 1830.

Jules Maurel a figuré avec un talent très-varié et très-amusant dans la presse politique. L'opposition et le parti conservateur ont joui de sa plume facile. Jules Maurel a été pendant trois mois rédacteur en chef du *Constitutionnel*. En même temps, il rédigeait brillamment le *Journal des Débats*. La loi Tinguy n'était pas encore inventée. Chaque matin, dans les deux journaux, Jules Maurel se démolissait de ses propres mains, de la façon la plus savante et la plus spirituelle. Ce manége mystérieux et lucratif durait depuis bon nombre de mois, lorsque tout fut découvert. Jules Maurel, pour échapper aux mauvaises suites de la mystification, n'eut que le temps de cingler vers Bruxelles. Il y rédigea *l'Émancipation*, qui devint, avec son concours, le journal de Belgique le plus lu en Europe.

LA RÉGENCE ET LA NOUVELLE RÉGENCE

REVUE SPÉCIALE DES ÉCHECS

PARAISSANT LE 1er DE CHAQUE MOIS.

N° 1. — Décembre 1860. — Prix d'abonnement, pour la France, 20 francs. — Pour l'étranger, Belgique, Danemark, Hollande, Suisse, Sardaigne, 22 francs. — Hanovre, Prusse, Pologne, Saxe, Russie, 23 francs. — Naples, Sicile, Toscane, 24 francs. — Amérique, colonies, Espagne, Portugal, États romains, 25 francs. — Angleterre, Autriche, Bavière, duché de Bade, 22 francs.

Directeur, rédacteur en chef : M. P. Journoud. — *Gérant :* Gillet-Catelain, propriétaire du café de la Régence, rue Saint-Honoré, 161.

Le premier journal français d'échecs, fut fondé il y a vingt ans environ sous le titre de *Palamède*, par le grand joueur La Bourdonnais avec la collaboration de Méry. Le retentissement produit par les exploits du maître français reconnu à cette époque pour la première force du monde entier, assura promptement le succès de la nouvelle publication qui, quelque temps après le départ de La Bourdonnais pour l'Angleterre, fut continuée par M. Saint-Amant. La période de cette nouvelle direction qui comprit six années, fut prospère pour le *Palamède*. Mais en 1847 M. Saint-Amant quitta l'Europe, et le journal cessa de paraître. De 1847 à 1856, il fut fait deux tentatives pour le ressusciter sous le titre de *la Régence*, la première fois par M. Kieseritzki, célèbre joueur livonien fixé à Paris, la seconde fois par M. Arnout de Rivière. Mais soit que le goût des échecs ait diminué en France, soit négligence ou incurie de ces deux directions, *la Régence* végéta et s'éteignit à deux reprises différentes.

Ce fut le 1er janvier 1860, que M. Journoud tenta de relever le drapeau des échecs, son entreprise fut accueillie avec faveur, et la prospérité du journal n'a jamais été plus grande qu'aujourd'hui.

La Nouvelle Régence reproduit, sous l'habile et élégante direction de M. Journoud, les parties remarquables qui sont jouées au café de la Régence, par les meilleurs amateurs français ainsi que par les plus forts joueurs de l'étranger. Elle traite les questions de théorie de ce jeu que Leibnitz a qualifié de science, que l'impératrice Catherine de Russie a défini ainsi : « Trop pour un jeu, trop peu pour une science ! » et que M. Journoud qualifie tout simplement de jeu savant. A ce titre, les échecs, qui ont des adeptes passionnés chez tous les peuples, méritent d'avoir leur organe dans la presse française. *La Régence* s'occupe aussi un peu de littérature, sans s'éloigner jamais de sa spécialité. Elle reproduit les nouvelles qui intéressent la nombreuse franc-maçonnerie des joueurs.

En 1860, M. Journoud a ouvert un grand concours de problèmes auquel ont pris part les plus célèbres amateurs de l'Europe. Nous retrouvons de temps en temps le rédacteur en chef de *la Nouvelle Régence* dans les colonnes du *Figaro* et de *l'Illustration*.

Les ruines de l'antique café de la Régence ont eu leur Volney. La démolition du temple de Palamède a été pleurée en vers qui ne sont pas d'Alfred de Musset, une des dernières et originales illustrations du jeu d'échecs. L'auteur de *Rolla* a passé à la Régence une grande partie de la fin de son règne. La légende prétend même que son esprit revient là plus souvent qu'à l'Institut. A minuit, comme aux Champs-Élysées, commence dans le carrefour du *Théâtre-Français* une grande revue des ombres de l'Empire échiquéen. Voyez-les défiler. C'est :

> D'Alembert, la Rochefoucauld,
> Léger, Verdoni, Duchaffault,
> Jean-Jacques, l'éloquent cynique,
> Voltaire, au rire sardonique,
> Bernard et le savant Fréret,
> Carlier, Roman (abbé coquet),
> Jean-Baptiste, le pindarique,
> Longtemps notre premier lyrique,
> Lavagnino, Weil et Mouret,
> Mouret, l'âme de l'automate,
> Vrai sans souci, *viveur* complet,
> De Scarron le joyeux portrait,
> Par les plaisirs fait cul-de-jatte,
> Et malgré l'ordre d'Hippocrate,
> A rire et boire toujours prêt;
> C'est Sainte-Colombe, Beausset,
> Surnommé le *vélocipède;*
> C'est de Rivoire, c'est Meulet,
> Latour-d'Auvergne, Haxo, Guingret,
> Foy, l'émule de Palamède,
> Corbet, de Jouy, Thiébault,

Boucherot, Acloque, Bidault,
Bidault, peintre nonagénaire;
Dupéray, Pelletier, Cypierre,
Jaquelin, Génot et Dupuis,
L'encyclopédiste Alexandre,
Le docteur Laroche, Des Guys
(Renard si difficile à prendre),
Maurice de Saxe, Légal,
Vaucoret, Bontems, Sénéchal,
Boufflers, Chamfort de Barneville.
Helvétius, Grimm, Marmontel,
Dorat, Desloges, Tastinel,
Kieseritzky, Vallécarville,
D'Holbach, Sainte-Foix, Josias,
D'Egmond, Francklin, Boissy-d'Anglas,
Lévêque, Sobausky, Binville,
Le comte d'Helmstatt (le richard);
Charron, Marmorières, Rouillard,
Rosset et Chopin d'Arnouville,
Regnault, peintre du jeune Achille,
Docteur Fauché, docteur Fabard,
Tournay, connu du vaudeville,
Proux, Baker, Lemaitre, Hiclard,
Dizy, Boncourt, Fouché, Vetard,
Lipmann, Nanteuil de la Norville.
J'en vois et des cent et des mille,
Puis des mille et des cents encor;
Mais j'aurais dû nommer d'abord
Notre harmonieux Philidor.
Tel fut le grave Deschapelles,
Intelligence des plus belles,
Qui fut le héros de son temps.
En prince, d'humeur noble et fière,
Comme Philidor, cinquante ans
Il régna sur l'Europe entière.
C'est bien lui, je le reconnais,
Nul ennemi ne put l'abattre,
C'est notre grand La Bourdonnais!
Comme Henri, le Béarnais,
Il sut aimer, boire et combattre.

> Non pas comme un, mais comme quatre.
> Quel malheur qu'il fût à la fois,
> Ce chaud disciple d'Épicure,
> Hercule, Comus et Mercure!
> Fameux par ses triples exploits,
> Il mourut avant la mesure,
> Enfant gâté de la nature,
> Pour en avoir bravé les lois.

Cependant on aurait tort de croire que le café de la Régence n'est visité que par des revenants. Philidor, ce fondateur de l'Empire échiquéen, qui, outre sa supériorité aux échecs, a donné le jour à de nombreux morceaux de musique, et à dix-neuf enfants; Deschapelles, cet héroïque manchot qui se couvrit de gloire à Fleurus, et plus tard dans la fabrication des cantaloups et des ananas; de La Bourdonnais, qui mourut du mal de Mürger, ne sont pas les seuls habitués du nouveau sanctuaire. Les noms les plus variés et les plus distingués retentissent aujourd'hui sous les plafonds mordorés du café historique. On voit là MM. Journoud, Saint-Amant, Morphy, Leduc, le vicomte de Vaufreland, le marquis de Nettancourt, Laroche, Preti, le président Devinck, le duc de Caraman, Méry, Benoit-Crampel, Muret, Budzinsky, Pujol, le baron du Mesnil, M. le chevalier Odoard, Cooper, Schulten, Provost, de la Comédie-Française, Anderssen, Dubois, rédacteur de *la Revue romaine*, Disdier de Genève, Arnout de Rivière, Lequesne, Delannoy, O'Sullivan, ministre des États-Unis. Dieu réserve encore de beaux jours et de beaux joueurs à la France!

Ah! merci!

JOURNAL DES MÉDAILLÉS DE L'EMPIRE

PARAISSANT TOUS LES DIMANCHES.

HONORÉ DE LA SOUSCRIPTION DE S. M. L'EMPEREUR NAPOLÉON III, DE CELLE DU MARÉCHAL MAGNAN, PRÉSIDENT DE LA SOCIÉTÉ PHILANTHROPIQUE DES ANCIENS MILITAIRES; ET DE CELLE DE PRINCIPAUX FONCTIONNAIRES DE L'EMPIRE.

Illustré avec soin, et comprenant huit pages de texte, publiant des biographies, des récits historiques, des romans, des voyages, etc., et les relations des expéditions de Chine et de Syrie. — Attention au boniment de M. de Genouillac.

« Tout médaillé de Sainte-Hélène, de la médaille militaire, de Crimée, d'Italie, de sauvetage, etc., peut réclamer l'insertion gratuite d'une notice biographique et recevoir le journal pendant un an, en envoyant aux bureaux du journal, 81, boulevard Montparnasse, à Paris, ses nom et prénoms, l'indication de ses états de service et la désignation de sa médaille, avec un mandat de 6 francs sur la poste, à l'ordre du directeur du *Journal des médaillés de l'Empire*. »

N° 1. — 10 décembre 1860. — 5 centimes le numéro.

Rédacteur en chef: Gourdon de Genouillac. — *Collaborateurs* : Albert Blanquet, L. Debuire, poëte Lillois. — *Directeur-gérant* : J. Bry, aîné.

M. H. Gourdon de Genouillac, ex-rédacteur en chef du *Journal des employés*, rongé par le ver solitaire du roman, possède un talent qui est le produit adultérin de la bureaucratie et de l'amour de la publicité. Son adresse *au lecteur*, est un obélisque de raisons fabuleuses. Ce Marco de Saint-Hilaire en réduction, après s'être dispensé de faire une profession de foi, qui aurait été cependant fort goûtée de MM. les concierges, affirme que les maréchaux comme les soldats, les amiraux comme les matelots sont égaux devant le feu de l'ennemi et devant son entreprise de biographies. Quelle découverte! Il ôte respectueusement son castor à tous les médaillés des quatre catégories, et donne à son journal le titre de Panthéon national! Il n'y a rien d'illicite jusque-là. Mais M. de Gourdon se flatte de posséder dans ce *Journal des médaillés de l'Empire* une publication d'un caractère essentiellement littéraire! Voilà ce qui me paraît un peu trop de Genouillac.

Je respecte autant que M. de Gourdon les vieux et jeunes débris de nos armées. Je donne volontiers quelque monnaie aux malheureux éclopés du premier Empire qui mendient trop souvent dans la rue, en fredonnant les immortels souvenirs d'Austerlitz et de Waterloo. Je ne professe aucun scepticisme au sujet de nos guerres d'Orient ou d'Amérique. Je n'ai jamais été du nombre de ces mauvais rieurs qui ont fait entendre leurs sifflets autour de ces héroïques expéditions. Reliques, images, médailles militaires, médailles de sauvetage, décorations de tous les mérites, me sont également sacrées, et Dieu me préserve de toucher à tous ces testaments religieux ou profanes! Mais je n'ai pas la moindre vénération pour le prospectus de M. de Gourdon. Je ne comprends pas comment M. de Genouillac pourra donner à son *Journal des médaillés*, un *caractère essentiellement littéraire*. Est-ce en narrant la vie et les radotages de ces invalides honnêtes, c'est vrai, mais peu grammaticaux? Est-ce en nous attendrissant sur les lugubres épopées de vieux soldats, devenus dans de trop nombreuses circonstances chanteurs de coins de rues, vendeurs de *rigolos*, commissionnaires, brosseurs, sacristains, donneurs d'eau bénite, etc., etc.?

Un élégant et fin poëte de Lille, M. L. Debuire (du Buc) a eu bien tort de torturer sa muse sur les motifs de la médaille de Sainte-Hélène. Sa poésie ad hoc est parsemée de violents anachronismes. Ainsi il nous affirme en vers que c'est le *grand capitaine qui sur un roc, bravant les éléments, créait au milieu des tourments, la médaille de Sainte-Hélène.* Rien de plus faux! Elle est du millésime du 12 août 1857. Ensuite M. du Buc module à l'adresse de la jeune armée des réflexions qui ne lui sembleront pas d'une folle gaieté. La médaille de Crimée, dit-il, est la sœur de la médaille de Sainte-Hélène. Va pour la sœur! Mais les verts triomphateurs de Sébastopol préféreraient une parenté beaucoup plus éloignée.

Allons! six francs par an avec votre biographie! subséquemment, que c'est un peu-z-uppé! Vous avez compris, les vieux Rabat-joie, les jambes de bois et les nez de fer-blanc? Enfoncé le grand Marco de Saint-Hilaire par le petit Zenouillac!

Eh bien! voulez-vous que je vous donne un conseil, les Vieux de la Vieille? gardez vos six *balles* qui vous feront plus de profit que votre binette encadrée de la prose de M. de Genouillac.

LA LÉGENDE DE SAINTE URSULE

PRINCESSE BRITANNIQUE

ET DE SES ONZE MILLE VIERGES

Décembre 1860. — Prix de la livraison, 10 francs, avec tableau et texte. — 12 livraisons par an, in-4°. — Rue des Acacias, 22, aux Ternes.

Directeur : F. Kellerhoven. — *Rédacteur* : J. B. Dutron. — *Chromolithographe* : Haugard-Maugé. — *Typographe* : Simon Raçon.

Ah! vous avez cru qu'il était impossible de fonder un journal avec la légende de sainte Ursule, que ce nom était même interdit à une jolie femme et que le siècle n'avait que faire de onze mille vierges exhumées du moyen âge. Vous vous êtes dit encore devant cet in-4°, ô chers élèves de l'illustre Havin : Qu'est-ce que vient faire sainte Ursule et sa légende dans nos débats politiques, diplomatiques et financiers? N'avons-nous pas assez de saint Janvier et de saint Joseph Labre? A quoi mène et aboutit sainte Ursule?

Que voilà bien le langage révolutionnaire de gens qui ne dirigent leur conscience et leur esprit que sur la théologie du directeur du journal des liquoristes! Eh bien! apprenez, petits ricaneurs, que M. J. B. Dutron est un bibliographe très-éclairé, et qu'en sa qualité d'ex-marchand de conserves alimentaires pour l'armée d'Italie, il est appelé à remuer de profonds intérêts, avec la légende de sainte Ursule. Oui, messieurs les mécréants et les sceptiques à la mode d'Havin, M. J. B. Dutron, ex-directeur de *la* Printanière, *organe des légumes secs*, est un garçon d'infiniment de verdeur. Il ne doute de rien, ni de sa publication, ni de son héroïne. Il ne lésine pas sur les besoins du personnel domestique d'une sainte, quand elle s'appelle Ursule. Il lui donne généreusement onze mille femmes de chambre! Avec cette suite, il la fait voyager en Europe, avec autant de facilité qu'une bourgeoise autochthone de la Chaussée-d'Antin. Enfin il se débarrasse de sa publication, le plus naturellement du monde, en la couronnant par le massacre en bloc de cette légion féminine sur les bords du Rhin et en offrant aux souscripteurs une planche supplémentaire pour y insérer leurs noms ! O apothéose de l'abonné!

Ce M. J. B. Dutron est le Dennery de la légende catholique. Il a la spécialité du couronnement des vierges de tous les pays, Nanterre excepté. Vierge du Pérugin, Vierge de Fiesole, Vierge de Ittenbach, il les illustre toutes, et les met en vente aux prix doux de 25 et 50 francs. J. B. Dutron est bien capable de fonder le journal de *la Panagia* ou de *Notre-Dame de Lorette*. On prétend même que la légende de sainte Ursule va paraitre en tête de *la France*, comme une des plus lumineuses plaidoiries de la feuille sénatoriale en faveur du lopin de terre de la Papauté.

LA FEMME

ORGANE DE LA SOCIÉTÉ-MÈRE-PROTECTRICE DE LA FRANCE.
1ᵉʳ ET 15 DE CHAQUE MOIS.

N° 1. — 15 décembre 1860. — Paris, un an, 18 fr. — Départements, 20 fr. — Étranger, 20 fr. — Un numéro, 1 fr. — Livraison de seize pages, format grand in-4°, à trois colonnes, avec frontispice et couverture. — Direction, rue Saint-Honoré, 161.

Directrice : Madame Olivia de Rocourt.

Nota. Madame la directrice reçoit les mardis et vendredis, d'une heure à quatre heures. On est prié d'avoir de la gravité et du caractère.

Le journal *la Femme* repose, dit-on, sur une société en commandite au capital de cent mille francs, divisé en cinq cents actions de deux cents francs. Raison sociale et féminine : O. de Rocourt et Cⁱᵉ !

Chaque numéro se divise en : *Chronique de la quinzaine. — Actualités de l'étranger. — Romans* inodores et digestifs. *— Poésies et légendes. — Annales du Travail.*

— *Sciences pour toutes.* — *Études philosophiques.* — *Littérature.* — *Hygiène et économie domestique.* — *Tribunaux, théâtres.* — *Correspondance.* — Biographie de quelque femme illustre par son talent (lequel?) contenant ses brillantes actions ou ses vertus modestement privées (qu'est-ce que cela peut être, ô mon Dieu! que des vertus modestement privées?) et autant que possible son portrait! (Voilà qui est plus clair.)

Cent mille francs de capital! Quel joli fonds d'articles pour un journal de femmes, et même pour un journal d'hommes! Mais pourquoi, et à quoi bon cent mille francs dans le tiroir d'un journal comme celui-ci? Pour aider, répond madame Olivia, la société *Mère-protectrice de la Femme!*

— Ah!

Et quel est le but de cette société? Son but est de servir de mère à la femme de toute nation, sans distinction de religion ou de caste;

— Ah!

D'amener la régénération morale, intellectuelle et matérielle de la femme, sans autres armes que la conviction et l'amour;

— Ah!

De reconnaître pour patrie toute terre où peut luire l'amour maternel;

— Ah!

De mettre le siége de cet amour en France, et son berceau à Paris;

— Ah!

De faire partir de l'enceinte des fortifications les rayonnements d'amour et de les diriger au delà des mers!

— Ah!

Au moyen de quel réverbérateur?

Et que dit madame Olivia de Rocourt? Elle harangue ses sœurs, au nom de la France, du Ciel et de l'Avenir. Elle leur dit, comme si c'était article de foi, qu'elles sont filles de Dieu; que le tressaillement des masses (quelles masses?) indique que l'heure de la régénération de la femme a sonné (est-ce que le club des femmes renaîtrait pour le bonheur du vaudeville?); que la femme se réveille (je l'ai toujours cru assez éveillée); qu'elle veut faire entendre sa voix (nous avons bien assez du verbe de mesdames Raoul de Navery et Albertine Philippe); que pour se manifester, ce verbe a besoin d'un organe (bien entendu, mais pas de l'organe d'une gazette, oh non!); que la femme doit révéler sa force, sa beauté, sa grandeur véritable (d'accord, révélez-nous vos splendeurs idéales, mesdames, mais pas dans les papiers publics, ni dans la rue!); que, sans vouloir former une croisade contre l'homme, les femmes, après des siècles de silence (est-ce possible!) devaient réclamer leur place au grand banquet humanitaire, et cela pour porter un toast au bonheur de tous! (Hélas! que j'en ai vu des femmes en 1848 qui ont inventé des prétextes de banquets et de toasts afin de faire la noce!) Mais vous, madame, vous êtes digne, honnête et charmante. Ne faites donc jamais de ces journaux-là!

J'éprouve toujours une espèce de terreur, quand je vois une femme écrire. L'amour des lettres chez cet être relatif, intermédiaire entre Dieu et l'homme, dit Michelet, ne s'exerce jamais, à mon avis, qu'au détriment et à la confusion de l'autre. Or, la question est de savoir quel est le meilleur des deux. La question contient la réponse : ce n'est pas l'amour des lettres! Pour un génie exceptionnel comme George Sand, combien avons-nous de nymphes politiques? Pour une neuvième muse comme cette belle et inimitable Delphine de Girardin, combien de Mogador littéraires! Il ne faut pas être doué d'une excessive pénétration historique, pour reconnaître que les siècles où les femmes ont le plus écrit, n'ont pas été les plus vaillants et les plus purs, et que les révolutions qui ont imaginé de se faire appuyer par l'arsenal des coquetteries ou des fureurs féminines, n'ont pas encore élevé bien haut leur édifice de liberté. Il y a quelque chose de pire! Elles ont créé un nouveau malaise chez cet être malade, qui a cru qu'en prenant le grand air des clubs, des journaux, des livres, des théâtres, il guérirait de son éternel transport au cœur. Certes! la preuve contraire est là. Ce cœur en rupture de devoirs a traîné à travers toutes les écoles de la politique, de la religion et de l'amour, depuis des siècles, et i n'est ni plus expérimenté ni plus consolé. La femme de lettres a assez fait la vie, mais a-t-elle assez approfondi l'amour? Mon opinion et celle de ses amants, est : non! Croit-on qu'en conséquence des défaites et des hontes résultant de la publicité de son cœur et de son esprit, il ne serait pas opportun de clore la série des femmes qui veulent encore s'asseoir au *banquet humanitaire?* Il s'en va temps d'en finir avec cette singulière morale qui, sous la plume de l'auteur de *l'Amour* et de *la Femme*, a entouré la femme d'un sentimentalisme énervant, d'une adoration par trop moléculaire. La lubricité fait le fond de ce culte nouveau. Les femmes agrandies par le système Michelet sont tout autant à plaindre et à séquestrer que les femmes réduites par la passion d'écrire.

Ah! l'amour des lettres chez la femme, quel déplacement de la base de la famille! Tout le monde y perd. Quelque chose de l'honneur de tous s'en va dans le vent de cette renommée. Qu'elle reste donc tranquille, la femme, loin de l'art et de ses vertiges, de la politique et de la librairie! Elle a bien assez de son esprit à calmer, et du nôtre à recueillir. Depuis cinq mille ans, suivant la Bible, que la foudre est tombée sur son cœur, le feu adoré ou maudit n'a pas diminué d'intensité. Ce n'est pas en allant agiter bruyamment ses entournures dans des bureaux de journaux, ce n'est pas en brochant des vers de toutes dimensions en l'honneur de l'amour et de la liberté qu'elle préparera l'organisation du vingtième siècle. Ne faisons-nous pas assez, sans son concours, de fautes de toute nature en littérature et en révolution? Grand merci de la lumière et de l'amour qu'elle veut, en nous suivant, nous offrir dans les ténèbres de la lutte. Nous n'avons qu'une médiocre confiance dans ces nouvelles lampes de sûreté. Que la femme nous attende donc à l'écart de tous nos progrès, loin de nos défaites ou de nos succès. L'homme renversé, n'importe comment, n'aime pas être vu par la femme. L'homme qui triomphe a toujours peur de n'être pas assez beau dans la victoire.

L'ILLUSTRATEUR DES DAMES ET DES DEMOISELLES

JOURNAL DES SOIRÉES DE FAMILLE.

N° 1. — Décembre 1860. — Paris, 16 fr.; départements, 20 fr. — Un numéro, 50 centimes. — 3, rue du Helder. — Hebdomadaire.

Rédacteurs et Rédactrices — première combinaison : — E. Razetti, Alphonse de Launay, l'abbé Théodore Perry, Léo Lespès, marquise de Saint-Pons, vicomtesse de Renneville, Constance Aubert, madame E. M. Lacour, Loïsa Bertrand. — *Gérant :* A. Baron. — *Caricaturiste :* Damourette.

Il a vraiment l'air très-opulent, ce journal. Il ne se prive de rien! pas même de M. l'abbé Perry. M. Razetti a été la cheville de cette affaire. Quelle est l'affaire de modes où ne trempe pas l'ancien administrateur de *l'Opinion nationale?* Il est de toutes les publications à bon marché et de bon ton, le Razetti des salons. A lui le pompon pour lancer le prospectus et trousser la réclame. Il connaît au bout du doigt la littérature au crochet et le journalisme à la toilette. Tout lui réussit dans ce genre. Il triomphe aussi bien dans le vaudeville que dans la commission, à l'Odéon qu'à la Bourse. *L'Illustrateur des Dames et des Demoiselles* est né coiffé avec Ernest Razetti. Je le dis sans rire. C'est un élégant et habile spécialiste. J'ajoute bien vite qu'il ne ressemble point au *Faiseur* de Balzac. S'il connaît à fond l'industrie du petit et du grand journal, il la pratique en galant homme. Ses amis, et il en a beaucoup, n'invoquent pas vainement sa générosité. Dans sa poche toujours pleine de louis, ils ont puisé sans compter, et il leur a trop donné sans reçu.

Je comprends la présence de M. Razetti à *l'Illustrateur*, mais je ne m'explique pas celle de M. l'abbé Théodore Perry. M. l'abbé, un illustrateur de dames et de demoiselles ! en quoi, s'il vous plaît? C'est une singulière chaire à prêcher qu'un journal de colifichets. M. l'abbé Théodore glisserait-il sournoisement des images indulgenciées dans les volants de ces dames, des circulaires de la société de Saint-Vincent de Paul dans le fond bouillonné de leurs chapeaux, des reliques de Castelfidardo entre la baleine et la soie de leurs corsets? Il faudrait veiller à ces dessous de confection, madame la marquise de Saint-Pons ! Si la collaboration de M. l'abbé Théodore à *l'Illustrateur* n'est que pour la frime, et ne sert que d'amorce aux pieuses clientèles, c'est assez joliment trouvé. L'alliance de la soutane avec la galanterie n'est pas d'hier. Nos abbés du beau temps des petits vers et des petits soupers, mignardisaient, marivaudaient avec de ravissantes libertés. Mais l'association du prêtre aux travaux mondains et pervers du volant loyauté, du paletot à pochette, de la veste de zouave, de la toque François I*er*, de la jupe Pompadour, me parait être un des plus étranges progrès du néo-catholicisme.

— Eh quoi! encore ici, mesdames la vicomtesse de Renneville et Constance Aubert? Bonté du ciel! on ne fera donc pas un seul journal de modes, sans le mettre sous leur invocation? Qu'ont donc de si extraordinairement introuvable ces deux Scudéri du chiffon? Et dites que les femmes n'ont pas de constance dans leur fidélité! Je n'ai jamais vu de passion pareille à celle qu'elles professent pour ces deux théoriciennes. Et quelles théoriciennes! et quelles praticiennes! je jette au hasard les yeux sur une causerie modèle de madame Constance Aubert, et j'apprends que tout domestique doit parler à la troisième personne parce qu'il marche derrière nous dans la vie! Voyez-vous ce considérant et cette progression? Quelle niaiserie que toutes ces tortures conventionnelles imposées à la langue française! Pourquoi, je vous le demande, la troisième personne plutôt que la seconde? Purisme inepte! idiots les domestiques qui s'en servent, imbéciles les maîtres qui l'imposent. Madame Constance Aubert a une prédilection marquée pour les principes et pour la langue orientale de M. Prudhomme. C'est fâcheux. Ainsi elle trouve, entre autres choses répréhensibles, que l'on permet trop les cheveux, les jupes, et les nez retroussés aux femmes de chambre et que c'est un abus *social!*... Le mot y est! je le recommande à M. Véron, du *Charivari*. Mais je ne puis relever toutes les préciosités de ce législateur féminin. Passons à madame la vicomtesse de Renneville.

En voilà une, par exemple, qui se joue un peu de ses vieilles armoiries. Quelle fécondité de caquetages! quel brio de réclames! quelle ampleur d'annonces! Cette chère vicomtesse, elle a appliqué son aristocratie à tous les arts industriels de la mode. Elle a dépensé sa noblesse en cancans de boudoirs commerciaux. Elle sait son Paris et sa province dans tous les plis et replis de la couture. Je parie qu'elle vous dit exactement la différence de parfumerie qui existe entre une Savoyarde et une Auvergnate. Elle a élevé sa chronique à la hauteur d'un dogme. Et comme nos Célimènes de préfecture, nos précieuses petites bourgeoises de partout se font une règle, un cas de conscience, un bonheur, des adorables riens de notre chroniqueuse! Et comme elle le sait bien, cette rusée! comme elle parle en souveraine habituée du succès! Son feuilleton est constamment *le Moniteur officiel de l'empire de la mode*. Il est aisé, gai, spirituel, diplomatique, bien renseigné, bien écrit, varié, coloré, lisible pour tous les yeux et toutes les imaginations, mais je lui trouve quelquefois un petit air d'évangile un peu trop invraisemblable.

La mode morale et philosophique que prétend enseigner madame la vicomtesse m'est suspecte. Certainement c'est très-beau de venir dire à ses jeunes et jolies lectrices :

« Je serais au désespoir, mes chères amies, que mon influence vous fût nuisible, que ma plume éveillât chez vous des instincts de toilette et d'élégance peu en harmonie avec votre rang et votre fortune. Lorsque j'esquisse un chapeau, prenez garde à sa gracieuse tentation. Vous devez être assez fortes pour résister aux actualités qui pourraient vous coûter un sacrifice, des larmes, des regrets. Avant le monde, il y a le devoir!... »

Oui, aimable et subtile chroniqueuse, comme il y a l'innocence avant la chute, le rêve avant la réalité, la raison avant la folie. C'est d'une logique élémentaire, mais d'un ordre facile à renverser. Comment pouvez-vous espérer que l'on suivra mot à mot vos cours de coquetterie prudente et raisonnable, que la jeunesse fera comme le printemps, qu'elle ne portera que des toilettes très-simples, que l'esprit de séduction et de domination, d'autant plus vif qu'il est plus contrarié chez la femme, se contentera d'une élégance économique? Le devoir! vous en parlez à votre aise, doctorale et dédaigneuse vicomtesse. Le devoir! c'est bien froid, bien terrible, quand on a dix-huit ans, et même quarante ans! quand on est belle, spirituelle, rieuse, amoureuse, adorée, adorable, libre et même esclave, riche et même pauvre! A ces belles émancipées ou à ces intéressantes captives de la gêne, à ces beautés en fleur, à ces cœurs en arrêt, à ces grâces et à ces ambitions naturelles, vous ouvrez la porte de la fantaisie et du caprice, vous lancez vos éblouissantes chroniques, et quand vos abonnées, en proie à ces délicieuses fièvres de la nouveauté, de l'actualité, de la mode conquérante, veulent marcher et triompher dans ces lumières par vous révélées, vous leur dites : — Et le devoir! — Ah! le devoir! il est diablement exposé à attendre longtemps madame ou mademoiselle qui l'ont oublié à la porte des magasins recommandés par la vicomtesse de Renneville.

L'Illustrateur des Dames et des Demoiselles est imprimé avec grand luxe. Vive le luxe!

Deuxième combinaison. — Nouvelle rédaction. — Mesdames la vicomtesse de Renneville, baronne de Rotival, Agnès Verboom, Mélanie Valdor, Constance Aubert. MM. Charles Deslys, Arthur Ponroy, Paul Féval, Étienne Énault, Jules de Saint-Félix, Léo Lespès, Louis de Peyret, Archambault. — *Compositeurs de musique.* — MM. Oscar

Comettant, Darcier, Delphine Balleguier, etc. — *Dessinateurs*. — MM. Valentin Delannoy, Pastelot, Bayard, Léonce Toby, Pierrat. — *Graveurs*. — Galliot, Hildebrand, Louis, Dumont. — Depuis un an *l'Illustrateur des Dames et des Demoiselles* est entre les mains de M. Charles Vincent, qui en a acquis de M. Ernest Razetti, moyennant dix mille francs, la direction et la propriété. *L'Illustrateur* a une brillante suite de dix mille abonnés. Tout va bien! M. Charles Vincent mérite du reste cette prospérité. Spirituel, vif, brillant, actif, ayant toutes les élégances de l'homme et de l'écrivain, M. Charles Vincent est un parfait directeur de journal de dames et de demoiselles. Madame la vicomtesse de Renneville y tient toujours incomparablement les rênes du *Courrier de la Mode*, et madame la baronne de Rotival, une grâce et une jeunesse de soixante-dix ans, un esprit qui s'est maintenu vert et vivant, sous l'horrible pesanteur de nos atmosphères bourgeoises, y restaure la bonne et attique Causerie. Il y a aussi là madame A. Verboom, qui est une fine et ravissante brodeuse de chroniques utilitaires. Et mademoiselle Lucie Vincent, que j'allais oublier, la plus belle et la plus fraîche illustration au milieu de tant d'esprit! Mais je reviendrai à *l'Illustrateur*, à ses splendeurs et à ses vaillances, quand je ferai l'histoire du journal de mademoiselle Lucie, *la Boîte à ouvrage*.

LA CRITIQUE FRANÇAISE

REVUE PHILOSOPHIQUE ET LITTÉRAIRE.

Humani nihil a me alienum puto.

N° 1. — 15 décembre 1860. — Prix de l'abonnement, 12 fr. par an. — Bureaux de rédaction, 45, rue Saint-

Roch. — Bureaux d'abonnement, 8, rue Garancière. — Paraissant deux fois par mois. — Henri Plon, éditeur.

Directeur : M. Ernest Desmarest. — *Secrétaire de la rédaction :* M. C. Béruel. — *Rédacteurs :* MM. Laurent Pichat, Jules Barni, Ernest Aybard, Julien Lemer, Achille Gournot, M. T. Campénon, Alfred Blot, Philis, de Lorbac, Henri Forneron, Jules Zivoy, André Vincent, Léon Noël, Elias Regnault, Louis Piesse, E. Beslay, Ch. de Mouy, Auguste Cordier, Eugène Desmarest, Hortensius de Saint-Albin, Tchitchérine, Carnot, Ad. Crémieux, etc.

La Critique! ce titre a été affectionné presque toujours par les écrivains les moins aptes à faire de la vraie critique. Ce titre a été pris et repris par une multitude d'invalides de lettres, par des journalistes sans tempérament et sans vocation. Depuis 1858 nous avons eu deux revues sous ce pseudonyme : *la Critique,* par Charles Blanchard, un décentralisateur de l'espèce de M. Kuntz de Rouvaire, et *la Critique morale,* par M. Coutant, prote du *Constitutionnel,* triplé des sieurs Sirven, Lagarrigue et Collet de Fins. Un Noir intitulé Cochinat a aussi annoncé une *Critique.* Enfin voici *la Critique française,* qui n'a rien de commun avec ces impuissants et ces obscurs, mais qui ne peut certainement pas tenir toutes les promesses de son titre et de son programme.

La Critique française a donné, dans sa première livraison, une longue exposition du rôle qu'elle entend jouer.

« Appelons-nous donc *la Critique française,* dit son comité de rédaction, puisque notre Revue a ses bureaux à Paris. »

Et si cette Revue avait ses bureaux de l'autre côté des fortifications, aurait-elle moins le droit de s'appeler *la Critique française?* Mais ne la chicanons pas sur cette raison territoriale, et voyons si elle n'en a pas eu d'autres pour adopter ce titre. Elle veut, nous assure t-on, faire parler les livres; substituer leur action profonde à l'action éphémère du journal; considérer comme de son domaine tout ce qui est du domaine de la pensée, dans le cercle des études littéraires bien entendu, car elle n'a pas de timbre; refléter comme dans un miroir le mouvement intellectuel de l'époque, ce qui me paraît d'une bien audacieuse coquetterie, et arriver au succès par la bienveillance, qui est, d'après sa définition, la politesse de la justice, et l'impartialité, qui est la justice elle-même.

On dirait vraiment que cette dernière phrase a été écrite par des casuistes. C'est captieux et embrouillé comme une définition de la Grâce. Longtemps avant *la Critique française*, cette œuvre analytique et synthétique a été tentée. Des Revues de tous formats foisonnent encore sur le terrain philosophique et littéraire. Il y en a qui possèdent même tous les dons de l'esprit et de la charité. Eh bien! a-t-on fait prendre en goût le livre? On l'a démocratisé, c'est possible, mais cette vulgarisation n'est guère que l'avilissement de son caractère et de son prix. A-t-on spiritualisé le drame, le roman, le vaudeville, et dégoûté la foule des farces de M. Cogniard et de M. Dennery? Calculez, s'il vous plaît, la crue des pièces bêtes et de la librairie idiote, et répondez!

Je doute que *la Critique française*, avec toute son honnêteté et sa bonne volonté, puisse arrêter le torrent. Les livres qu'elle voudra faire parler seront souvent atteints de mutisme et de cécité. Le cercle des études littéraires où elle est forcée de se renfermer ne lui permettra pas de refléter bien largement le mouvement intellectuel de l'époque. Elle sera plus d'une fois condamnée à étouffer le cri de son cœur et à émousser le meilleur trait de son esprit, car le spectre du cautionnement la poursuivra sur le terrain littéraire, à chaque mot qui aura une couleur politique. Il faudra qu'elle louvoie à travers des périphrases! Si cette revue est la *Critique française*, elle doit justifier son titre en s'occupant de tout ce qui intéresse la France, de tout ce que pense la grande nation; comment pourra-t-elle le justifier dans ces conditions d'existence bornée? Comment dégagera-t-elle la résultante de toutes nos activités? *La Critique française* a besoin, comme toutes les autres Revues, de quelque chose de plus que la bienveillance et l'impartialité, pour mener son œuvre à bonne fin, même sur le terrain littéraire. Que lui faut-il donc? La liberté.

Où commence et où finit la critique? voilà la question! Où touche-t-elle à la calomnie? où devient-elle le délit judiciairement répressible? Voilà autant de points de droit que de sources de procès. Je prouverai ailleurs que la critique qui remplit tous ses devoirs, court presque toujours le danger d'être assimilée à la calomnie.

En attendant, je me hâte de protester contre l'élasticité des interprétations du droit de critique et contre la faiblesse de nos mœurs. Les ennemis du journaliste seraient tentés de faire commencer la calomnie au premier mot de la critique. Quant à ce bourgeois couronné d'une bêtise orgueilleuse et d'une arrogance insupportable par trois révolutions, despote autant qu'esclave, lâche autant qu'insolent, superstitieux autant qu'incrédule, qui s'est mis à démolir jusqu'en bas, jusqu'au niveau de sa ladrerie, toutes les glorieuses souverainetés pour nous planter la sienne sur les bras, est-il un être plus ennemi que lui de toute critique? Il sait qu'il n'est pas la plus belle fleur de la civilisation, qu'il est rétréci et lézardé au physique et au moral; en conséquence, il s'arme à sa manière contre la critique. Il la traite de sacrilège, d'impiété, de profanation, de trouble-famille, de perturbatrice de l'ordre religieux et social! Hein! comme ce rôle d'accusateur lui va, à ce sapeur de l'autorité divine, à ce meurtrier de toute poésie et de toute noblesse! Il se dit le fils de la Révolution, l'héritier présomptif de toutes les couronnes qui tomberont encore du front de la religion martyrisée et des aristocraties vaincues; mais il n'admet point qu'en vertu de ces mêmes principes de révolte et d'analyse, on chatouille sa souveraineté. Il se sent en proie à plus d'un remords et d'une démangeaison, mais il aime à se gratter seul. Au simple choc d'un mot irrévérencieux, au premier éclat d'une ironie, il devient implacable, féroce, insatiable de vengeances, qu'il demande courageusement à la justice; il s'entoure du Code, il se place en vainqueur au milieu de l'arsenal des lois, et appelle à son secours la religion, la vertu, la noblesse, la sainteté, tout ce qu'il a voulu renverser sous son pied plat! Ah! la vanité barbare!

Mais ce qu'il y a de non moins déplorable, c'est la facilité avec laquelle on imite ces apothéoses de la petitesse dans notre monde. Les hommes de lettres se montrent depuis quelque temps d'une susceptibilité absurde à l'endroit de la critique. Notre république retentit de menaces de procès qu'on s'envoie avec une sorte d'émulation. La question personnelle prime et domine toutes les autres. Il est rare d'assister à des luttes courtoises et chevaleresques sur le terrain des doctrines. La discussion dégénère bientôt en pugilat ou en duels pour rire. On finit vite, à défaut de raison et de science, par remettre la défense de son honneur et de son droit à des huissiers larmoyants. Vous voyez souvent des écrivains de mérite pâlir au premier feu d'une polémique et battre en retraite du côté de la question d'honneur. L'usage des bandelettes de papier timbré devient presque général.

Bon Dieu! que nous sommes loin des grands jours et des grandes mêlées du journalisme, de ces époques vigoureusement agitées où l'on tenait par dessus tout à faire respecter son drapeau; où un écrivain s'inquiétait moins des blessures faites à son orgueil personnel qu'à ses croyances! L'honneur se portait et se conduisait mieux dans ce temps-là. On se battait et on écrivait proprement, sans crier à tout propos comme aujourd'hui, à la diffamation. Pourquoi aussi avons-nous reçu dans nos rangs des gens qui n'ont rien de l'homme de lettres? La presse est envahie de tous côtés par des individus qui ont à peine les lèvres frottées de Lhomond, et qui, non contents de jargonner impunément dans nos discussions politiques et littéraires, nous taillent des modèles de sagesse sur leur servilité et réforment nos anciennes législations d'orgueil et d'honneur. La presse est aux mains d'intrus et d'étrangers.

Mais, à propos de critique, j'aime mieux parler des avocats. C'est au barreau que la critique a le plus de liberté, et M. Desmarest nous y ramène glorieusement. Si je n'étais journaliste, je voudrais être avocat. Qu'est-ce que la profession d'avocat? C'est souvent le journal parlé. Comme c'est beau de pouvoir à peu près tout dire, sous deux ou trois mètres de serge noire! Oh! que les avocats gardent et défendent précieusement leurs priviléges et leurs traditions, car les nôtres se perdent en grande partie, faute de défense. Les avocats et les journalistes ne sont pas toujours frères, mais ils se touchent par de nombreux côtés d'une vie d'étude et de combat. Je me souviens d'avoir été affreusement injurié par un jeune praticien du barreau de Paris qui modulait ses fausses notes avec une voix de trombone, mais je ne cesserai pas, pour un accident si réparable, de rendre hommage à l'esprit de corps et à la puissance toute française des avocats. On peut supprimer d'autres professions publiques, sans que la société s'en trouve mal; mais les avocats et les journalistes sont indispensables à la santé intellectuelle et morale de la France. Ils ont une grande part dans la direction de son esprit et de ses destinées.

Voyez donc tout ce qu'il y a d'agitation nerveuse, de vie, de passion, de grandeur, de ressources spirituelles dans le monde des avocats. C'est la plus noble et la plus vaillante représentation de l'esprit français, c'est le foyer le plus ardent et le plus pur du sentiment de l'honneur et de la liberté. La liberté! elle n'a pas eu d'amants plus dévoués et plus intrépides. Ils ont porté sa parole victorieuse dans toutes nos grandes luttes parlementaires. Quand la liberté a succombé, ils lui ont fait de superbes funérailles à la tribune, et ils ont gardé son souvenir vénéré dans leurs cœurs.

Maintenant entrons un peu dans l'histoire des spécialités. Il y a l'avocat privilégié et en titre des administrations, des chemins de fer, du petit et du grand journal, des actrices, des expropriations, des inventions, des contrefaçons, du Caveau. Oui! le Caveau a son avocat et son avoué. L'avoué est M. Protat, et l'avocat, M. Thorel-Saint-Martin. Les Muses ne se mouchent pas du pied! Les avocats pour les inventions et les expropriations sont MM. Étienne Blanc, Ganneval et Marsault. L'avocat de la Société des gens de lettres est M. Henri Cellier; de la régie des contributions indirectes, M. Rousset; les avocats des ministères de l'intérieur et de la guerre sont MM. Gustave Chaix d'Est-Ange fils et Berthoud, ceux de la Ville de Paris, MM. Paillard de Villeneuve, Desboudet, Gressier, Nogent-Saint-Laurent, tous décorés. Les avocats qui vont en province sont MM. Crémieux, Jules Favre,

Berryer, Desmarest, Nogent-Saint-Laurent, Lachaud. En leur honneur on donne des banquets et on remet des affaires de cour d'assises. Quelques-uns vont plaider dans le département qui les a vu débuter. Nous avons encore l'avocat permanent des conseils de guerre, l'avocat de la *Parlotte*, et l'avocat sans cause. N'oublions pas la série des avocats en quête de fonctions de député. Parmi les avocats qui ont la prétention de représenter spécialement la démocratie ou d'en porter le fardeau politique, étincellent MM. Philis, Ollivier, Colfavru, Floquet, Emmanuel Arago, Bac, Delprat. Dans le groupe des jeunes qui sont appelés déjà à recueillir l'héritage des maîtres, et qui portent déjà la toge en triomphateurs, on peut citer MM. Laurier, Cléry, Oscar Falateuf, L. Gambetta, Ferdinand Duval, Betholaud, Clausel de Cousergue, Benoit-Champy, Léon Renault.

Mais l'avocat-journaliste tend surtout à se multiplier. Il se couvre, pour écrire, presque toujours d'un pseudonyme. Nommons Me Billard (Norbert), au *Constitutionnel*, aujourd'hui rédacteur en chef du *Monde Judiciaire*, (autrefois Franck au *Figaro*); Wimpfen (Henrys), à *l'Illustration*, (Raymond) à *l'Univers illustré;* Chaudey, au *Courrier du dimanche;* feu Bourdet, à la *Presse;* Faverie, décoré, officier de la garde nationale, à la *Gazette des Tribunaux*, journal de M. Paillard de Villeneuve; Bertin, ancien membre du conseil de l'Ordre, au *Droit*, dont il est propriétaire; Frédéric Thomas, aussi décoré, charmant écrivain et plus charmant causeur, au *Siècle;* Caraby (Petit-Jean), au *Monde illustré;* (idem Stephen), au *Nord*.

J'en oublie, mais j'ai nommé la fine fleur de nos confrères. Ah! cependant je ne sais pas si je dois conserver dans cette liste fleurie M. Caraby. Peut-être aimerait-il mieux qu'on lui composât à part sa légende. Tout ce qu'il dit et tout ce qu'il écrit est d'un esprit si fabuleux! Il a vraiment de l'esprit, mais pas autant qu'il s'en croit, M. Caraby; c'est l'avocat des petites causes du *Figaro*. M⁰ Lachaud est l'avocat des grandes. Journaliste à peu près, M. Caraby plaide volontiers contre le journaliste. Il est un des plus brillants sujets de Pons, mais il se découvre trop dans l'exercice de la parole et du geste. Son éloquence est toute d'emprunt. C'est l'orateur objectif. Il tonne, il pleure, il frémit, il soupire, l'émotion le gagne, la passion l'envahit, l'ironie l'éclaire, moins par intelligence de sa cause que par réminiscence de ses maîtres. Tantôt il essaie de faire du Berryer, du Jules Favre, du Lachaud, tantôt du Crémieux et du Marie, mais il ne fait jamais que du Caraby. C'est de lui que *l'Indépendance belge* dit : *ce jeune avocat déjà célèbre...* — On désire savoir quel est le correspondant de *l'Indépendance.*

J'espère que l'on n'a pas la prétention de me demander une plus longue causerie sur le Palais. Voici mon dernier mot.

Si j'étais un grand seigneur, un duc, un noble de l'ancien régime; si j'avais des aïeux armoriés, et des principes fleurdelisés à défendre, tout un domaine historique à sauver, des gloires abattues à relever dans l'esprit public, je choisirais M⁰ Berryer, l'avocat des grands malheurs, le vétéran de la liberté de la défense.

Si j'avais à faire triompher mon innocence dans une question de chiffres, une fortune à sauver, des intérêts délicats dans une grande affaire de banque à tirer au clair, je m'adresserais à l'éloquence précise, persuasive, loyale, spirituelle et pleine de cœur de M⁰ Crémieux.

Si j'avais trempé dans une contrefaçon, ou si j'en étais victime, si j'étais accusé d'avoir contrefait M. Vapereau et son *œuvre*, j'aurais recours à M⁰ Senard.

Si j'avais un procès politique dans lequel je tiendrais à obtenir une magnifique harangue en faveur du droit et de la liberté, je demanderais à M⁰ Jules Favre le secours de son attique et enchanteresse parole, l'éclair de sa large ironie, l'appui de sa foi superbe.

Si j'étais accusé d'être Jud en personne, d'avoir incendié, volé, assassiné, violé, empoisonné, et d'avoir fait tous les autres commerces du crime, je remettrais mon sort entre les mains de M⁰ Lachaud, esprit primesautier et cœur inépuisable comme son esprit.

Si j'avais besoin de faire retourner les chairs vives ou mortes dans le corps de mes confrères, je réclamerais l'âcre et reluisante parole de M⁰ Léon Duval, je confierais ma haine et mon dédain au magistral défenseur du comte Siméon.

Si j'avais sur le bras un procès aimable, poétique, gai, par exemple une gentille affaire de corruption politique, je me confierais à M⁰ Desmaret, le défenseur de Plassiart, l'orateur fleuri, souriant, qui cause dans une salle d'audience comme dans un salon.

Si j'avais à prouver l'autorité de mes principes religieux et politiques, je choisirais M⁰ Marie ou M⁰ Dufaure.

Mais on n'a pas toujours le choix spécial d'un avocat. Les célébrités sont bien occupées depuis que la morale et la liberté font de si étranges progrès en Europe. Les écrivains sont en général fort heureux de rencontrer une véritable générosité chez tous les avocats. Je n'en dirai pas autant de tous les agréés au tribunal de commerce.

Ah! messieurs les avocats, comme l'homme de lettre ne brille guère dans l'esprit de messieurs les agréés!

LE CATALOGUE HISTORIQUE

Première année, 1860. — Prix : 50 centimes pour les abonnés du *Siècle*. — Administration, rue du Croissant, aux bureaux du *Siècle*.

Rédacteur en chef : M. Alexis Grosselin, du *Siècle*.

Et lui aussi, ce bel Alexis, *delicias seculi*, a voulu être rédacteur en chef! Il a fait son petit journal, qui ne paraît qu'une fois par an, mais qui n'en vaut que mieux. M. Grosselin étouffait dans le *fait divers*, sous la coupe de M. Havin. Toujours faire le journal des autres ne suffisait plus à sa gloire. M. Grosselin s'est donc ressouvenu un jour qu'il avait écrit un feuilleton intitulé *le Roi d'Yvetot*, qu'il était homme de lettres ni plus ni moins qu'Alfred Tranchant, et, pour se refaire la plume, il s'est mis à écrire un catalogue. Et vraiment il n'est pas trop mal bâti, le catalogue de ce littérateur rétrospectif. Sous la forme d'un supplément du *Siècle*, il contient le résumé logique de tous les événements politiques, économiques, commerciaux et industriels de l'année écoulée. Je crois que le *Moniteur* de M. Havin serait beaucoup plus ferme dans ses principes et beaucoup plus clair dans sa ligne politique, s'il ne paraissait qu'une fois par an, comme ce catalogue.

LE MONITEUR DU GAZ

N° 1. — 25 décembre 1860. — 10, rue Le Chapelais.

NÉCROLOGIE DE LA PRESSE PARISIENNE

1860

Charles Béranger, collaborateur de *la Patrie*, ancien rédacteur en chef de *l'Industriel de Reims*. — Laumont, rédacteur du *Constitutionnel*. — Altève Aumont (Altève Morand), fondateur de *l'Appel*, du *Triboulet*, rédacteur de *l'Écho du Brésil*. — Dumas de Lamarche, rédacteur du *Siècle*. — Chapuis, rédacteur de *l'Industrie*. — Charles Ribeyrolles, ancien rédacteur en chef de *la Réforme*. — Henri de Jonquières, collaborateur de *l'Estafette*, de la *Revue de Paris*. — Jules Cahaigne, rédacteur de *la Commune*. — Alphonse Lauvray, ancien rédacteur de *la Presse*. — Lecouturier, rédacteur scientifique du *Moniteur*. — Honoré de Lourdoueix, directeur de la *Gazette de France*. — Théophile Planchais, rédacteur de la feuille commerciale de *la Patrie*. — Amédée Pellier, ancien rédacteur de *l'Assemblée nationale* et du *Spectateur*. — Saint-Ange, doyen des rédacteurs du *Journal des Débats*. — Marius Neyret-Sporta, rédacteur de *l'Artiste*.

1861

Charles de Riancey, successivement rédacteur de *l'Union catholique*, de *l'Ami de la Religion* et du *Correspondant*. — Eugène Guinot, connu sous le pseudonyme de Pierre Durand et Paul Vermont. — Leymarie, ancien rédacteur du *Courrier du Dimanche*. — Alphonse Roy, ex-rédacteur de *la Petite Presse*, du *Gaulois*, du *Moustique*. — Charles Deleutre, collaborateur de *la Patrie* et du *Figaro*, chroniqueur connu sous le nom de Paul d'Ivoi. — Bailly de Surcy, l'un des fondateurs de *l'Univers religieux*. — Dupré de la Boussière, ancien rédacteur de *la Mode*. — Madrolle, ancien collaborateur du *Conservateur* et de la *Gazette de France*. — Raoul de Kermarec, ancien rédacteur des *Débats*. — Henri de Courcy, rédacteur du *Monde*. — Eugène Bareste, ancien rédacteur en chef de *la République*. — Bordot, gérant du *Journal des Chemins de fer*. — Antoine Fauchery, collaborateur du *Moniteur*. — Cauchois-Lemaire, fondateur du *Nain jaune*, ancien rédacteur du *Constitutionnel*, l'un des signataires, en 1830, de la protestation des journalistes, rédacteur en chef du *Bon Sens*. — Ferdinand Bascans, ancien rédacteur de *la Tribune*. — Georges Zimmer, collaborateur du *Constitutionnel*. — Audibert, rédacteur de *l'Union*. — Édouard Bourdet, collaborateur de *la Presse*. — Ernest Durau, fondateur et directeur de *la Libre recherche*. — Varaigne, un des vétérans de la presse, fondateur de la *Revue européenne*. — Delaville, collaborateur de *l'Ami de la Religion*. — Guichardet, ancien rédacteur en chef des *Beaux-Arts* Curmer. — Bignan, collaborateur du *Journal des Débats*.

1862

Paul de Molènes et Delaveau, collaborateurs de la *Revue des Deux-Mondes*. — Callery, sinologue distingué, collaborateur de *la Presse*. — Vieillard de Boismartin, collaborateur du *Moniteur*. — Charles Philippon, fondateur du *Charivari*. — Wilson, fondateur du *Correspondant*. — Marcel Roulleaux, collaborateur de *la Presse*. — Darthenay, rédacteur de *l'Écho du commerce*, de *l'Illustrateur des Dames*, etc. — Pommier, rédacteur en chef de *l'Écho agricole*. — Ad. Bossange, rédacteur de la *Gazette de France*. — Le comte de Villemur, collaborateur de la *Gazette de France*. — Élysée Lefebvre, fondateur du *Journal d'Agriculture pratique*. — Joly Lechevallier, collaborateur de *l'Esprit public*. — Julien Caboche, rédacteur de *la Maison de Campagne*. — Nérée Boubée, ancien directeur de la *Revue agricole* et du *Monde savant*. — Dillon, rédacteur du *Sport*. — Adrien de la Fage, ancien directeur du *Plain-Chant*. — Fieffé, collaborateur du *Moniteur de l'Armée*.

EH! ALLEZ DONC, TURLURETTE!

Eh bien! que dites-vous de ce défilé de gazettes et de gazetiers qui commence à *l'Arlequin* et qui finit au *Moniteur du gaz?* Certes, les vivants ne valent guère mieux que les morts. Des noms! des noms! et de la poussière. Des noms! des noms! et du vent. Je ne sais pas si j'ai mérité un prix de vertu pour avoir mis le nez dans ces ossuaires et dans ces maillots, dans ces enfantements et dans ces agonies, mais je sais que je rapporte de ces profondeurs de notre déchéance un immense dégoût et une implacable fièvre de liberté. Plus je descends dans nos misères et plus je remonte vers l'amour du nom de journaliste. Plus je vois nos droits usurpés et nos priviléges anéantis, et plus je suis convaincu que la presse doit être une aristocratie.

Vous venez d'assister à la parade du journalisme en 1860. La revue de 1861 et 1862, dont j'inspecte en ce moment les uniformes, ne sera ni moins drôle ni plus brillante. Vous y retrouverez presque tous les mêmes acteurs et les mêmes exercices, les mêmes inanités et les mêmes extravagances. Le prospectus y fera toujours feu. La prime artificieuse voudra toujours conquérir le monde. Une jeunesse étourdie s'exténuera à embrasser les fictions sonores du libéralisme. On se renverra également l'insulte entre voltairiens et cléricaux, entre sans-culottes et ganaches. On se donnera des coups de pieds pour des coups de plume. Ce sera folâtre et lugubre, misérable et funambulesque. La sainte bohême n'aura pas moins de trous à ses culottes, ni plus de crasse au cœur. Comme par le passé, des fondateurs de petites gazettes paraîtront huit jours avant la Saint-Sylvestre et mettront triomphalement sur leur deuxième numéro de janvier : deuxième année! Enfin, il y aura dans cette presse sans avenir et sans direction, gaspillage de temps et de commandites, cahos de procédés, tourbillon d'annonces, luxe de gravures, reprise de vieux airs et de vieux bois; mais, en vérité, je vous le dis : la nouvelle doctrine de vie et de liberté n'aura rien à gagner à l'agitation de ces journalistes, quand bien même on leur ferait baiser du matin au soir la relique de Charroux!

— Aujourd'hui la presse est en pleine décomposition. Vainement on l'embaume avec des espérances de réorganisation. Vainement on lui retourne les yeux et le cœur vers les consolants mirages d'un régime légal. Le cœur a cessé de battre. Les yeux sont myopes ou éteints. La presse ne manque pas seulement de liberté, elle manque d'âme, et je doute que la liberté lui en donne une. Il est de ces extinctions de dignité, de sens moral, de chaleur intellectuelle, de volontés et de caractères, chez les individus comme chez les peuples, que ne peuvent réparer ni les élixirs de la diplomatie et des congrès, ni les sinapismes de la plus barbare oppression. Ce n'est pas en se lamentant comme des Polonais sur la perte de leur indépendance et de leur autorité que les journalistes pourront reconquérir leur autonomie; ce n'est pas en s'accroupissant dans une honteuse passivité et dans l'espoir qu'une nouvelle charte libérale leur viendra tôt ou tard d'en haut, que les journalistes mériteront leurs titres de conseillers du peuple et d'éclaireurs de l'opinion.

Qu'est-ce qu'une ombre de liberté qu'on accorde aujourd'hui et qu'on peut supprimer demain? Qu'est-ce qu'une raison d'être qui dépend des vicissitudes de l'atmosphère politique? Qu'est-ce qu'une force intellectuelle ou physique qui attend son régulateur de la peur, de la défiance ou de l'incrédulité? Qu'est-ce qu'un phare qui a besoin pour briller que ce soit précisément ceux qu'il doit éclairer sur mer qui viennent allumer ses lentilles? Il faut vraiment que le sens commun de la masse des journalistes soit bien détérioré pour qu'ils se prosternent devant de telles promesses et devant de telles conditions de vie et d'émancipation. Les demi-libertés n'ont jamais guère profité à personne, ni à ceux qui les ont données, ni à ceux qui les ont reçues. Je nie leurs vertus. Charles X, Louis-Philippe, le Gouvernement provisoire, François II, Othon Ier, Alexandre II ont été des octroyeurs de libertés! Est-ce que la monarchie de 1830 a tiré un riche parti de la Charte? Est-ce que la république de 1848 s'est merveilleusement comportée avec toutes ses réformes? Est-ce que le peuple napolitain a été touché des libéralités tardives du fils de Ferdinand? Est-ce que la Grèce, qui n'a pas cru au bon vouloir de son monarque bavarois devenu libéral jusqu'aux larmes dans le port du Pirée, a plus de chances de liberté avec un autre prince étranger ou avec M. Grivas? Est-ce que les réformes et les progrès patronnés par le grand-duc Constantin, ont rendu les Polonais plus reconnaissants envers le donataire? Il n'y a qu'une seule et vraie liberté; la liberté absolue, qui est le fruit de la volonté nationale.

Mais que font aujourd'hui les journalistes pour se rendre dignes de la liberté? Comment se préparent-ils à la recevoir ou à la conquérir? Comment veulent-ils même que le gouvernement s'intéresse à leurs aspirations d'indépendance? Quels sont, en dehors des suggestions du régime actuel, leurs capacités, leurs mérites, leurs titres, pour briguer les honneurs et les pouvoirs de la popularité? Quelle sera leur force aux élections de l'avenir?

Le journalisme contemporain n'est même plus à la hauteur de son infériorité. Officieux ou opposant, impérialiste ou républicain, royaliste ou légitimiste, il ne fournit même plus la mesure de ce qu'il peut donner; il est insuffisant à remplir tous les rayons du petit cercle qui lui est assigné. Une foule de questions qu'il pourrait traiter avec succès échappent à sa négligence ou à son impéritie. Les écrivains qui commentent ou qui défendent la politique impériale sont presque tous d'une incapacité déplorable, au-dessous de leur sujet, et les publicistes qui ont la prétention d'être les plus intelligentes et les plus héroïques incarnations de l'opposition n'osent aller jusqu'à la limite officielle de leurs droits. Pourquoi cela? parce que de part et d'autre il y a pénurie de principes, de courage et de foi, de science et de vocation, affaiblissement moral sur toute la ligne; parce que dans toutes les milices de la presse, on a enrôlé des hommes étrangers aux délicats et consciencieux exercices de la plume et de l'idée; parce qu'il ne suffit pas, pour être l'interprète et le champion d'une doctrine, de se grimer un beau matin en journaliste.

Il est vrai que la mode est aux travestissements et aux

rôles renversés, que les financiers se déguisent en musiciens, les musiciens en apôtres, les cléricaux en martyrs, les Anglais en amis de l'humanité, les Piémontais en légataires de la grandeur romaine, les prêtres, comme M. de Mérode, en ministres de la guerre, les diplomates en sauveurs du monde, les Allemands en unitaires, les Belges en patriotes pur sang. Mais la mode passe et les licences de caricature ne seront jamais des circonstances atténuantes pour l'ignorance, la bassesse, la couardise, la servilité et l'infécondité de presque toute la presse contemporaine. Le journaliste doit puiser autant de force dans son cœur que dans son esprit. Je vois encore de l'esprit, des mots, de jolies phrases, de superbes joutes à la plume. La presse a encore d'illustres maîtres d'armes, qui font beaucoup d'effet à la lecture, qui sont très-brillants à l'attaque et à la parade, au coup droit et à la tierce, qui reculent et qui avancent avec une savante habitude du métier. Mais où est le cœur? Où est l'inviolable logique des convictions? Où est l'invincible passion du droit et de la justice? Où est même l'étude mathématique des événements? La presse pâlit devant les plus petites vérités. La presse se renie et se congèle au milieu des affirmations brûlantes et absolues de la vie moderne. La science parle et triomphe partout, dans le commerce, dans l'industrie, dans les arts, sur mer et sur terre, dans les révolutions des armes à feu, à l'isthme de Suez et au mont Cenis, jusque dans les travaux du port pontifical de Civita-Vecchia, et la presse possède à peine la stérile science de la phrase. La révolution ou la réforme, ne chicanons pas sur les mots, fermente dans toute l'Europe, et la presse se cristallise. Les faits se précipitent, rayonnent, éclatent avec une miraculeuse précision, et la presse grouille. L'électricité enveloppe tous les continents, et la presse s'isole; partout l'action, la fièvre, l'enfantement, l'initiative, la lutte, la rénovation, l'homme armé, l'homme d'avant-garde, et la presse recherche de préférence les plagiaires, les routiniers et les mollusques. Jadis elle devançait l'opinion, elle l'organisait, elle l'armait; aujourd'hui, elle ne marche même plus sur les derrières de l'esprit public. Elle n'en est ni l'écho, ni le reflet; elle en a perdu la direction et jusqu'à la trace. Et depuis cette triste fin du prétendu sacerdoce de la presse, il faut bien avouer que si l'esprit public n'a rien gagné en vigueur, il n'a rien perdu en clairvoyance.

Où sont, depuis dix ans, les grandes questions politiques et sociales, littéraires et industrielles, retenues, éclairées et résolues par la presse? A-t-elle fait sortir la papauté de son immobilité, l'empire turc de son pétrin financier, la Pologne de son premier système d'espérance et de révolution par la prière, l'Espagne de sa courbature, l'utopie de l'unité des cerveaux allemands et italiens, le fantôme d'une invasion française, de l'idée de tous les cokneys du Parlement britannique? N'a-t-elle pas été d'un optimisme atroce? N'a-t-elle pas dit quelque part, par une de ses voix libérales, que la balle logée dans le talon de Garibaldi était une solution? Nos flottes cuirassées et nos régiments modèles se sont montrés glorieusement en Crimée, en Chine, en Cochinchine, au Japon, au Mexique. Quelle a été sa collaboration dans toutes ces victoires de la science sur l'ignorance, du progrès sur la routine, de l'Occident sur l'Orient? A-t-elle réalisé dans son sein l'équivalent de l'hélice et de la rayure des canons? Qu'a-t-elle révolutionné, vaincu, inventé, perfectionné? Elle a inventé et révolutionné la forme du bulletin politique, découvert la correspondance à la course et au cachet; elle s'est couverte d'annonces, de réclames, de prose industrielle, pendant que nos soldats et nos vaisseaux portaient l'honneur et la justice sous toutes les latitudes. Quelle est son influence dans le règlement des intérêts artistiques et littéraires? Elle brille par son absence de toutes les commissions d'exposition; on décrète et on distribue dans ces aréopages, les droits, les couronnes, les illustrations, et ses oracles ne sont même pas consultés. A-t-elle seulement corrigé la morgue des comédiens, raccourci le museau de l'acteur vulgaire et impertinent? Hélas! non. Au prix de son indépendance et de sa dignité, elle postule avec opiniâtreté la loge de faveur auprès de nos autocratiques directeurs de théâtres. Elle consacre ses admirations spéciales aux splendeurs du mollet et de la nature cartonnée, aux belles fortunes du maquillage et du coton. Eh! allez donc, Turlurette! Eh! allez donc!

Où sont les noblesses et les vaillances actuelles du journalisme? Quels sont ses esprits transformateurs et ses pouvoirs dirigeants? La presse n'aura-t-elle pas son Fulton, ou au moins son Daguerre? N'en fera-t-on pas un instrument de précision, une force régulière, une autorité invulnérable, le grand transit ou le grand réflecteur des idées entre les peuples et les gouvernements? L'inventaire de la main courante du journalisme, des doctrines en circulation et en réserve, déflore vite un semblable rêve. Les hommes qui avaient donné au journal une espèce de gouvernail sont joyeusement en train de le démolir. Les écrivains qui avaient fondé et affirmé sa puissance mettent aujourd'hui leur orgueil à la nier. Le monarque d'une tribu de la Nouvelle-Zélande, Moari-Potatan II vient de fonder une gazette royale dont il est le rédacteur en chef, et qui a pour devise : « Foi, Amour et Légalité! » Potatan croit à la puissance de la presse pour arranger les choses. M. de Girardin est aux antipodes de ce Potatan II. M. de Girardin, à l'inverse de ceux qui prétendent que beaucoup de science mène à la foi, soutient que beaucoup de journalisme mène au néant. Charles-Quint, dégoûté des grandeurs de l'empire, s'était retiré dans un couvent, mais de sa cellule l'impérial fantaisiste dirigeait et encourageait toujours la politique espagnole. M. de Girardin n'est pas encore assez dégoûté des gloires de la presse pour en faire son deuil, mais, plus original que Charles-Quint, c'est dans la presse qu'il se réfugie pour en saper la puissance et l'utilité. Au lieu de chercher à la mettre en harmonie avec elle-même, avec son époque, avec les nouvelles lois de nos transformations, d'en révolutionner et d'en perfectionner le système comme celui de nos armements, M. de Girardin déclare solennellement que la presse a fait son temps, comme un vieux navire de bois, que son éclair n'est qu'un feu de paille, que sa voix n'est qu'un mirliton, et qu'il n'y a plus passage vers l'avenir, pour la vérité, le droit, la justice, sur ce vaisseau-fantôme.

Voilà où en est le chant du cygne! Est-ce donc entre ces doctrines de mépris, d'asservissement, sous la négation professée par ses illustres premiers maîtres, que la presse reconstituera sa dignité et son vrai rôle? Que dire après cela des autres journaux nouveau-nés? Y a-t-il, dans la plupart de ces combinaisons nouvelles, une nouveauté, un esprit de vie, une tentative hardie pour relever la considération et toutes les autres valeurs de la presse dans l'opinion publique? N'avions-nous pas assez de *la Gazette de France* sans *la France*, de *la Patrie* sans *l'Esprit public*, du *Constitutionnel* sans la *Revue de l'empire*, du *Siècle* et de *l'Opinion nationale*, sans la menace d'un nouvel organe de M. Adolphe Gaïffe? Est-ce M. Amédée de Césena qui, sous le pseudonyme de Melvil, réparera la rédaction délabrée du *Pays?* Quant à ce M. Gregory Ganesco, qui ferait mieux de porter la Moldavie que la France dans son cœur, car la France n'a que faire de l'intérêt acharné qu'il lui témoigne, comment le trouvez-vous à Francfort avec son *Europe,* où il entend à peu près le français comme la liberté?

La main sur la conscience, croyez-vous que ces journaux et ces journalistes-là apportent de rudes renforts au gouvernement ou à l'opposition, de vives lumières à l'opinion et de fières recrues à la corporation? Croyez-vous que la France voit plus clair dans l'avenir et même dans le présent avec les splendides dialectiques de MM Émile de Girardin, Granier de Cassagnac et Arthur de la Guéronnière? Non, ce n'est pas avec des organes façonnés sur les derniers échantillons du grand format que la presse pourra recouvrer son esprit augural, ce n'est pas en donnant la place d'honneur au bulletin de la Bourse qu'elle fera preuve de logique, de force et de délicatesse. Mais, parce que la presse n'est point et n'a jamais été un sacerdoce, parce que, à quelques brillantes exceptions près, comme celles de MM. de la Guéronnière, de Girardin, de Cassagnac, Nefftzer, Guéroult, de Riancey, Grandguillot, Veuillot, Peyrat, Proudhon, elle se trouve peuplée d'inutilités, d'incapacités, de léproseries, de nègres et de négriers, faut-il régler son compte et l'envoyer impitoyablement aux bêtes ricaneuses de la bourgeoisie? Parce que, au-dessous de MM. J. Janin, Prévost-Paradol, J. J. Weiss, Philarète Chasles, Assolant, About, Morin, Sainte-Beuve, et d'autres, que j'oublie, de l'élite de nos polémistes et de nos penseurs, s'étend une Petite-Pologne de journalistes incompris et incompréhensibles, qui visent à la profondeur et qui sont profonds à la manière des puisatiers, qui travaillent pour toutes les causes et qui sont certainement plus à plaindre que les ouvriers cotonniers, doit-on fabriquer pour toute la presse avec ces hontes et ces misères un dogme de damnation? Le talent de ceux-ci est-il déconsidéré et anéanti par l'ignorance de ceux-là? Aujourd'hui la presse est presque une impossibilité. Mais l'impossibilité ce n'est pas l'impuissance. L'ombre est nécessaire au photographe et au peintre. Zéro n'est pas rien. Le vent est aussi quelque chose, on l'utilise, on le dirige. La science doit et peut sauver la presse.

De cet examen et de cette situation il résulte et il faut conclure que la presse est au-dessous de ses devoirs, de ses droits et de sa renommée, qu'elle est en retard sur la marche de l'opinion, ainsi qu'on a pu encore le constater par ses derniers battements d'aile dans la question polonaise, mais qu'il serait aussi chimérique de vouloir la mettre au rebut ou au pilon, que de faire des mathématiques avec un chiffre de moins; qu'il y a dans les cœurs et dans les consciences un immense besoin de justice et de vérité, et que la France politique et littéraire ne se trouve pas suffisamment éclairée par les intelligences et par les gloires du *Constitutionnel*.

LISTE ALPHABÉTIQUE DES NOMS

A

About (Edmond), 42, 75, 169.
Adam (Ernest), 98.
Agenet (A.), 155.
Aguado, 78.
Albessard (Ch.), 107.
Alexandrine (M⁻ᵉ), 21.
Alibert, 16.
Allan Kardec, 154.
Amail, 66.
Ancelot (M⁻ᵉ), 109.
Anderssen, 228.
Annibaldi (Léonce), 75.
Anquetin (Remy), 76.
Anthony, 56.
Arago (Emmanuel), 249.
Archambault, 241.
Arnould (Arthur), 214.
Arnout de Rivière, 228.

Assolant (A.), 188.
Aubert (Constance), 257, 259.
Aucante (Émile), 148.
Aucher, 176.
Audebrand (Philibert), 197.
Audier (F.), 96.
Audouard (Mᵐᵉ Olympe), 173.
Augier (Émile), 77.
Autran (Joseph), 169.
Auvray (Louis), 140, 141, 142, 143, 144, 188.

B

Bac, 249.
Bachi (Claudia), 110, 179.
Bacon (John), 57.
Bagnaux (J. de), 119.
Baldi (Ad.), 108.
Barante (de), 148.

Baraton, 48.
Barba (Gustave), 105.
Barbey d'Aurevilly, 222.
Barenne (M⁰⁰), 21.
Barni (Jules), 245.
Baron (A.), 257.
Barral (J. A.), 156.
Barrier, 87.
Barthe, 156.
Barthélemy (Ed. de), 109.
Bartholy, 40.
Basset (Ch.), 77.
Bataille (Charles), 151.
Batta (W.), 146.
Batz (Théodore), 8.
Baucher, 12.
Bazin (François), 219.
Beaufils, 140.
Beaufort (E.), 116.
Beaurepaire (de), 179.
Beauvallet (Léon), 68, 95.
Bec-de-Lièvre (de), 209.
Beckmann, 75.
Bédollière (E. de la), 86.
Belhomme, 16.
Belin, 68.
Bell (Georges), 150.
Belloguet, 156.
Beiloy (A. de), 167.
Benard (T. N.), 81.
Benoît-Champy, 249.
Béquet (Léon), 109.
Bériot (de), 220.
Berlioz (J.), 179.
Bernallin (P.), 76.
Berry (duchesse de), 10.
Berryer, 249, 250.
Bertall, 105.
Berthoud, 218.
Bertini, 219.
Bertrand, 76.
Bertrand (Loïsa), 257.
Bétholaud, 249.
Bianchi (Auguste), 96.
Biéville (de). — Il n'y en a qu'un ! 165.
Billard, 249.
Bisson, 77.
Blain (de), 177.
Blanc (Étienne), 248.
Blanchard, 219.

Blanchecotte (M⁰⁰ Malvina), 175.
Blanquet (Albert), 177, 229.
Bleckrode, 56.
Blum (Ernest), 172.
Boïeldieu (Adrien), 45.
Boissy (marquis de), 116.
Boncenne (F.), 52.
Bonneau (Alexandre), 166.
Bordeaux (Henri), 140.
Borie (Victor), 81.
Bossange, 7.
Botherel (Émile), 41.
Boucher (Jules), 177.
Boudet (Ch.), 107.
Bouinais (A.), 59.
Boulanger, 40.
Boulay (P.), 81.
Bourdillat, 74.
Bourdin (E.), 72.
Bourgeois (P.), 108.
Bourlet de la Vallée, 58.
Bourlier, 7.
Bousquet, 76.
Boussingault, 57.
Boyé, 76.
Bracke (F.), 76.
Brasseur (M. J.), 152.
Breulier (Adolphe), 108, 156.
Brenier (Paul), 214.
Bretonnerie (Godineau de la), 204.
Brevière (H.), 140.
Briollet (Hippolyte), 41.
Brizet (Marc de), 78.
Brugerol (Laurent), 127.
Brullé, 214.
Brussant (A.), 204.
Bry (J.) aîné, 229.
Busoni (Ph.), 151.
Bussy (Ch. de), Charles Marchal, 156, 137, 192, 212.
Buxereuilles (Pierre), 176.
Buxton (Ch.), 55.

C

Caboche (Charles), 214.
Caffe, 156.
Cahagnet, 154.

Calvet (Marius), 102.
Campenon (Th.), 109.
Caraby, 102. 249.
Caraman (duc de), 228.
Caraguel (Clément), 67, 169.
Carjat (E.), 74.
Carnot, 2, 243.
Carré, 76.
Cassagnac (Granier de), 178, 207, 222, 225.
Castagnary, 164.
Castela (S.), 209.
Castille (Hippolyte), 158, 177.
Castro, 152, 162.
Cellier (Henri), 248.
Césena (Amédée de), 177.
Chabannais (marquis de), 78.
Chadeuil (G.), 58.
Champhol (V.), 81.
Champlaurier (Baballet de), 213.
Chantôme (l'abbé), 87.
Chantrel, 86.
Chapus (Eugène), 15, 205.
Charbonnet (J.), 109.
Chareau (Paul), 140.
Charlieu, 98.
Charpentier, 214, 215.
Charton (Édouard), 2.
Chasles (Philarète), 167.
Chateau (Théod.), 188.
Chatelain (Émile), 1.
Chaudey, 249.
Chavette, 74. (Vachette.)
Chazelles (de), 57.
Chereau (A.), 102.
Chéron (Paul), 109.
Cherpin (J.), 52, 54.
Chéruel, 214.
Chimay (prince de), 78.
Choudens, 7.
Chrétien, 152.
Claretie (Jules), 98.
Clary, 78.
Claudin (Louis), 1.
Clausel de Coussergue, 249.
Clergeau (l'abbé), 157, 158, 185, 192.
Cléry, 249.
Cochin (Augustin), 184.
Cochinat (Victor), 92, 164, 172.
Cogniard, 69, 176.
Cohen (J.), 19.

Colfavru, 249.
Coligny (Charles), 110, 151, 117, 150, 167, 171, 173.
Combes (F.), 212.
Commerson, 41.
Commettant (Oscar), 216. 221, 242.
Constant (Clément), 204.
Constantin, 21.
Coquille, 45, 85.
Cordier (Auguste), 109, 245.
Coste, 214.
Cottin, 57.
Coulon (L.), 81.
Courcy (Charles de), 88.
Cousin (Victor), 6, 174, 188.
Cousineau, 9.
Coutant, 245.
Couvez (Henri), 98.
Crampon, 67, 88.
Crémieux, 245.
Crisenoy (J. de), 56.
Cuzent (G.), 57.

D

Dagneau, 129.
Damain (Mme Hortense), 174.
Darjou, 157.
David de Floris, 56.
Debuire (du Buc), 229, 251.
Dehérain, 214.
Dejean, 12.
Delaage, 45.
Delannoy, 228.
Delamarre, 45, 81.
Deléon (l'abbé), 154.
Delessert (Ernest), 77.
Delicuvin (Arsine), 188.
Delombre (P.), 59.
Delord (Taxile), 24, 169.
Delprat, 249.
Delvau (A.), 72, 74, 172.
Demerville (J. F.), 16.
Denechaux (Ch. et Cie), 59.
Denis (Achille), 176.
Denis (Th.), 52.
Dennery, 255, 244.
Dentu (Ed.), 111.
Désaubiers (A.), 124.

Deschanel (E.), 214.
Desfontaines (Ch.), 176.
Desgenettes (l'abbé), 45.
Deshayes (Eug.), 155.
Désirabode, 78.
Delsarte (François), 102.
Deslys (Charles), 102, 241.
Desmarest (E.), 242, 247, 251.
Desmarest (Eugène), 109.
Desnoiresterres (G.), 151.
Desnoyers (Louis), 77, 216.
Desplaces (A.), 214.
Desportes (Ferdinand), 184.
Détouche, 98.
Devinck (le président), 228.
Disdéri, 75, 197, 198, 200.
Dizi (de), 9.
Doinet (Alexis), 158.
Dollingen, 197, 198, 200.
Doré (Gustave), 102, 106.
Doré (P.), 188.
Douay (Edmond), 140.
Draner, 76.
Dréolle (E.), 84.
Dubois, 228.
Ducastel (H.), 212.
Duchêne (Georges), 188.
Ducuing (Fr.), 59.
Dufaure, 251.
Dufresnoy (J.), 205.
Dugit (A.), 120.
Dulac, 86.
Dumas (Alexandre) fils, 77, 120, 148.
Dumas (Alexandre) père, 77, 120.
Dumont (Gustave), 188.
Dumoncel, 156.
Dumontel, 149.
Dunan-Mousseux, 40, 172.
Dunewille, 56.
Dupanloup (Mgr), 51.
Dupinez, 151.
Duponchel (E.), 104.
Duprez, 10.
Duq (Alfred), 212.
Durand (Louis), 95.
Durandeau, 78.
Duranty, 160.
Duval (Ferdinand), 249.
Duval (Léon), 251.
Duval (Lucien. — Duc de Rovigo), 177.

Durocher, 57.
Dutron (J. B.), 255.
Duvivier, 109.

E

Eck (Ch.), 76.
Elwart, 109.
Énault (Étienne), 241.
Enfantin, 6.
Érard (Sébastien), 9.
Erckmann-Chatrian, 214.
Éric, 76.
Escudier (les frères), 78.
Escudier (Marie), 216, 217, 218, 220, 221, 222, 223.
Escudier (Léon), 216, 218, 220, 221, 223.
Esparbié, 48.
Esquiros (M*** Adèle), 127, 128, 147.

F

Faiex (Paul Remy), 146.
Falateuf (Oscar), 249.
Faure (Émile), 98.
Faverie, 247.
Favre (Jules), 248, 251.
Fay, 56.
Félice (de), 81.
Férat, 151.
Fernandes (P. L.), 56.
Ferré, 151.
Fétis, 217.
Feuillet de Conches, 214.
Féval (Paul), 12, 85, 102, 148.
Fichot, 156.
Fiennes (Charles Mattharel de), 77.
Fiorelli, 116.
Fiorentino, 167, 169.
Flan (Alexandre), 76, 78.
Flavet (Alfred), 1.
Fleury (Cuvillier), 214.
Fleury (Émile), 212.
Floris (David de), 56.

Floquet, 249.
Flourens, 127, 128.
Fontaine (D.), 158, 161.
Fontaine (Xavier de), 87.
Forcade, 67.
Forgues (E. D.), 151, 214.
Forneron (Henri), 188.
Fortoul (L.), 188.
Foucher (Victor), 211.
Foucou, 156.
Fould (Eugène), 78.
Foulquier, 105.
Fournier (Marc), 77.
Fragonard (Théophile), 179.
Frémy (Arnould), 214.
Freppel (l'abbé), 88.
Fresnel (docteur), 57.
Fretin (Charles), 188.
Fréval (Mlle), 69.
Friès (Ch.), 162.
Furpille (Eugène), 68.

G

Gagne, 44, 155.
Gagneux, 109.
Gaildrau, 156.
Galay, 10.
Gallet (de Kulture), 102.
Gallet (Mme Marie), 102.
Galetti, 155.
Gambetta (L.), 249.
Gandon, 176.
Ganneval, 248.
Gardette, 98.
Garet (L.), 56.
Garneray (Louis), 105.
Gastineau (Benjamin), 196.
Gatayes (Léon), 8, 77.
Gaulthier (Ch.), 95.
Gauthier (Ch.), 188.
Gautier (Théophile), 167, 211.
Gavarni, 151.
Gavoy (L.), 102.
Gayère (Désiré Saint-Albin la), 79.
Gayot, 56.
Gernes (Dubois de), 196.
Genouillac (Gourdon de), 229, 250, 251.
Genret, 158, 161.

Géruzez (E.), 51, 214.
Gillet-Catelain, 224.
Giraldon (J. B.), 150, 167, 171, 172.
Gire (Armand), 98.
Girard (A.), 57.
Girard (Jules), 214.
Girardin (Mme Delphine de), 255.
Girardin (Émile de), 192.
Giraud (les frères), 12.
Gironnière (de la), 56.
Giscard (Hyacinthe), 162.
Glehn (Edmond de), 20.
Glorieux, 76.
Goffin (A.), 184.
Goncourt (Jules de), 151.
Gonzalès (Emmanuel), 18.
Goudeau (Léon), 111.
Goudeau (Mme), 111.
Gonet (Gabriel de), 84.
Gounod (Charles), 7.
Gournot (Achille), 215.
Guéranger (dom), 88.
Guérin (Alexandre), 110.
Guéroult (Ad.), 45, 51, 166, 252.
Guibert (Louis), 57.
Guigard (Joannis), 140.
Guizot, 169.
Guldenstubbe (baron de), 154.
Grandguillot, 160, 207.
Grandval (Aline), 147.
Gras (Louis), 111.
Gratry (le R. P.), 184, 187.
Gressier, 248.
Grimard (Éd.), 98.
Grobon (J. F.), 155.
Grosselin (Alexis), 28.
Grouber (de), 196.
Gruel (Ch.), 177.
Guéronnière (de la), 19, 182.

H

Hachard, 56.
Hachette et Cie, 104.
Hachette (Fourquet d'), 205.
Halff (Alphonse), 40.
Hammond (T. R.), 54.
Hardi, 56.
Harmant (Charles), 1.
Haussmann (baron), 105.

Hautpoul (comte d'), 78.
Havard (Gustave), 17, 80, 185, 184.
Havas, 48.
Havin (Léonor), le Merveilleux; 6, 24, 44, 45, 47, 81, 84, 89, 148, 149, 165, 197, 205, 207, 252.
Hérincq, 46.
Hildebrand, 242.
Hocquet (M⁻⁻), 21.
Home, 45.
Hommaire de Hell (Édouard), 57.
Horay (l'abbé), 88.
Houdin (Robert), 80.
Houssaye (Arsène), 148, 151, 167, 175, 175.
Hubert-Clerget, 155.
Hugelmann, 42, 205.
Hugo (Victor), 58, 42, 46, 95, 111, 148.
Hugoulin, 56.
Huillery (C. A), 18.
Huriot (Gustave), 212.
Hyndricks, 20.

J

Jacob (J.), 100.
Jackson (Charles T.), 56.
Jacquin (ingénieur), 189.
Jacquin (Louis), 98.
Jahyer, 157.
Janet (Gustave), 105.
Janet Lange, 105.
Janicot, 44.
Janin (Jules), 55, 148, 167.
Jeannency (V.), 109.
Joigneaux (P.), 52, 55.
Jourdan (Louis), 24, 86, 158, 189.
Journoud (P.), 224, 225, 226, 228.
Jouvin (B.), 74.
Julien, 1.

K

Kardec (Allan), 45, 154.
Karr (Alphonse), 9, 77, 79.
Keller, 47.
Kellerhoven, 252.

Kentzinger (baron de), 97.
Keraval (T.), 156.
Klotz Bowsell, 201.
Kock (Henri de), 181.
Kock (Paul de), 18, 105.
Komarolf, 156.
Koning (Victor), 98.
Kuntz de Rouvaire, 245.

L

Labarre, 9.
Lablache, 219.
Laboulay (Édouard), 214.
Lachambeaudie (Pierre), 188.
Lachaud, 249, 251.
Lacombe (Francis), 124.
Lacombe (Paul), 188.
Lacour (M⁻⁻), 257.
Lacroix, 151.
Ladimir (J.), 91.
Lagarrigue, 245.
Lamarque (Jules de), 179.
Lamartine (A. de), 67, 118.
Lamartinière (Ch.), 95.
Lambert (Étienne), 118.
Lamé (Émile), 214.
Lamquet (L. G.), 95, 109.
Landelle (de la), 18, 106.
Lantenay (vicomte Henri de), 212.
Laroche (Victor), 177.
Laqueuille (marquis de), 109.
Lascaux (Paul de), 151.
Latour (G. de), 87.
Latour-Saint-Ybars, 176.
Laurence (J.), 91.
Laurent (de l'Ardèche), 148.
Laurier, 249.
Lauters (M⁻⁻), 16.
Lauvray, 66.
Lauzemberg, 101.
Lavalette (A. de), 108.
Lavedan, 48.
Lavedan (Louis), 110.
Lavergne (Claudius), 87.
Lebailly (Armand), 196.
Lebigre-Duquesne (A.), 212.
Leclerc (Théodore), 188.
Lecomte, 107.

Lecomte (Jules), 75.
Lecoutour, 151.
Léger (Eugène), 188.
Legouvé (Ernest), 91, 214.
Legrand (Ch.), 157.
Lehnert, 156.
Le Mansois-Duprey, 135, 196.
Lemasson (M**), 42.
Lermina (Jules), 98.
Lemercier de Neuville, 72.
Lenoir de la Fage (Juste-Adrien), 22.
Lépinay (A.), 92.
Lépine (Jules), 56.
Leprévost (Marc), 68.
Lescaut (P. de), 140.
Lesire (Jules), 41.
Lespès (Léon), 257.
Levallois (Jules), 196.
Leverrier, 28.
Lezerat (M** Clotilde), 52.
Liebig, 56.
Limayrac (Paulin), 43, 44, 51, 89, 182, 184, 211, 216.
Llaunet, 41, 196.
Loménie (de), 150.
Lorbac (de), 245.
Lorembert, 67.
Lousteau, 95.
Loyal (Michel), 196.
Lucas (Hippolyte), 18, 75.
Luchet (Auguste), 41.
Luthereau, 177.

M

Madinier (Paul), 56, 57.
Magny (M¹¹⁰ Virginie), 69.
Mahalin (Paul), 98, 99.
Mahias, 16, 45, 48, 165.
Mancel (J. A.), 116.
Maquet (Auguste), 78.
Mareschal, 156.
Maret (H.), 151.
Mareuge (Henri), 40.
Margerie (Eugène de), 87.
Marie, 254.
Marie (Pierre), 116.
Markowski, 99.
Marsan (de), 147.

Marsault, 248.
Martin, 56.
Martin (Edmond), 41.
Martin (Élias), 212.
Martin (Henri), 214.
Maumigny, 45, 87.
Maupas (de), 208.
Maurel (Jules), 217, 218, 219, 225, 224.
Mazeau (Ch.), 177.
Melun (vicomte de), 184.
Meunier (Victor), 76.
Mérante, 78.
Mercier (Ph.), 209.
Mérimée (Prosper), 214.
Merryful (John), 95.
Méry, 148, 224, 228.
Mesnil (baron du), 228.
Mézières (Alfred), 214.
Michal (E.), 209.
Michael, 107.
Michelet, 2, 255, 256.
Mingelle (Léon), 162.
Miot, 57.
Mirecourt (Jacquot Eugène de), 71.
Mirès, 60, 61, 62, 65, 67.
Moker, 10.
Moll, 56.
Mondelet (Oscar), 188.
Mondy (Daniel), 188.
Monnier (Henry), 151.
Monselet (Charles), 75, 76, 127, 129, 130, 131, 132, 155, 167, 175.
Montagne (L.), 41.
Montaland (M¹¹⁰ C.), 69.
Montaiglon (Anatole de), 109.
Montglave (Eugène de), 102.
Montgomery, 56.
Montheau (G. de), 151.
Montrevert (Ernest), 109.
Montrosier (père et fils et cⁱᵉ), 196.
Montrouge (Paul de), 156.
Morel (l'abbé Jules), 88.
Mornand (Félix), 188.
Mortimer d'Ocagne, 66.
Morphy, 228.
Mouy (Ch. de), 211, 245.
Mulatier (E.), 188.
Mulé (Antonin), 162.
Mullois (l'abbé Isidore), 96.
Munsch (Waldemar), 212.

Muraour (Émile), 212, 215.
Murat (prince), 78.
Musset (Alfred de), 25, 226.
Musset (Paul de), 214.

N

Nachman (A.), 41.
Nadar (le seul), 78, 205.
Nadermann, 9.
Nanteuil (Célestin), 78.
Naquet (Gustave), 172.
Narvo (Théodore de), 179.
Navery (Mᵐᵉ Raoul de), 284, 255.
Nelly (Mˡˡᵉ), 69.
Nettancourt (marquis de), 218.
Nettement (Alfred), 169.
Néraudau, 156.
Neveu-Deroterie, 210, 211.
Nibelle (Paul), 149.
Nicholas (H.), 205, 209.
Nieuwerkerke (comte de), 78.
Nisard (Théodore), 22.
Noailly (G. de), 109.
Noé (vicomte de), 8.
Noël (Léon), 245.
Noriac (Jules), 78, 88, 172.

O

Ode (Mᵐᵉ), 21.
Offenbach, 45.
Olivier (Raoul), 158, 159.
O'Sullivan, 228.
Ourches (d'), 45, 154.
Out...t (Mᵐᵉ la comtesse d'), 20.
Ozanam (A. F.), 184.

P

Pagès (Alph.), 188, 190.
Paillard de Villeneuve, 218.
Parabère (de), 78.
Paradis, 67, 155.
Paroy (de), 20.
Pascal (Adrien), 8.
Pascal (Louis), 179.

Pastelot, 242.
Patin, 214.
Patinot, 1.
Paton (Jules), 67.
Pauchet, 41.
Pauly (Alphonse), 140, 146.
Paz (Eugène), 158, 160.
Pelletan (E.), 6, 28, 32, 167, 169.
Pelletier (Edmond), 66.
Pellier, 12.
Pellion, 225.
Pelpel (Jules), 98.
Perdonnet (Achille), 189.
Périer, 117, 118.
Perrée (Louis), 26.
Pervillé, 41.
Peyret (Louis), 246.
Peyrot (Mᵐᵉ), 21.
Perry (l'abbé Théodore), 257, 258.
Philippe (Mˡˡᵉ), 69.
Philippi, 204.
Philis, 249.
Pichat (Laurent), 245.
Pichon (Ch. S.), 19.
Pichot (Amédée), 131.
Piérart, 45, 154.
Pierrat, 212.
Pierre (Édouard), 149.
Pierre (Louis), 245.
Pillon (l'abbé), 185, 193, 195.
Pinel (O.), 119.
Pitel (Philibert), 16.
Plichon, 47, 54.
Poli (vicomte Oscar de), 90.
Polignac (prince de), 197.
Potier (Charles), 41.
Ponroy (Arthur), 119, 124, 125, 126, 211.
Ponsard (F.), 154.
Ponson du Terrail (vicomte), 16, 17, 50, 98, 181.
Pontalba (baron de), 78.
Pontécoulant (comte Ad. de), 78, 216, 220.
Pontmartin (de), 56, 150, 169, 170.
Potey (Carlos), 75.
Pottin, 155.
Poujoulat, 169.
Poussin (l'abbé), 125.
Platt (Lucien), 119.
Piée (Léon), 86.

Plouvier (Édouard), 151.
Prével (Jules), 172.
Prévost-Paradol, 151, 169.
Protat, 248.
Provost (de la Comédie-Française), 228.
Proudhon, 175.
Pullia:, 52.
Putnam (C. S.), 54.

Q

Quersin, 41.
Quesnel (Charles), 109.

R

Raçon (Simon), 252.
Raffet, 105.
Ravaut (B.), 102.
Raymond (Mme), 20.
Razetti (Ernest), 257.
Razy (Ernest), 109.
Récamier (Mme), 10.
Receveur (l'abbé), 156.
Reizet (Eugène de), 56.
Renard, 76.
Renaud (Armand), 109.
Renault (Léon), 249.
René de Sidoivire, 109.
Renneville (vicomtesse de), 257, 259, 240, 242.
Reuillard (Gustave), 109.
Revoil (B.), 8.
Rey (Louis), 140, 147.
Reynaud (Jacques), 2.
Riancey (Henri de), 150, 167, 169.
Ricard (A.), 209.
Richard (Louis), 162, 165.
Riche-Gardon (L. P.), 5.
Richomme (Charles), 107.
Riou, 106, 157.
Rivière, 151.
Rouby (Jules), 177.
Roche-Héron (de la), 87.
Rocourt (Mme Olivia de), 253, 254, 255.
Roger (Louis), 24.
Roger (de l'Opéra), 78.
Rogier (Camille), 151.

Rohault de Fleury, 125.
Holland (Max), 95.
Ronce, 76.
Ronchaud (Louis de), 214.
Rondelet (Antonin), 184.
Rosny (Léon de), 167.
Rotival (baronne de), 241, 242.
Rousseau (Jean), 74.
Roussel, 67.
Roy (Albert le), 155.
Roux (Aristide le), 165, 166.
Roux-Lavergne, 88.
Rouyer (J.), 196.
Rubini, 219.
Rupert, 45, 86.
Rutz (docteur), 57.

S

Savard (Félix), 140.
Saint-Albin (Alex. de), 150, 167.
Saint-Albin (Hortensius de), 245.
Saint-Amant, 225, 228.
Saint-Bonnet (de), 196, 197.
Saint-Félix (Jules de), 241.
Saint-Georges (de), 220.
Saint-Germain Leduc, 151.
Saint-Hilaire (Émile Marco de), 229.
Saint-Marc Girardin, 214.
Saint-Priest (de), 225.
Saint-Remy (le Peletier de), 56.
Saint-René Taillandier, 214.
Saisset (E.), 214.
Salle (A. de la), 75, 167.
Sand (George), 148, 255.
Sandeau (Jules), 140.
Sauclière (Henri de), 205, 206.
Souvageot, 155.
Sauvestre (Charles), 156.
Scholl (Aurélien), 74-84.
Scribe (Eugène), 148.
Scudo, 216.
Second (Albéric), 70, 75.
Segay, 175.
Seghers, 10.
Séguier (baron), 78.
Seguin (A.), 41.
Seguy, 75.
Sempé, 156.
Serres, 200.

Sesanne, 167.
Siebeker, 74.
Simon (Jules), 214.
Simonot, 20.
Sire (Jules le), 172.
Six (Théodore), 188, 190.
Solms Laubach-Laubenheim (M** V*
   de), née princesse Marie Bonaparte-
   Wyse, aujourd'hui M** la comtesse
   Urbain Ratazzi, 174.
Sologne (Jean de — M** Lefebvre-Deu-
   mier), 124.
Sorr (Angelo de), 127.
Soulié (Frédéric), 148.
Soullier (Charles), 105.
Souvestre (Émile), 148.
Stern (Daniel), 214.
Stock (baron), 197.
Storer (F.), 57.
Sue (Eugène), 18, 148.
Suez (Maurice de), 1.
Sylvestre (Théophile), 172.

T

Taconnet (Eugène), 86.
Taine (H.), 214.
Tamburini, 77, 219.
Taylor (baron), 205.
Texier (Edmond), 52, 150, 167, 171, 172, 214.
Thalberg, 220.
Thiboust, 8.
Thomas (Ambroise), 78.
Thomas (Frédéric), 249.
Thorel-Saint-Martin, 248.
Thurel (M** Noémi), 110.
Tible, 56.
Tiengou, 45.
Tilmant, 10.
Tolbecque, 10.
Tranchant (Alfred), 16, 252.
Tremblay (Louis), 124.
Troismont (Piel de), 48.
Trousseau (docteur), 56.

U

Unger (W.), 20.

Ulbach (Louis), 125.
Ursins (Ange des), 124.

V

Valat, 140, 145.
Valchère (Georges), 177.
Valdor (M** Mélanie), 241.
Valentin, 242.
Valette (Charles), 98.
Valmont (vicomte de), 167.
Valserres (Jacques), 177.
Van Cleemputt, 20.
Vanda, 109.
Vanner (K.), 116.
Varin (Th.), 76.
Varner (Eugène), autrement dit Lou-
   veau, 98.
Varot (W.), 140.
Vaucheret, 41.
Vaufreland (vicomte de), 228.
Vauvert (Maxime), 75.
Vechi (M** Carlotta de), 69.
Veillars (J.), 209.
Velpeau (docteur), 56.
Venet, 45, 87.
Verhoom (M** Agnès), 241, 242.
Verdi, 223.
Veret (Frédéric), 98.
Vernoll (Nac), 75.
Véron (Mimi), 57, 45, 92.
Véron (Pierre), 259.
Veuillot (Eugène), 150.
Veuillot (Louis), 47, 74, 85, 88, 90, 167, 169, 171.
Viard (Gilbert), 76.
Viardot, 220.
Vidal (l'abbé Antoine-François d'As-
   sises), 18, 121, 122, 125.
Vié (Henri), 162.
Vienet (pas l'académicien), 109.
Vigneron, 109.
Vigneron-Jousselandière (J. V.), 57.
Vignoy, 20.
Vilcoq (Stanislas), 188.
Villa (H.), 40, 196.
Villaumé, 59.
Villemessant (H. de), 70, 72, 74, 121, 197, 205.
Vincent (André), 243.

Vincent (Charles), 99, 241, 242.
Vicence (duc de), 78.
Vincent (Mlle Lucie), 242.
Vincent (M. J.), 16.
Vitu (Alexandre), 48.
Voisin (Frédéric), 40.
Vuillot de Carteville, 98.
Vulpian, 76, 79.
Vriès (docteur noir), 212.

W

Weill (Alexandre), 81, 83, 84.
Weiss (J. J.), 214.
Werther (Karl), 98.
Westyn, 41.

Wild (Ch.), 135.
Wimpfen, 249.
Woinez (Ch.), 91, 92.
Wolff, 72, 74, 192.

Y

Yriarte (Carlos), 73.

Z

Zabban, 67.
Zimmermann, 218, 219.
Zivoy (Jules), 215.

TABLE GÉNÉRALE

DES MATIÈRES

Qui vive? — Liberté. 1

L'Arlequin. 1
Le Tour du Monde. *ib.*
La Légion d'honneur. 2
L'Initiation ancienne et moderne. . . . . *ib.*
Revue horticole de l'Algérie. 7
Bulletin bibliographique de Hector Bossange et fils . . . *ib.*
Courrier musical. *ib.*
Moniteur de l'Éleveur, France hippique. 8
La Maison de campagne. 16
Le Roman et le Théâtre. 17
Les Conférences ecclésiastiques. 18

TABLE GÉNÉRALE

La Province à Paris et Paris en Province, guide universel des Voyageurs en France.	18
Les Veillées parisiennes	ib.
La Vérité israélite.	19
La Mode illustrée.	ib.
Le Plain-Chant.	22
Les Célébrités du jour	24
L'Écho des Assurances terrestres et maritimes.	38
Le Père Sans-Gêne.	39
Journal des petits Enfants.	43
L'Uniteur du Monde visible et invisible.	44
Revue des Jardins et des Champs.	52
Revue Odontotechnique franco-américaine.	54
Annales de l'Agriculture des colonies et des Régions tropicales.	56
Le Conseiller, Gazette des Chemins de fer.	58
Le Monde fantastique illustré.	68
Paris au jour le jour.	70
El Mundo ilustrado.	74
La Tribune lyrique populaire.	75
El Español.	ib.
Grands Hommes et Grandes Choses	ib.
Sport nautique, — France nautique, — Journal des Régates, — Gazette des Plaisirs.	76
Les Mystères de la Cour de Rome.	80
L'Avenir commercial.	81
Légendes populaires.	84
Le Monde.	85
Le Moniteur judiciaire des Chemins de fer, de la Navigation et des Assurances	91
La Gazette des Amoureux.	93
Paris-Programme.	95
Chérubin.	ib.
Revue universelle.	96
Écho universel.	97
Journal des Coutumes de la Cour de France et des Cours étrangères.	ib.

Le Juif errant.	98
Diogène.	ib.
Le Teinturier universel, ou l'Écho des Applications des matières colorantes aux Arts et à l'Industrie.	100
Le Moniteur de l'Imprimerie	101
Le Nouvelliste parisien.	102
Journal populaire..	103
Le Nouveau Monde, Revue américaine.	106
La Presse illustrée.	ib.
Le Moniteur du Commerce, de l'Agriculture et de l'Industrie.	107
Guide choisi de l'Amateur de Livres.	108
Journal des Fabricants de sucre et des Distillateurs.	ib.
Les Beaux-Arts, Revue nouvelle.	ib.
Le Diable rose.	111
La Littérature et les Arts.	116
Le Train, indicateur spécial des chemins de fer des environs de Paris.	ib.
Le Libre-Penseur du dix-neuvième siècle, journal des idées nouvelles	117
La Science pittoresque.	119
Bulletin de la Société Médicale homœopathique.	120
Journal du Jeudi.	ib.
L'Auxiliaire du Clergé des villes et des campagnes.	121
Le Nouvel Organe, historique, philosophique, littéraire.	124
Le Centenaire, revue de la Longévité.	127
Les Nationalités, Messager des intérêts nouveaux.	134
Bulletin de l'Enseignement libre.	135
Le Drapeau catholique.	136
Revue Artistique et Littéraire.	140
Le Trésor de la Maison.	147
Les Bons Romans.	148
Le National.	149
Les Grands et les Petits Personnages du jour.	150
Maison Ch. Callebaut.	ib.
Moniteur des villes et des campagnes.	151
Le Temps, illustrateur universel.	ib.

Petit Guide dans les Théâtres. 152
Journal des Puissances occultes et de leurs manifestations. . . *ib.*
Le Crédit commercial, Journal des faillites 155
Le Portefeuille du Dessinateur. . . . . *ib.*
Presse scientifique des Deux-Mondes. 156
La France militaire et maritime.. 157
Annales du Conservatoire des Arts et Métiers . . . . *ib.*
La France nouvelle.. . . . . *ib.*
Journal de la Société de Statistique de Paris. . . . . *ib.*
Le Messager de Paris.. 158
La Ville de Paris.. 161
Le Légiste.. 165
La Chronique universelle illustrée.. 167
La Gazette des Voyageurs. 176
International Times, anglais-français. . . . . *ib.*
La Nouvelle. 177
Les Veillées de la Chaumière. 179
Voyage de l'Empereur et de l'Impératrice dans la nouvelle
  France. 183
Revue d'économie chrétienne, Annales de la Charité. 184
L'École du Peuple. 188
L'Union des Modes, journal pour hommes. 190
Gazette religieuse. 192
L'Echo de Paris. 196
Le Miroir parisien, journal des Dames et des Demoiselles. . . 197
Galerie des Contemporains.. . . . . *ib.*
Le Traité. — *The Treaty*. 200
Paillasse, journal des Théâtres. 204
La Construction.. . . . . *ib.*
Les Romans choisis. *ib.*
Journal du Clergé et de la Noblesse. 205
The industrial Messenger, journal anglo-français 209
Revue de l'Empire. 212
Revue nationale et étrangère. 214
Le Moniteur des Locations, indicateur spécial. 215
L'Art musical. 216

La Régence et la Nouvelle Régence, revue spéciale des échecs.	224
Journal des Médaillés de l'Empire	229
La Légende de sainte Ursule, princesse britannique, et de ses onze mille Vierges.	231
La Femme.	233
L'Illustrateur des Dames et des Demoiselles	237
La Critique française.	242
Le Catalogue historique.	252
Le Moniteur du Gaz.	ib.

Nécrologie de la Presse parisienne.	253
Eh! allez donc, Turlurette.	257
Liste alphabétique des Noms.	267

PARIS — IMP. SIMON RAÇON ET COMP., RUE D'ERFURTH, 1

Librairie de E. DENTU, Éditeur
Palais-Royal, 13 et 17, galerie d'Orléans.

EXTRAIT DU CATALOGUE.

Prix.

AMÉDÉE ACHARD.
Le Roman du mari..... 2
Mlle AISSÉ.
Lettres............ 3 fr.
V. ALEXANDRI.
Ballades et Chants popul.
  de la Roumanie...... 3
ALEXIS.
Le Sommeil magnétique 2
ANDERSEN.
Nouveaux Contes...... 3
ÉTIENNE ARAGO.
Les Bleus et les Blancs.
  2 vol. 6
ARMENGAUD.
Escapades d'un homme
  sérieux............. 3
E. ARNAL.
Boutades en vers...... 2
ALF. ASSOLANT.
Les Aventures de Karl
  Brunner............ 3
L. AUDIFFRET.
Entre deux paravents.. 5
OLYMPE AUDOUARD.
Comment aiment les
  hommes............. 3
AULAGNIER.
Des Remèdes contre la
  goutte 3
EUG. D'AURIAC.
Histoire anecd. de l'Industrie française........ 3
ÉM. D'AUVERGNE.
4 Années d'interrègne.. 5
H. BACQUÈS.
L'Empire de la femme. 1
AUGUSTE BARBIER.
Iambes et Poëmes. 3 fr. 50
Jules César......... 3 50
Rimes légères, Chansons
  et Odelettes...... 3 50

Prix.

F. DE BARGHON FORT-RION.
Mémoires de madame Elisabeth de France 4
A. DE BARRÈS DU MOLARD.
Mémoires sur les guerres
  de la Navarre........ 8
ARMAND BARTHET.
Horace. Odes gaillardes 5
F. BAUCHER.
Dict. raison. d'équitation 4
A.-MARC BAYEUX.
Contes et profits normands............... 3
Une Femme de cœur... 3
E. BEAUVOIS.
Contes populaires de la
  Norwége............ 3
HENRIETTE BECKER-STOWE.
La Perle de l'île d'Orr.. 3
A. DE BERNARD.
Les Frais de la guerre.. 3
Pauvre Mathieu........ 3
Stations d'un touriste.. 3
A. BERTEUIL.
L'Algérie franç. 2 vol. 15
BESCHERELLE.
L'Art de la correspondance. 2 vol........ 6
Les cinq Langues. 4 v. 24
La première Orthographe
  d'usage. 3 vol..... 4 50
Véritable manuel des participes français... 7 50
Véritable manuel des conjugaisons........ 3 75
A. BIGNAN.
Beautés de la Pharsale 3 50
Romans et nouvelles. 3 50
Variétés en prose... 3 50
BLANC DE St-BONNET.
L'Infaillibilité......... 6

	Prix.
BLOT-LEQUESNE.	
De l'Autorité	5 fr.
F. BODENSTEDT.	
Les Peuples du Caucase.	8
BONNET.	
Manuel du capitaliste	5
BOREL D'HAUTERIVE.	
Annuaire de la Noblesse, 5 et 8 fr. colorié.	
Armorial de Flandre.	10
VICTOR BORIE.	
L'Année rustique	3
A. BOULLIER.	
Essai sur la Civilisation en Italie. 2 vol	10
F. BOUVET.	
Etablissement d'un Droit public européen	3
C. DU BOUZET	
La Jeunesse de Catherine II	3
G. BOVIER.	
Trois mois de la vie de J.-J. Rousseau	2
J. BOZÉRIAN	
La Bourse et ses opérations. 2 vol	12
A. DE BRÉHAT.	
Petits romans	3
Un Drame à Calcutta	3
Les Jeunes amours	3
FREDERIKA BREMER.	
Axel et Anna	2 50
J. BRESSON.	
Histoire financière de la France. 2 vol	10
A. BRY.	
Raffet et ses œuvres	5
F. CABALLERO.	
La Gaviota	2 50
W. CARLETON.	
Romans irlandais	3
A. DU CASSE.	
Hist. anecd. de l'ancien théâtre en France. 2 vol	10
H. CASTILLE.	
Portraits historiques au xixe siècle, 29 vol. Chaque vol	» 50

	Prix
G. DE CAUDEMBERG.	
Le Monde spirituel	3
ALFRED CAUWET.	
Contes du Foyer	2 fr.
CÉNAC-MONCAUT.	
Contes de la Gascogne.	2
G. CHADEUIL.	
Le Curé du Pecq	3
Les Mystères du Palais.	2
A. CHALLAMEL.	
La Régence galante	3
Histoire anecdotique de la Fronde	3
G. DE CHAMPAGNAC.	
Etude sur la propriété littéraire	2
W. E. CHANNING.	
Le Christianisme	3 50
De l'Esclavage	3 50
Œuvres sociales	3 50
Traités religieux	3 50
CH. DE CHASSIRON.	
Notes sur le Japon, la Chine et l'Inde	10
VICTOR CHAUVIN.	
Les Romaniens grecs et latins	3
H.-É. CHEVALIER.	
Trente-neuf hommes pour une femme	3
L. CHODZKO.	
Les Massacres de Galicie	3
LOUIS CIBRARIO.	
La Vie et la mort de Charles-Albert	4
A. DE CIRCOURT.	
Histoire des Morisques. 3 vol	10
PIERRE CLÉMENT.	
Etudes financières	7
H. CLUSERET.	
Le Cheval	3
J.-A. COFFIN.	
Guide botanique de la santé	4
J. COGNAT.	
Clément d'Alexandrie	6
Mme C. COIGNET.	
Les Mém. de Marguerite	3

Prix.

LOUISE COLET.
L'Italie des Italiens, 2 v. 6

WILKIE COLLINS.
La Femme en blanc. 2 vol 6

F. COLOMBEY.
Les Originaux de la dernière heure 3

F. COMBES.
Histoire de la diplomatie européenne. 2 vol.. 15

CH. DE COSTER.
Légendes flamandes ... 3

DU COURET.
Les Mystères du désert. 2 vol................ —

COUTURIER DE VIENNE.
Paris moderne 2 50

LÉONCE DE CUREL.
Le Chasseur au chien d'arrêt .... 3 fr.

M. CZAYKOWSKI.
Contes Kosaks 3

DANCEL.
L'Influence des voyages 7

E. DAUDET.
Thérèse 2

L. DE DAX.
Nouveaux Souvenirs de chasse et de pêche. 3 50

Mme L. DE DAX.
La Mère 2

A. DEBAY.
Encyclopédie hygién.. 18 vol................ 49

DECLAT.
Hygiène des enfants nouveau-nés 3

H. DELAAGE.
Doctrines des sociétés secrètes. 1 50
L'Eternité dévoilée... 1 50
Le Monde prophétiq. 1 50
Le Monde occulte... 1 50
Perfectionnement physique de la race hum. 1 50
Les Ressuscités au ciel et dans l'enfer......... 5

PAUL DELTUF.
Jacqueline Voisin..... 3

V. DELVAUX.
L'Amour 3

A. DEQUET.
Abeille................ 1
Clarisse 3

AD. DESBARROLLES.
Les Mystères de la main 4

DESBORDES-VALMORE.
Poésies inédites....... 5

CH. DESLYS.
La Loi de Dieu 3
L'Aveugle de Bagnolet. 3

G. DESNOIRESTERRES.
Les Cours galantes. 2 v. 6
Les Talons rouges..... 2

A. DOZON.
Poésies popul. Serbes. 3

A. DUMESNIL.
L'Immortalité ... 3 fr. 50

DURAND-BRAGER.
Quatre mois de l'expédition de Garibaldi . 3 50

L.-A. DUVAL.
Valdieu 3

GEORGE ELIOT.
Adam Bede. 2 vol...... 7

V. EMION.
Des Délits et des peines en matière de fraude commerciale 1 50

ENFANTIN (le Père).
Corresp. philosophique 4
Correspondance politiq. 1
Science de l'homme.... 9
La Vie éternelle........ 4

ERCKMANN-CHATRIAN.
Le fou Yégof.......... 3

ESCUDIER.
Les Cantatrices célèbres 3

A. ESQUIROS.
L'Angleterre et la vie anglaise 3 50

JOSEPH D'ESTOURMEL.
Souvenirs de France et d'Italie............. 4

L.-C. FARINI.
L'Etat Romain.... 5

J. FAVEREAU.
A vol d'oiseau. — France, Italie... 4

G. FERAI.
La Famille 3
J.-P. FERRIER.
Voyages en Perse. 2 v. 12
PAUL FÉVAL.
Aimée 3
Le Drame de la jeunesse 3
Madame Gil Blas. 2 vol 6
La Garde noire 3
E. FEYDEAU.
Catherine d'Overmeire. 2 vol. 6
Sylvie 3
G. DE FLOTTE.
Bévues parisiennes.... 3
ULRIC DE FONVIELLE.
Souvenirs d'une Chemise rouge 2
MARIA DE FOS.
Gaëte 3
DE FOUDRAS.
La Vénerie contemporaine .... 3 fr.
G. FOURCADE-PRUNET.
La Question des filles à marier 2
A. FOURGEAUD.
Physionomie des commis-voyageurs 2
Faut-il se marier? 1
ÉDOUARD FOURNIER.
Énigmes des rues de Paris 3
L'Esprit dans l'histoire. 3
L'Esprit des autres 3
Histoire du Pont-Neuf. 2 vol 6
Le Vieux-Neuf. 2 vol.. 7
ARNOULD FRÉMY.
Les Amants d'aujourd'hui 3
Les Femmes mariées .. 3
Joséphin le bossu 3
FRIANT.
Vie militaire du général comte Friant 5
ÉM. GABORIAU.
L'Ancien Figaro 3
Les Comédiennes adorées 3

Les Cotillons célèbres. 2 vol 6
Les Gens de bureau ... 3
Le 13me hussards 3
Les Mariages d'aventure 3
A. GANDON.
Souvenirs d'un vieux chasseur d'Afrique. 3 50
L'Oncle Philibert 2
CH. GARNIER.
Journal du siége de Gaëte 3
B. GASTINEAU.
La Vie en chemin de fer 2
TH. GAUTIER.
Abécédaire du Salon de 1861 .... 3 fr.
G. DE GENOUILLAC.
Dictionnaire des Fiefs. 10
Dict. des Ordres de chevalerie 3
Grammaire héraldique. 3
Armoiries des maisons nobles de France.... 8
A. GÉRARD.
Vie de Marie-Thérèse de France 2
JULES GÉRARD.
L'Afrique du Nord .. 3 50
Le Mangeur d'hommes 3 50
L. DE GIVODAN.
Histoire des classes privilégiées. 2 vol 7
L. GODARD.
Pétersbourg et Moscou 3 50
Domenica 3
GŒTHE.
Werther 2
IVAN GOLOWINE.
Hist. d'Alexandre Ier 7 50
A. ET J. DE GONCOURT.
Les Actrices .... » 50
L'Art au XVIIIe siècle. 4v. 20
Histoire de la société française. 2 vol 10
Les Hommes de lettres. 3

	Prix.
La Lorette............	» 50
Portraits intimes du XVIIIe siècle. 2 vol.	6 fr.
Une Voiture de masques	3

A. GOUET.

Une Caravane parisienne dans le désert....	2
La Dette de famille....	2

GOUGENOT DES MOUSSEAUX.

La Magie au XIXe siècle.	6

L. GOZLAN.

Le Faubourg mystérieux. 2 vol.........	6

GRANIER DE CASSAGNAC.

Hist. des Girondins et des massacres de Septembre. 2 vol........	14 fr.

N. GRANVILLE.

Granville dans les étoiles...............	3 50

E. GREEVES.

Comédies parisiennes.	3

É. GREYSON

Jacques le charron....	2

J. GUIGARD.

Bibliothèque héraldique de la France.......	16

C. HADENECK.

Nouvelles espagnoles..	3

HÉNAULT (le présid.).

Mémoires............	6

DU HAMEL.

Don Juan de Padilla...	3

JENNY D'HÉRICOURT.

La Femme affranchie. 2 v.	5

A. HERTZEN.

Le Monde russe. 3 vol.	15

ALOYSIUS HUBER.

Nuit de veille d'un prisonnier d'État..........	3

E. HUZAR.

La Fin du monde par la science..........	1 50
L'Arbre de la science..	4

J. JACOTOT.

Enseignement universel. 7 vol.........	30

J. JANIN.

La Fin d'un monde et le neveu de Rameau..	3

	Prix
JAUFFRET.	
Catherine II et son règne. 2 vol............	12 fr.

LE ROI JÉRÔME.

Mémoires. 6 vol. ch....	6

CH. JOBEY.

L'Amour d'une Blanche.	3

JOSAT.

Manuel de bons secours.	2

L. JOURDAN.

Un Hermaphrodite....	3
Un Philosophe au coin du feu.	3

P. JUILLERAT.

Les Soirs d'octobre....	5

JUNIUS.

Lettres.	3

A. DE KÉRANIOU.

Les Valets de grande maison...............	3

A. LACAUSSADE.

Les Epaves.......	3 fr. 50
Poëmes et Paysages.	3 50

A. DE LACHAPELLE.

Le comte de Raousset-Boulbon.........	3 50

DE LAGONDIE.

Le Cheval anglais..	7 50

A.-F. DE LA GRANGE.

Le Grand livre du destin	5

A. DE LA GUÉRONNIÈRE.

Les Hommes d'État de l'Angleterre........	3

JULIETTE LAMBER.

Les Idées antiproudhoniennes.............	2

G. DE LA LANDELLE.

Le Langage des marins................	5
Poëmes et chants marins................	4

CH.-F. LAPIERRE.

Deux hivers en Italie...	3

L.-J. LARCHER.

Les Anglais, Londres et l'Angleterre........	3
Dictionn. d'anecdotes.	2
Encyclopéd. de l'amour	3
La Femme jugée par les grands écrivains....	16

LARDIN ET MIE D'AGHONNE.
Le Premier amour d'une jeune fille............ 3

Mme DE LA ROCHEJAQUELEIN.
Mémoires sur la Vendée, 2 vol................ 5

LAURENT (DE L'ARDÈCHE).
La Maison d'Orléans. 7 50

L. LAURENT-PICHAT.
Le secret de Polichinelle 3

ÉM. LE BON.
Joseph Le Bon......... 6

É. LECLERCQ.
Séraphin............ 2 50
Les Amours sincères. 4 vol................ 10
Tableaux de genre.. 2 50
La duchesse d'Alcamo................ 2 50

AUG. LECOMTE.
Le Chemin de l'épaulette.......... 3 fr. 50

JULES LECOMTE.
La Charité à Paris..... 3

PAUL LECONTE.
L'Art de converser et d'écrire chez la femme. 2 50

A. LEFÈVRE.
La Flûte de Pan....... 3

H.-T. LEIDENS.
Le Manuscrit de ma cousine................ 3

JULIEN LEMER.
Le Charnier des Innocents 3
Paris au gaz............ 3

PIERRE LEROUX.
Quelques pages de vérités............... » 50

M. DE LESCURE.
Les Maîtresses du régent................ 4

A. LESTRELIN.
Les Paysans russes.... 3

W. LONGFELLOW.
Hypérion et Kavanagh. 2 vol............... 5

JEAN MACÉ.
Histoire d'une bouchée de pain................ 3

MANÈ.
Paris mystérieux....... 3
Le Paris viveur......... 3

T. MAMIANI.
Nouveau droit européen 3

H. DE MARNE.
Du gouvernement de Louis XIV.......... 2

E. MANUEL.
Les Joies dédaignées... 2

MARY LAFON.
Mille ans de guerre entre Rome et les Papes.. 2
Mœurs et coutumes de la vieille France .. 3
Pasquin et Marforio, hist. satirique des Papes.. 3

MICHEL MASSON.
La Gerbée. Contes.. 3 50

H. MATHIEU.
La Turquie. 2 vol...... 7

A. NAZAS ET TH. ANNE.
Histoire de l'Ordre de St-Louis. 3 vol... 22 fr. 50

E. MERLIEUX.
Les Princesses russes prisonn. au Caucase. 3 50

O. MERSON.
La Peinture en France. 4

CLOVIS MICHAUX.
Poésies............. 3 50

A. MICHIELS.
Histoire de la politique autrichienne......... 7
Histoire secrète du gouvernement autrichien. 6
Hist. des idées littéraires au XIXe siècle. 2 vol. 12

J.-N. MICHON.
Voyage relig. en Orient. 2 vol............... 10

MILLET-ROBINET.
Guide prat. du fermier 3 50

MIRABEAU.
Lettres d'amour........ 3

MOCQUARD.
Jessie. 2 vol........... 6

HENRI MONNIER.
Scènes populaires..... 5

Reliure serrée

www.ingramcontent.com/pod-product-compliance
Lightning Source LLC
Chambersburg PA
CBHW072019150426
43194CB00008B/1178